KB024365

욕망의 뇌과학

IMMERSION

뇌과학이 풀어낸 마음의 비밀

욕망의
뇌과학

폴 J. 잭 지음 | 이영래 옮김

프레스트북스

| 일러두기 |

1 도서의 제목을 나타낼 때는 겹낫표(『 』) 안에 표기하였습니다. 광고, 기사, 노래, 드라마, 영화 제목이나
   프로그램명은 홑낫표(「 」)로 표기하였습니다. 잡지, 신문은 겹화살괄호(《 》)로 표기하였습니다.
2 본문의 외래어는 한글맞춤법 외래어 표기법을 따랐습니다. 그러나 이미 관용적으로 굳어진 표기는 수
   정하지 않았습니다.
3 본문에 사용된 단위는 국내 실정에 맞게 미터법으로 수정하였습니다.

수년간 몰입에 생명을 불어넣는 데 헌신하신
호르헤 바라자와 스콧 브라운께 바칩니다.

"테러리스트들을 심문하는 게 내 일입니다. 그리고 난 내일까지 그게 필요합니다!"

193센티미터쯤 되는 키를 가진 나는 누군가와 얼굴을 맞대는 일이 흔치 않다. 론 윌슨Ron Wilson은 키가 나만 했을 뿐 아니라 나보다 대략 14킬로그램은 더 나가 보였다. 그런 그가 내 코앞에서 흉흉한 기세로 이런 대사를 던진 것이다.

당시에는 전혀 몰랐지만 으르렁대는 것 같던 그의 말은 '특별한 것의 과학'을 향한 내 여정의 출발점이었다. 내 앞에 서 있던 정보 요원은 분명하게 못을 박았다. CIA는 미군에 치명적인 공격을 가한 테러리스트로부터 정보를 얻어내야 하며 용의자가 특별 인도rendition(심문을 받고 있는 외국인 용의자를 더 가벼운 처벌이 가능한 국가로 송환

하는 것-옮긴이) 대상이기 때문에 시간이 없다고 말이다. 심문자들이 테러리스트를 설득하여 중요한 정보를 털어놓게 할 방법을 찾는 것이 내가 해야 할 일이었다.

그로부터 오래 지나지 않은 어느 날, 나는 미국방부 산하 연구 기관인 미국 방위고등연구계획국DARPA, Defense Advanced Research Projects Agency(이하 'DARPA')에서 연구 결과를 발표하고 있었다. 상대가 신뢰를 보일 때 사람의 뇌에서 신경화학물질인 옥시토신이 분비되는 것을 어떻게 발견했는지, 옥시토신 분비가 어떻게 사람들의 협조(중요한 정보를 제공하도록)를 이끌어 내는지 설명하는 자리였다. 심문자가 테러리스트의 뇌에서 옥시토신이 분비되도록 만든다면 도움을 얻어 낼 기회가 있으리란 것이 내 주장이었다. 윌슨은 보다 즉각적인 해법을 원했고 테러리스트의 뇌에 합성 옥시토신을 투여하자고 제안했다. 우리는 일부 연구에서 건강한 성인을 대상으로 그 실험을 이미 해보았다.

결국 테러리스트가 오사마 빈 라덴Osama bin Laden이 어디에 숨어 있는지 실토하게 하는 것은 회유와 협박이나 옥시토신 주입보다 더 복잡한 일로 밝혀졌다. 어쨌든 초기 연구는 왜 인간이 특별한 경험을 갈망하는지 알아내는 촉매가 되었다.

10년 후 나는 퇴역 중령인 윌리엄(빌) 케이스비어William Casebeer 옆에 앉아 있었다. 콴티코 해병기지에 위치한 DARPA에서 내 프로그램을 책임지고 있는 사람이었다. "장군님 입장하십니다!" 사람이 빽빽이 들어찬 회의실 앞쪽에서 우렁찬 목소리가 들렸다. 모여 있던 사람들이 모두 일어나 경례를 했다. 나는 아랍의 봄Arab Spring(2010년 12

월 북아프리카 튀니지에서 촉발되어 아랍·중동 국가 및 북아프리카 일대로 확산된 반정부 시위-옮긴이) 이후 민주 국가로 전환이 취약한 나라에 대한 미국 지원을 주제로 브리핑을 하기 위해 참석했다. 그날 저녁 새로운 정부를 지원하기 위해 파견될 미군 자문가들은 내가 DARPA의 지원으로 개발한 기술을 정부-시민 간 커뮤니케이션 향상에 이용할 수 있을지 알고 싶어 했다. DARPA의 자금 지원으로 나는 사람들이 메시지나 경험에 반응하고 취할 행동을 정확히 예측할 수 있는 신경 신호들을 찾아냈다. 콴티코에서 브리핑 할 당시에는 이미 특수부대원들이 내 연구를 기반으로 한 소프트웨어를 사용하여 미군과의 협력을 유도하는 커뮤니케이션을 시작하고 있었다.

내가 아는 한 미국 정부는 내 연구 결과를 심문이나 '동적' 작전 kinetic operation(치명적인 무력을 포함한 적극적인 전쟁을 수반하는 군사 행동-옮긴이)에 사용한 적이 없다. 몇 가지 예외를 제외하면 전투 또는 밀실 심문은 영향력이 발휘되는 신경 상태를 방해하는 환경일 뿐이다.

신경과학의 활약

나는 20년 넘게 인간의 사회적 행동을 이해해 보려고 노력해 왔다. '무엇이 우리를 행복하게 할까?' '어떤 팀이 다른 팀보다 더 효과적으로 협력하는 이유는 무엇일까?' '왜 특정한 경험은 무언가를 바꾸는 힘을 가질까?' 이것들이 행동 신경과학자로서 일하면서 내가 연구해 온 질문들이다. 이들 연구 덕분에 나는 펜타곤으로, 《포천

Fortune》50대 기업의 이사실로, 파푸아뉴기니의 열대 우림으로 가서 다양한 일을 하는 사람의 두뇌 활동을 측정했다. 모든 연구는 사람들이 어떻게 행동할지, 무엇이 그런 행동을 유발하는지 이해하고 예측하기 위한 것이었다. 미국 정부의 비밀 기관들이 초기 연구 자금을 대는 동안 내가 궁극적으로 발견한 것은 특별한 경험을 만드는 방법이었다.

감탄할 만한 경험을 설계하는 첫 번째 단계는 뇌가 특별한 것과 평범한 것을 구분 짓는 방법을 파악하는 것이다. 1장에서 설명하겠지만 특별한 일이 일어나면 뇌에서는 고유의 특이한 일련의 신호가 나타난다. 나는 여기에 '몰입immersion'이라는 이름을 붙였다. 뇌가 어떤 경험에 몰입하면 특별한 일이 일어난다. 사람들은 몰입하는 경험을 즐길 뿐 아니라 그것을 기억하고, 공유한다. 그들의 행동에도 영향을 준다.

지난 10년 동안 나는 기업, 정부, 개인 고객, 직원, 청중들에게 행복을 가져다줄 특별한 경험을 만드는 일을 도왔다. 심지어 텔레비전(이하 'TV')에서 사람들이 사랑을 찾고 커플이 되는 일도 도왔다. 나와 내 동료들이 연구를 통해 만든 소프트웨어 플랫폼은 현재 수백 개의 조직에서 마케팅, 영업, 엔터테인먼트, 고객 경험, 기업 교육을 획기적으로 개선하는 데 사용되고 있다. 두뇌가 어떤 것에 높은 가치를 두는지 알면, 기업은 고객에게 삭막하고, 단조롭고, 지루한 것을 제공하는 일을 피할 수 있다.

특별한 경험은 평범한 것을 피하는 데에서 더 나아가 그 경험을 반복하고 싶은 갈망을 만들어 낸다. 결과적으로 고객에게 끊임없이 특별한 것을 제공하는 기업들은 높은 수익을 올릴 수 있다. 하지만 그보다 더 큰 것도 얻어낼 수 있다. 내가 이 책에서 설명하는 접근법은 더 큰 행복을 얻는 삶을 만들 수 있게 할 것이다. 특별한 경험은 삶의 질을 높이는 절정의 순간들을 만든다.

일상의 단조로움

그렇다면 왜 모든 조직, 모든 사람이 몰입의 힘을 이용하지 않는 것일까? 앞으로 알아보겠지만 적절한 지침 없이는 특별한 경험을 만들기가 참으로 힘들기 때문이다. 우리 삶의 대부분은 일상적인 것들로 가득 차 있다.

전 세계에서 매일 2만 4,000곡의 노래가 발표된다. 일주일이면 16만 8,000곡이다. 그 노래 중 95%는 스트리밍 횟수가 10회 이하다(아마 밴드 구성원과 그들의 어머니가 들었을 것이다). 2019년 할리우드는 786편의 영화를 내놓았고 그중 20%만이 수익을 냈다. 매년 마찬가지다. 이게 끝이 아니다. 방영되는 TV 프로그램 65%는 첫 시즌이 끝나면 폐지된다. 게임 업계가 벌어들이는 수익의 90%는 비디오 게임이 벌어들이는 수익의 15%로부터 나온다. 대부분의 창작 콘텐츠는 청중을 끌어들일 만한 수준이 못 된다는 의미다.

단조로움은 교육에도 스며든다. 학생들은 뭔가를 배우기는커녕 수업에 집중하기도 힘들다. 이런 일이 일어나는 데는 교사들에게 적극적으로 학생들의 참여를 이끌어 내고 영감을 줄 자원과 지식이 없는 것도 한몫한다. 소모적인 단조로움은 이렇게 표준이 된다.

뜬금없는, 감이 떨어지는, 효과라고는 없는 수많은 광고들을 생각해보라. 블랙 라이브스 매터Black Lives Matter*를 이용하려고 했던 켄달 제너Kendall Jenner의 펩시Pepsi 광고에서부터 자살을 하찮은 문제로 취급한 현대Hyundai의 광고, '밤의 어휘에서 '노'를 제거하는 완벽한 맥주'라는 문구를 사용한 버드 라이트Bud Light 광고까지… 실패한 광고는 깜짝 놀랄 만큼 많다.

실수는 계속된다. 청중들을 재우는 프레젠테이션, 화를 돋우는 콜센터 직원, 직원들을 탁월함의 근처로도 데려가지 못하는 관리자, 유권자와의 유대 없이 목소리만 높이는 정치인. 단조로운 경험은 시간과 돈을 잡아먹고, 고객들의 불만을 유발하고, 평판을 땅에 떨어뜨린다. 간단히 말해, 단조로움은 사람들을 불행하게 만든다.

영화사, 방송국, 음악 프로듀서, 광고 대행사, 소매업체들은 놀라운 경험을 만들어야 한다는 엄청난 압박에 시달린다. 그들은 '예술가'들을 고용해 그럭저럭 나가는 제품을 만든다. 문제는 히트작을 만들지 못하는 경우가 더 많다는 것이다.

예술가 중 최상위에 있다는 사람들조차 히트작을 내놓는 비율은 30%에 불과하다. 모든 실패의 원인은 무엇일까? 경험을 창조하는 사람들은 '직관'을 이용하여 사람들이 무엇을 좋아할지 판단한다. 직

---

* 2012년 미국에서 흑인 소년을 죽인 백인 방범 요원이 무죄 판결을 받고 풀려나면서 시작된 흑인 민권 운동-옮긴이

관은 그들이 짐작에 의지하고 있다는 것을 그럴듯하게 표현하는 단어다. 이런 짐작은 교육이나 경험을 기반으로 하지만 어쨌든 짐작이라는 사실에는 변함이 없다. 마틴 브레스트Martin Brest는 「여인의 향기Scent of a Woman」로 아카데미 감독상을 받은 후 벤 애플렉Ben Affleck과 제니퍼 로페즈Jennifer Lopez가 주연인 「갱스터 러버Gigli」의 각본을 쓰고 감독을 맡았다. 영화는 역사상 최악의 영화 중 하나로 평가받았다. 이후 그는 다시는 작품을 만들지 않았다. 그 유명한 스티븐 스필버그Steven Spielberg가 2016년 발표한 「마이 리틀 자이언트The BFG」 역시 1억 달러의 손실을 기록했다.

경험을 창조하는 사람들 가운데 피드백을 활용하여 콘텐츠를 개선해 보려는 이들이 있다. 사람들에게 어떤 대상을 '얼마나 좋아하는지' 평가해 달라고 묻는 방식을 사용하는 것이 일반적이다. 어떤 일이 일어날지 짐작이 가는가? 사람들은 거짓말을 한다! 악의적 거짓말이 아니다. 사람들 대부분은 어떤 것을 싫어한다고 말하는 곤란한 상황을 피하고 싶어 한다. 시장 조사원이 설문조사를 하며 사람들에게 '무엇을 좋아하는지' 말해 달라고 하는 경우는 어떨까? 마찬가지로 그 대답들에는 아무런 가치도 없다. 거의 항상 말이다. 어떤 대상을 '좋아한다'고 말하는 것이 사람들이 정말 그 대상을 사랑한다는 것을 의미한다면, 갖가지 경험의 실패율이 그렇게 높을 리가 없다.

스티브 잡스Steve Jobs는 이렇게 말했다. "사람들은 자신이 무엇을 원하는지 알지 못한다. 당신이 그것을 보여줄 때까지 말이다. 내가 절대 시장 조사에 의지하지 않는 것도 그 때문이다. 우리의 과제는 아직 페이지에 등장하지 않는 것들을 읽어 내는 일이다" 현재의 신경과학 기법은 정확하게 이런 일을 해내는 능력을 갖고 있다. 사람이 실제 경험으로부터 얻는 가치를 측정하는 것이다. 사람들의 무의식적인 신경 반응을 측정하면 콘텐츠 창작자(크리에이티브creative라고도 한다)들은 끊임없이 히트작을 만들 수 있다. 그게 끝이 아니다. 최근의 기술 발전 덕분에 과학 교육을 받지 않고도 누구나 실시간으로 신경학적 가치를 측정할 수 있게 되었다.

그리스 신화에서 시시포스 왕은 언덕 위로 바위를 굴려 올리는 신벌을 받는다. 언덕 위에 올라간 바위는 다시 굴러 떨어진다. 영원히 반복된다. 시시포스가 놓치고 있는 도구가 있다. 바위가 굴러 내려오지 못하게 하는 도구다. 마케터, 경험을 디자인하는 사람들, 교육자, 영화 관계자들도 놓치고 있는 도구 말이다. 자신들이 만드는 콘텐츠가 시선을 끌게 하는 것이다. 사람들은 엄청난 노력을 들여 바닥으로 굴러 내려가는 콘텐츠를 만들곤 한다. 다행히도 우리에게는 이제 문제를 해결할 방법이 있다. 그것은 최근에 개발된 과학을 바탕으로 한다.

특별한 것 뒤에 숨겨진 비밀

5만 명 이상 되는 사람들의 신경학적 몰입을 측정한 후 나는 특별한 것을 만드는 과정을 역으로 설계할 수 있게 되었다. 이 접근법(상당수 사람의 두뇌 활동을 특정해 결과를 예측하는)은 '예측 변수로서의 뇌brain as predictor'로 알려져 있다. 두뇌 활동은 어떤 영화와 TV 프로그램이 대박을 터트릴지, 어떤 매장이 다른 매장보다 손쉽게 매출을 올릴지, 어떤 학습자가 교육의 세부 사항을 몇 주 뒤까지 기억할 수 있을지를 83~97%의 확률로 예측한다.

가장 중요한 것은 과학을 통해 '무엇'이 성공할지 알아낼 뿐만 아니라 '이유'까지 파악한다는 점이다. 컴퓨터 과학의 선구자, 해군 소장 그레이스 호퍼Grace Hopper는 "정확한 측정 하나는 전문가 의견 1,000개의 가치를 지닌다"고 말했다. 어떤 경험이 특별한 이유를 안다면, 이 책에 기술된 원리를 거의 어떤 상황에든 적용할 수 있다.

책에서 제시하는 사례들을 통해 다른 사람들이 어떻게 특별한 경험을 만들었는지 보고, 그것을 지침으로 삼는다면 당신도 직접 특별한 경험을 만들 수 있다. 여기의 사례들은 우리 연구소에서 20년에 걸쳐 진행한 신경과학 실험에서 나온 것이며 내가 만든, 전 세계 기업에서 사용하고 있는 몰입 소프트웨어 플랫폼을 이용했다. 이 플랫폼은 신경과학을 대중화하여 어디서든 누구나 두뇌가 무엇을 사랑하는지 측정할 수 있게 해준다. 사람들이 경험하는 동안 실시간으로 데이터를 지켜보는 것은 사람들의 두뇌에 속도계를 달아 놓은 것과 같다. 이 플랫폼은 4학년 교실에서 수학 수업을 받는 어린이, TED 토크 TED Talks를 보는 사람들, 대기업 기술 팀 회의, 1억 달러를 들인 영화의 예고편을 선정하는 영화사 중역 등 다양한 활동에서의 몰입 상황을 초 단위로 보여준다. 이 데이터를 이용하면 배경과 관계없이 경험을 디자인하는 모든 사람이 경험의 영향력을 10배로 향상시킬 방법을 얻을 수 있다.

과학이 아니라면 앞의 경우들은 모두 특별하다는 사후 판단이 내려진 경험을 근거로 삼을 것이다. 이런 렌즈로 특별한 것을 설명하는 데는 문제가 있다. 우리가 회상할 때는 보통 과대망상이 포함되기 때문이다. 아델Adele의 노래 「이지 온 미Easy On Me」가 스포티파이Spotify(음원 스트리밍 서비스-옮긴이)일일 스트리밍 기록을 깨뜨릴 줄 알고 있었다거나 영화 「나의 그리스식 웨딩My Big Fat Greek」이 제작자들에게 투자 대비 7,000%의 수익을 가져다줄 것이라고 확신했다는 식이다. 회상은 일이 끝난 뒤에 판단한 편견으로 가득 차 있다. 하지만 예측 데이터는 이런 편견들을 모두 소거한다.

세상은 '경험 경제experience economy'*로 빠르게 변화하고 있다. 인간은 기본적인 욕구가 충족되고 나면 점차 특별한 경험을 갈망한다. 하버드 대학교의 연구에 따르면 사람들이 나누는 대화 중 40%는 다른 사람들에게 자기 경험에 대해 알리는 내용이 차지한다. 세상이 점점 풍요로워지면서 물건을 어떻게 얻었는지에 대해 사람들의 관심이 줄어드는 대신, 무엇인가를 하고 친구들에게 그에 대해 이야기하려는 관심은 커지고 있다. 밀레니엄 세대나 그보다 어린 세대의 경우에는 특히 더 그렇다. 결과적으로 특별한 경험을 확인하고 끊임없이 만들어 내는 능력이 대단히 중요해졌다.

많은 기업이 특별한 경험의 중요성을 이해하고 있다. 세포라Sephora, 디즈니 스토어Disney Store, 아메리칸 걸American Girl은 매장에서의 쇼핑 경험이 구매만큼이나 중요하게 여겨지는 목적지 소매업체

---

* 고객의 경험 데이터를 활용하여 기업을 운영하는 방법이다. 성별이나 나이 등 단순 정보뿐만 아니라 제품이나 서비스 구매 만족도, 구매 의사까지 조사하고 분석한다.

destination retailer(쇼핑객들이 의도적으로 방문하는 소매점-옮긴이)다. IPIC 시어터IPIC Theater에서는 영화를 감상하는 동안 종업원이 고급 음식과 음료를 가져다준다. 밀워키의 세이프하우스SafeHouse 레스토랑에서는 고객들이 비밀번호를 이용해 임무를 수행하는 스파이가 된다. 스타벅스Starbucks 창립자 하워드 슐츠Howard Schultz는 카페가 커피뿐만 아니라 경험을 제공한다는 것을 잘 알고 있었다. 그의 회사는 스타벅스 리저브 로스터리Starbucks Reserve Roastery를 통해 카페에 관한 경험을 한 단계 높였다. '믹솔로지스트mixologist'가 커피 시음을 진행하고 독특한 칵테일을 준비하는 동안 고객은 녹색 생두를 볶고 커피를 추출하는 과정을 현장에서 지켜본다. 심지어 커피를 손에 들고 지역의 예술품이나 기념품을 쇼핑할 수도 있다.

특별한 경험이 상류층을 대상으로 하는 시장에만 있는 것은 아니다. 뛰어난 경험은 저가 시장에도 스며들고 있다. 저가 항공사 아벨로Avelo는 항행이 쉬운 지역 공항들 사이로 운항을 한다. 항공사는 비행기에 빨리 타고 내릴 수 있게 하기 위해서 위탁 수하물에 인센티브를 제공하고 일정을 변경할 때 수수료를 받지 않는다. 가격을 중시하는 여행객들에게 보통 그들이 누리지 못하는, 편하고 쉬운 경험을 제공하는 것이다.

기업들은 특별한 경험이 브랜드에 대한 애착을 만들고 고객 충성도를 높인다는 것을 배웠다. 한 차례 부정적인 경험으로 고객을 평생 잃게 될 수 있는 반면, 한 차례 긍정적인 경험으로 고객의 재구매를 유도할 수도 있다. 데이터는 특별한 콘텐츠에 대한 애착이 광고주, 엔터테인먼트 제작자, 교사, 기업 교육가들에게 도움이 된다는 것을 보여주고 있다. 특별한 경험은 사람들을 움직이고 행동을 취하게 하고 과정을 즐기도록 만든다.

나는 매 장마다 몰입 측정을 통해 작품의 영향력을 획기적으로 개선한 경험 디자이너들로부터 얻은 식견을 이야기할 것이다. 이런 식견은 꼭 신경 반응을 측정하지 않고도 특별한 경험을 만들 수 있는 단계들을 보여줄 것이다. 그 과정에서 특별한 것을 만드는 방법을 명확하게 이해하기 위해 신경과학에 대해서도 더 배우게 될 것이다. 장 마지막에는 중요한 내용을 요약하여 해당 장의 중심이 되었던 유형의 경험을 어떻게 개선할지 체계를 제시할 것이다. 마지막 장은 몰입 경험이 사람들의 행복을 증진하는 방법을 보여주고 콘텐츠와 경험을 창조하는 사람들이 기쁨의 순간을 제공하여 사람들의 삶을 개선하고 있다는 것을 보여줄 것이다.

우리는 평범한 것이 아닌 특별한 것을 원한다. 우리는 특별함을 위해서 줄을 서서 기다리고, 특별함을 위해서 더 많은 돈을 지불하고, 소셜 미디어에 특별한 것에 대해서 포스팅을 한다. 당신도 곧 특별한 것을 만드는 방법을 알게 될 것이다.

하지만 우선은 뇌에 대해서 조금 알아야 한다.

차례
—

1장
몰입이라는 과학

2장

설득력 있는 메시지의 힘

3장
특별한 엔터테인먼트

4장
오래도록 남는 기억

테마파크와 소매의 종말

6장

고성능 조직을 위한 뇌과학

7장

선호의 변화

8장
행복을 위한 방법

IMMERSION

1장

몰입이라는 과학

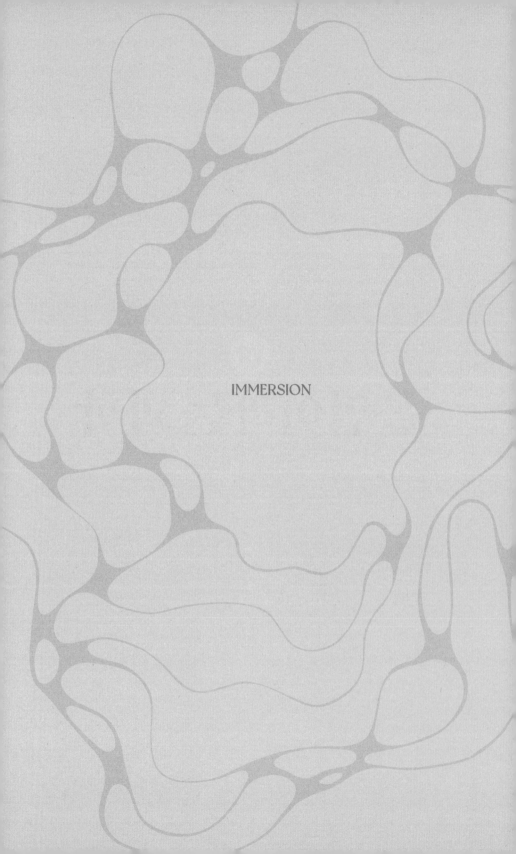

IMMERSION

✳ 욕망의 뇌과학 ✳

아카데미 6관왕에 빛나는 영화, 「라라랜드_{La La Land}」. 개봉하고 9개월이 지난 어느 날, 나는 이 영화를 다시 보기로 했다. 처음 본 것은 극장에서였다. 완전히 몰입해서 재미있게 보았고 감동적인 결말에 눈물까지 흘렸다. 두 번째는 혼자 집에서 봤다. 결말이 어떤지 뻔히 아는데도 마지막에 또 눈물이 나왔다. 왜 2번을 봤으면서도 그렇게 강렬한 인상을 받은 걸까? 스토리에는 섬세한 감정이 드러나는 부분이 많았다. 영화를 다시 보게 되자 처음에는 줄거리에 집중하느라 놓쳤던 부분들을 발견하고 깜짝 놀라는 일도 생겼다. 이렇게 스토리의 미묘한 세부 요소들을 흡수하면서 이전과는 다른 방식으로 영화를 즐길 수 있었다. 특별한 경험은 강렬한 정서적 반응을 낳는다. 그런 경험을 잘 기억하는 이유도, 그런 경험을 묘사하기가 어려운 이유도 여기에 있다.

나는 「라라랜드」를 얼마나 좋은 영화라고 생각할까? 영화가 무척 마음에 드니까 10점 만점에 9점이나 10점쯤 줄 수 있을 것이다. 극장에서 「라라랜드」를 같이 봤던 내 딸은 10점 만점에 8점을 줬다. 여기에서 의문이 생긴다. '8점'이나 '9점'은 무엇을 의미하는 것일까? 점수의 기준은 무엇이고 비교 대상은 또 무엇일까? 많은 사람이 매긴 '선호' 점수의 평균을 내면 「라라랜드」라는 영화의 질에 대해 얼마간 짐작을 할 수 있다. 하지만 '선호'에는 객관적인 기준이 없기에 사람들의 평균적인 반응을 계산해도 큰 의미는 없다. 어차피 '선호' 평가는 흥행 성적이나 아카데미 수상 여부를 예측하는 데 별 도움이 되지 않으니 말이다. 주관적인 것으로는 객관적인 것을 예측하기 힘들다.

사회적인 동물인 사람은 '적절한' 말을 함으로써 튀지 않으려고 노력한다. 이는 또 다른 문제를 가져온다. 시장 조사를 맡은 사람이 "영화가 정말 좋았죠? 10점 만점에 몇 점쯤 주시겠어요?"라고 물으면 사람들은 선호 점수를 더 높게 이야기한다. 질문자가 사용한 '영화가 정말 좋았다'는 표현에 영향을 받아서 그런 영향이 없는 때보다 자기 경험을 더 높게 평가하는 것이다. 아주 미묘한 자극으로도 이런 점화 효과_{priming effect}*를 만들 수 있다. 심지어는 질문하는 사람의 미소도 차이를 만들어 낸다. 2장에서 논의할 것처럼 광고인들은 항상 점화 효과를 이용해 행동에 영향을 준다.

---

* 프라이밍 효과라고도 한다. 시간상 먼저 본 정보로 인해 떠오른 특정 개념이 다음에 나온 정보를 해석할 때 영향을 미치는 현상이다.

1974년에 진행됐던 영리한 실험이 자기 보고에 근거한 데이터가 얼마나 허술한지를 입증했다. 브리티시컬럼비아 대학교와 뉴욕스토니브룩 대학교의 연구진은 이성애자인 남성 참가자들이 여성 연구 조교에게 매력을 느끼는지 묻는 실험을 진행했다. 통제 조건에서는 작은 시내 위에 놓인 몇 미터 길이의 튼튼한 다리를 건넌 실험 대상자에게 질문지를 건네 답을 받았다. 대부분의 젊은 이성애자 남성들이 그렇듯 그들은 연구 조교에게 비교적 높은 관심을 표현했다. 조작 조건에서는 참가자들이 깊은 협곡 위에 걸린 흔들다리를 건넌 후 조교에게 끌리는지 질문을 받았다. 높은 다리를 건널 때는 생리적 각성도가 높아져서 가슴이 뛰고 손에 땀이 난다. 이 조건의 참가자들은 조교에게 끌리는지 질문을 받자 그녀와의 데이트에 큰 관심을 보였다. 왜일까?

뇌와 몸 사이에는 양방향을 오가는 피드백이 존재한다. 우리는 추정되는 감정 상태에 맞추어 생리적 상태를 합리화시킨다. 다리 실험에서 참가자의 뇌가 각성이라는 무의식적 반응을 만들어 내자, 뇌의 의식 영역은 연구 조교에 대한 강한 끌림 때문이라고 합리화했다. 실험은 참가자들에게 다리가 보이지 않도록 영리하게 설계되어 있었다. 참가자들이 각성의 원인을 높은 흔들다리 위에 있었던 것과 연관시키지 못하도록 말이다. 이런 현상을 '각성의 오귀인misattribution of arousal'이라 부르며 많은 연구에서 우리가 항상 이 함정에 빠진다는 것을 보여주고 있다. 어떤 경험으로 각성도가 높아진(이 경우에는 각성이 덜 됨) 후 경험을 설명해 달라는 요청을 받으면 의식적인 뇌는 생리적 반응과는 전혀 관계가 없는 합리화를 통해 답을 내놓는다.

이 부분에 대해서 좀 더 자세히 이야기해 보기로 하자. 내 연구 중에는 동물들의 신경생리학적 반응을 측정하는 것들이 있다. 덕분에 BBC로부터 이종 동물 간의 '우정'을 신경생물학적으로 측정하는 실험을 고안해 달라는 의뢰를 받게 되었다. 과제 때문에 아칸소로 날아간 나는 차를 몰고 오자크 산맥에 있는 동물 보호소를 찾았다. 내가 추출한 혈장을 얼리려면 드라이아이스가 필요했다. 촬영 전에 나는 월마트Walmart에서 구입한 일회용 아이스박스에 대략 23킬로그램의 드라이아이스를 채워 넣었다. 많은 실험에 채혈이 포함되기 때문에 나는 종종 드라이아이스를 싣고 운전을 하곤 했다. 1시간 정도 거리의 동물 보호소를 향해 달려가다가 어느 순간부턴가 숨이 차기 시작했다. 내 의식적인 반응은 '촬영을 하게 되어서 진짜 신이 났군'이었다. 이후 개처럼 헐떡이기 시작하고서야 뭔가 잘못되었다는 생각이 들었다. 나는 차를 대고 밖으로 나와 아칸소의 신선한 공기를 몇 차례 크게 들이마셨다. 드라이아이스에서 나온 이산화탄소가 차 안으로 새어 들어오고 있다는 걸 깨달았다. 내 뇌간은 산소가 몹시 필요하다는 신호를 보내고 산소 부족을 만회하기 위해 호흡수를 증가시켰다. 하지만 이런 결과가 나타나자 나는 빠른 호흡을 흥분이라고 합리화시켰다.

선호 점수가 허위라고 의심하는 또 다른 이유는 우리 뇌가 기억을 쉽게 소환하기 위해 경험을 덩어리로 만들기 때문이다. 우리는 감정이 절정에 치달았던 부분 그리고 무엇이 되었든 끝에 일어난 일만을 기억하는 경향이 있다. 길게 이어진 경험일 때는 특히 더 그렇다. 심리학자들은 이를 '피크 엔드 법칙peak-end rule'이라고 부른다. 「라라랜드」가 그저 그런 영화였더라도 감정을 자극하는 장면으로 끝나면 사람들 대부분은 영화가 어땠냐는 질문에 좋은 평가를 내린다. 경험의 구성은 경험을 떠올리는 방식에 영향을 준다. 이 부분은 다음 장에서 광고인들이 감정 반응을 어떻게 브랜드와 연결시키는지 이야기하면서 더 자세히 다루게 될 것이다.

사람들에게 어떤 대상이 얼마나 좋았는지 물을 때 발생하는 마지막 문제는 측정 도구인 신체가 수많은 내외적 요인에 흔들려 점수에 영향을 미친다는 점이다. 많은 연구에서 배가 고프거나 다른 일에 정신이 팔렸거나 소변이 급하거나 매력적인 남성이나 여성 옆에 앉아 있을 경우 점수에 변화가 생긴다는 것을 보여주었다. 이는 사람들이 설문조사에서 거짓말을 하는 또 다른 이유이기도 하다. 조사하는 이들은 많은 사람에게 질문하는 것으로 이러한 영향을 상쇄시키기 위해 노력하지만 선호에 대한 답은 너무나 다양하기 때문에 평균이라도 큰 의미가 없기는 마찬가지다. 알 만한 사람들은 다 아는 일이다. 영화 「에이리언Alien」 「마션The Martian」 「글래디에이터Gladiator」 같은 히트작을 내놓은 영국의 영화감독 리들리 스콧Ridley Scott은 무작위로 선정된 관객들은 스토리텔러들이 아니어서 영화 제작의 뉘앙스를 거의 이해하지 못하기 때문에 시사회에서 나온 반응을 무시한다고 한다. 시사회 관객들은 마틴 스코세이지Martin Scorsese의 「케이프 피어Cape Fear」, 프랜시스 포드 코폴라Francis Ford Coppola의 「지옥의 묵시록Apocalypse Now」 등 고전으로 불리는 많은 영화와 1939년 개봉한 고전영화 「오즈의 마법사The Wizard of Oz」 중 주요 부분들을 싫어했다. 「알카트라즈의 조류 연구가The Birdman of Alcatraz」와 「맨츄리안

캔디데이트_{「Manchurian Candidate」}로 유명한 감독, 존 프랑켄하이머_{John Frankenheimer}는 이렇게 말했다. "일 년에 걸쳐 영화를 만들고 나면 포커스그룹*에 속한 20명의 바보 손에 판결이 맡겨진다. 하나같이 영화평론가가 되길 고대하던 사람들에게 갑자기 기회가 주어지는 것이다" 하지만 영화사들은 데이터를 갖고 있어야 결정에 자신감을 얻는다. 그 데이터가 가치가 전혀 없는 것이더라도 말이다.

'좋다'는 것에 다르게 접근해 보면 어떨까? 1980년대부터는 청중들이 경험하는 도중에 다이얼을 돌려서 경험이 지루한지 훌륭한지를 알리도록 하는 방식의 여론 조사가 등장했다. 우리 그룹의 연구에 따르면 다이얼을 이용하는 방법으로는 구매나 TV 시청률과 같은 객관적 결과를 제대로 예측하지 못한다. 과학적이라고 주장하는 이 방법역시 우리가 앞서 논의한 것과 같은 문제에 직면한다. 사람들에게 무의식적인 감정 반응을 의식적으로 보고하라고 요구하는 것이다. 이런 보고는 진실하게 이루어질 수가 없다. 다이얼 조작은 또 다른 문제도 유발한다. 다이얼을 돌려서 평가하려면 경험에서 빠져나와야하기 때문이다.

특별한 경험을 꾸준히 만들어 내기 위해서는 경험과 연관된 특정한 감정 반응을 객관적으로 측정할 수 있는 기술이 있어야 한다. 그렇다면 여기에서 측정하는 감정이란 정확히 무엇일까?

---

* 진행자를 중심으로 6~8명의 소규모 인원이 상호작용하며 특정 주제에 관해 깊이 있게 인터뷰하는 방식이다.

아주 특별한 감정

나는 나의 아내가 오하이오 신시내티에서 내가 타고 있는 비행기에 올라 내 앞에 앉던 것을 생생하게 기억한다. 그녀가 어떤 옷을 입었는지, 어떤 모습이었는지 정확하게 말이다. 하지만 내가 왜 그녀의 어깨를 두드리고 말을 걸기로 마음먹었는지는 모르겠다. 아내 역시 왜 내게 그녀 옆의 비어 있는 자리에 앉으라고 권했는지 모른다. '뭔가' 일어나고 있었지만 우리 두 사람 다 설명하지는 못한다. 하지만 특별했던 것만은 분명하다.

사람들은 특별한 경험을 '압도적'이라고 표현하곤 한다. 애인을 처음 만났던 때를 얼마나 쉽게 떠올릴 수 있는지 생각해 보라. 밴드가 예고 없이 유명한 록스타와 함께 무대를 꾸몄던 콘서트는 또 어떤가? 생각지도 못하게 비행기 좌석이 퍼스트 클래스로 업그레이드되었던 때는(아마도 당신과 딸은 하와이에서 집으로 돌아오고 있는 길이었을 것이다. 고마워요! 유나이티드항공United Airlines) 어떤가?

특별한 경험은 다음과 같은 특질을 갖는다. 예상에서 벗어나고, 감정이 고조되며, 사람의 초점이 경험 자체만으로 좁혀지고, 쉽게 기억할 수 있으며, 행동을 유발한다. 특별한 것의 요소들은 각각 따로 나타나는 것이 아니라 한꺼번에 나타난다.

100만 달러짜리 질문

　2년 전, 나는 초대 손님 명단이 공개되지 않은 저녁 식사 자리에 초대받았다. 우리는 가명을 만들어야 했다. 인플루언서들The Influencers이라는 모임을 시작하고 자리를 마련한 존 리비Jon Levy는 이런 묘책으로 참석자(모두 선택된 분야의 전문가들)들이 '일 이야기'를 하지 않게 만들었다. 한 손님은 자신을 '박사'라고 소개했지만 나는 그가 애덤 새비지Adam Savage, 그러니까 「호기심 해결사MythBuster」(미국 대중 과학 프로그램)의 주인공 둘 중 말이 더 많은 사람이라는 것을 바로 알아봤다. 나는 저녁 식사 자리에서 애덤을 만나기 몇 주 전 딸과 함께 「호기심 해결사」 라이브 공연에 참석했었다. 우리 외에 연배가 있는 참석자가 많지 않았기에 우리는 다음 몇 시간 동안 딱 달라붙어 우리가 진행한 이상한 과학 실험에 관해 이야기를 나눴다. 나는 내 실험실에서 '실험은 항상 작은 규모로 시작하고, 소규모 실험이 효과를 보면 규모를 키운다'는 「호기심 해결사」의 신조를 사용하고 있다고 말했다.

　이 신조를 사용한 것은 연구소에서 특별한 경험에 관해 연구하기 시작하면서부터였다. 사실 그런 경험에 대해서 이해하고자 하는 동기는 완전히 개인적이었다.

　나는 한 달에 몇 번씩 비행을 한다(지금도 아프리카 해안에서 출발한 비행기 안에서 이 글을 쓰고 있다). 나는 비행을 좋아하고, 비행기를 좋아하고, 모험을 좋아한다. 국제선 비행은 방해 없이 일을 할 수 있는 시간을 선사해 준다. 몇 년 전 워싱턴 DC에서 집으로 가는 비행기 안에서도 나는 행복하게 일을 하고 있었다. 그러다 비행기가 난기류를 만났다. 난기류가 계속 이어졌기 때문에 더 이상 일을 할 수 없었던 나는 영화를 보기로 했다. 2시간 후, 나는 내가 비행기 옆자리에 앉고 싶지 않은 종류의 사람이라는 것을 깨달았다.

나는 「밀리언 달러 베이비Million Dollar Baby」를 선택했다. 본 적은 없었지만 클린트 이스트우드Clint Eastwood가 감독하고 아카데미 작품상을 수상한 명작이라는 정보는 알고 있었다. 힘든 한 주를 보낸 나라면 볼 자격이 충분하다고 생각했다. 좋은 영화였다. 나는 영화에 깊이 빠져들었다. 두 사람의 타인이 만나 딸과 아버지 같은 관계를 맺는 이야기는 클린트 이스트우드가 맡은 주인공이 고통스러운 결정을 내리는 것으로 끝맺는다. 영화가 끝나자 옆에 있던 남자가 내 어깨를 톡톡 치며 물었다. "혹시 도움이 필요하신가요?" 나는 울고 있었다. 아니 우는 정도가 아니라 눈물, 콧물을 질펀하게 흘리며 흐느끼고 있었다. 주변의 모든 사람에게 내 울음소리가 들렸을 것이다. 그런데도 슬픔을 억누를 수가 없었다. 정말 곤란하고 당황스러웠다.

그 상태에서 회복되고 나자 내게 무슨 일이 일어났던 것인지 궁금해지기 시작했다. 인지 기능에는 이상이 없었다. 주변 상황을 파악하고 있었고 내가 누구인지도 알았다. 술을 마시지도, 약을 하지도 않았다. 심장 발작을 일으킨 것도 아니고 정신적으로도 안정되어 있었다. 하지만 이야기가 너무나 강렬해서 내 뇌는 마치 내가 영화 속의 인물인 것처럼, 내 딸이 고통을 받는 것처럼 반응했다. 나는 영화가 끝날 때 강한 심적 고통을 경험했다. 가상의 이야기일 뿐인데 말이다.

그 영화는 분명 내 뇌의 활동을 변화시켰다. 도대체 어떻게 했을까?

신경과학적 원리

뇌는 한 번에 수백 가지 일을 한다. 측정된 두뇌 활동이 행동을 유발한다고 어떻게 확신할 수 있을까? 간단하게 답하자면 다른 사람들을 대상으로 다른 방식과 다른 측정기기를 사용하는 반복적인 실험을 통해서다. 이 책에서 논의되는 원리를 신뢰하려면 우리가 일을 어떻게 하는지 조금 알아야 한다. 따라서 그런 과학적인 부분을 설명하는 데 약간의 시간을 투자할까 한다.

신경과학에는 '신호 추출signal extraction'이라는 문제가 있다. 현재, 당신의 두뇌 활동 대부분은 당신의 자세, 호흡, 의식을 유지하는 데 할애된다. 신경 활동의 아주 작은 조각만이 이 책에 나온 정보에 반응한다. 어떤 경험에 부합하는 신경 활동의 조각을 찾는 것은 860억 개에 이르는 뉴런이란 건초더미 속에서 바늘을 찾는 것과 같다.

우리 연구소는 일련의 기법들을 통해 신호 추출의 문제를 해결한다. 첫째, 새로운 경험을 조사할 때는 우선 혈액 샘플을 채취해 신경화학물질이 기준선으로부터 어떻게 변화하는지 측정한다. 신경화학적 변화를 발견하면 신경화학물질의 수용체가 많은 뇌와 신체 영역에 집중하여 다음 실험의 데이터를 수집한다. 신경과학 기기는 1초에 최대 1000번까지 전기적 활동을 측정함으로써 뇌가 어떻게 반응하는지 상세히 보여준다. 다른 많은 곳과 달리 우리 연구소는 동시에 다양한 방식으로 신경 반응을 측정하여 두뇌의 배경 활동이 아닌 경험과 연관된 진짜 활동을 찾을 확률을 높인다. 예를 들어 우리는 뇌전도를 사용해서 뇌의 전기적 활동을 측정함과 동시에 심전도를 이용해서 뇌의 심장 통제도 포착한다. 우리는 손가락과 손바닥의 땀으로 인한 전기적 활동의 미세한 변화를 측정하고 뇌의 각성 체계까지 포착한다.

다음으로는 약물을 사용해서 뇌 네트워크의 볼륨을 높이거나 낮추고 네트워크를 안전하게 추적한다. 사람들에게 돈을 지불하고 약을 먹게 하는 실험이 가능하다는 것을 알고 있는가? 우리의 모든 실험은 이렇게 약을 먹인 참가자들에게 뭔가를 하도록 요청한다. 이후 신경생리학적 변화를 행동과 연관시켜 그 사람이 무슨 일을 할지 예측한다. 다양한 실험과 다양한 측정의 조합을 사용해 그 경험이 특별했는지 확인하는 것이다.

*용어 사용에 대하여: 나는 이 책 전체에 걸쳐서 신경의, 신경생리학적(신경생리학의), 신경학적(신경학의), 생리적이라는 말을 혼용할 것이다. 이들은 모두 두뇌 안팎에 걸친 신경계의 활동을 말한다. 기술적인 의미에서는 약간의 차이가 있지만, 일상에서 사용될 때는 같은 것을 의미한다.

옥시토신을 떠올리다 ─────────

「밀리언 달러 베이비」를 보면서 대성통곡한 사건 이후 나는 사회적 두뇌에 관한 내 연구를 확장시킬 유용한 방법을 우연히 찾았다는 것을 깨달았다. 우리 연구소는 신뢰 받는 사람의 뇌에서 옥시토신이라는 신경화학물질이 분비된다는 것을 처음으로 발견했다. 분자

molecule는 신뢰를 받고 있는 사람에게 신뢰할 만한 존재가 됨으로써 신뢰에 화답하고자 하는 동기를 부여한다. 옥시토신은 1906년 헨리 데일Henry Dale에 의해 발견된 이래 대단히 흥미로운 분자라는 것이 드러났다. 옥시토신은 포유류 뇌의 시상하부에서 합성되는 작은 펩타이드peptide(2개 이상의 아미노산 분자로 이뤄진 화학 물질-옮긴이)다. 9개의 아미노산만으로 만들어진 옥시토신은 대단히 쉽게 분해된다. 옥시토신은 ① 호르몬 기능(체내 장기의 수용체와 결합하는)과 ② 신경조절물질 기능(뇌 내부 신경의 수용체와 결합하는)을 모두 갖는다. 옥시토신은 전형적인 포유류 펩타이드로 출산과 자손의 보호를 촉진하는 일련의 요소 중 하나다. 초기의 연구들은 자궁 수축과 유방 수용체와의 결합을 통해 젖 분비를 시작하게 하는 옥시토신의 작용에 집중했다. 동물 연구는 사회적 상호 활동을 하는 동안 뇌와 신체에서 동시에 옥시토신이 분비된다는 것을 보여주었다. 이는 뇌에서 유래된 신경화학물질로써는 흔치 않은 경우다. 이렇듯 사회적 만남 이후에 혈액 내의 옥시토신 변화가 뇌 내 옥시토신의 변화를 반영하기 때문에 우리 신경학자들은 효과적인 옥시토신 연구 방법을 갖게 되었다.

흥미롭긴 하지만 옥시토신은 측정하기가 어려운 분자다. 반감기半減期*가 3분에 불과하고 화학 결합이 약하다. 우리 연구팀은(내 옆구리를 계속 찔러서) 급속 채혈을 통해 옥시토신의 급증을 포착할 수 있다

---

* 어떤 물질을 구성하는 성분이 반으로 줄어들 때까지 걸리는 기간이다. 방사성 물질이 미치는 영향 또는 위험성을 알아볼 수 있다. 반감기가 짧으면 안정된 원소로 빨리 변화한다는 것을 의미한다.

는 것을 발견했다. 채혈관(혈액 보관 용기)을 차갑게 보관해야 화학 결합이 풀리지 않는다. 옥시토신을 손상 없이 유지하기 위해서는 채혈 직후 채혈관을 얼음 용기에 넣고 0도가 간신히 넘는 온도에서 원심분리를 시행해야 한다. 원심분리 후 혈장(옥시토신이 발견되는)을 추출한 뒤 분석될 때까지 초저온 냉동고에서 영하 70도 이하로 보관한다. 이를 적절히 하기 위해서는 적합한 장비와 많은 연습이 필요하다.

인체 내 옥시토신 급증을 측정할 방법을 개발한 우리 연구소는 거의 모든 유형의 사회적 상호작용 동안 옥시토신을 측정하는 실험을 시작했다. 우리 연구소는 물론이고, 종교 의식, 민속춤, 결혼식, 심지어 파푸아뉴기니 열대 우림 원주민의 전승戰勝 무용이 이루어지는 현장에서도 실험을 진행했다. 이렇듯 사람들이 어울리는 모든 실험에서 옥시토신이 생성되고 도움을 주는 행동이 뒤따랐다.

우리의 연구는 옥시토신이 주변에 있어도 안전한 사람이 누구인지 신호를 보낸다는 점을 입증했다. 가장 놀라운 것은 이러한 '당신을 신뢰해도 좋을 듯하다'는 신호가 낯선 사람들 사이에서나 대면하지 않는 상호작용에서도 나타났다는 점이다. 우리 인간들은 안전과 적의를 암시하는 행동을 예리하게 인식한다. 나는 인간의 뇌에 안전하게 합성 옥시토신을 주입해서 옥시토신이 친사회적인 행동을 직접적으로 유발한다는 것을 입증하는 방법도 개발했다. 내가 개발한 기법은 부비강에 옥시토신을 분사하는 것이다. 약 45분 후면 옥시토신은 혈뇌장벽을 통과하여 뇌를 충분히 적신다. 나는 참가자에게 이 기법을 수백 회 사용했고 부작용은 없었다. 동료 검토를 거친 우리 연구소의 연구는 옥시토신이 공감력을 높여 사회적 행동에 영향을 준다는 사실을 보여주었다. 공감이 활성화되면 사람들은 거의 항상 배려심을 갖고 친절하게 타인을 대한다. 두뇌의 옥시토신 반응은 거의 모든 긍정적 사회 작용에 뒤이어 나타나고 뇌에서 약 30분 동안 지속된다.

「밀리언 달러 베이비」를 본 후 나는 이미 연구했던 사적인 상호작용 이외에 영화도 뇌에서 옥시토신을 생성하도록 만들 수 있지 않을까 하는 궁금증을 갖게 되었다. 내 동료 호르헤 바라자Jorge Barraza와 나는 짧은 동영상에서 어떤 신경화학적 반응이 나오는지 측정하는 실험을 해보기로 결정했다. 우리는 사람들에게 2가지 버전의 영상을 보여주고, 보기 전 그리고 보고 난 직후의 혈액 샘플을 채취했다. 우선은 소규모로 시작했다.

벤의 스토리 ————————————————

2시간짜리 영화와 비행기라는 공간은 이용하지 않으면서, 「밀리언 달러 베이비」를 보고 내가 했던 반응을 복제하고 싶었다. 호르헤는 세인트주드 어린이연구병원St. Jude Children's Research Hospital의 12분짜리 영상을 찾았고 병원에 사용 허가를 요청했다. 우리는 말기 뇌암인 2살 난 아들 벤이 뒤에서 놀고 있는 가운데 그의 아버지가 카메라를 보고 이야기하는 영상을 100초 분량으로 잘라 냈다. 이 스토리는 아들의 살날이 단 몇 주밖에 남지 않았다는 걸 알고 있는 아버지가 아들과 깊은 유대 속에서 아이와의 시간을 즐기려고 노력하는 전형적인 서사 구조였다. 영상은 아버지가 '아이가 마지막 숨을 쉬는 순간까지' 정서적으로 긴밀함을 유지할 수 있는 힘을 찾으며 마무리된다. 영상은 감정을 자극한다. 법학 콘퍼런스에서 이 영상을 보여주자 냉담한 성격에 가까운 변호사들이 눈물을 흘렸다.

우리는 영상이 옥시토신 반응을 자극할 것이라고 생각했다. 또 우리는 비교를 위해서 같은 인물 2명이 동물원에 있는 모습을 보여주는 100초 영상도 추출했다. 이 버전은 암이나 죽음을 언급하지 않지만 시청자는 아이가 머리카락이 없다는 것을 알 수 없고 해설하는 목소리는 그를 '기적의 소년'이라고 부른다. 또 영상에는 첫 번째 영상과 같은 서사 구조나 감동이 없다. 위기도, 감정적 파란도, 영웅적인 결정도 없다. 하지만 감정을 자극하는 첫 번째 영상과 같은 인물이 등장하며 길이도 같다.

신경화학물질은 끊임없이 변화한다. 그래서 우리는 변화가 영상의 결과인지, 뇌가 행한 일상적인 업무로 인한 것인지 판단할 방법이 필요했다. 우리는 참가자들에게 2번에 걸쳐 채혈하며 약간의 고통을 유발했기 때문에, 그들이 시간을 제공하고 불편을 감수한 대가로 40달러를 지불했다. 2번의 채혈 이후, 참가자들에게는 실험을 통해 번 돈을 세인트주드 병원에 기부할 수 있는 기회를 주었다. 우리는 그들이 돈을 기부하는 이유를 내가 「밀리언 달러 베이비」를 보고 그랬던 것처럼 영상의 스토리가 그들에게 영향을 주었기 때문이라고 간주했다. 이런 판단을 통해 우리는 기부한 사람들의 신경화학적 반응과 기부하지 않은 사람들의 반응을 비교할 수 있었다. 무작위로 변동되는 신경화학물질은 돈을 기부하는 행동과 연관될 가능성이 작았다.

우리는 580개의 채혈관(실험에 참여한 145명 각각에 대한 4개)을 처리했다. 데이터는 참가자의 3분의 1이 세인트주드 병원에 돈을 기부했고 기부한 사람들 거의 전부가 감정을 자극하는 영상을 보았다는 것을 보여주었다. 몇몇 사람은 번 돈 전부를 세인트주드에 기부하기도 했다. 기부는 참가자들의 뇌에서 코르티솔cortisol과 옥시토신이 모두 증가했을 때 이루어졌다. 뇌에서의 주목 반응은 도파민dopamine 분비(환경 내에서 우리에게 가치 있을 법한 것을 지향하게 하는 뇌 내 '원함wanting' 체계의 일부)에서 비롯된다. 도파민은 흥분 신경전달물질로 말초신경계에서 코르티솔과 같은 각성 호르몬의 증가를 유발한다. 도파민성 주목 반응 외에 옥시토신 분비가 벤과 아버지에 대한 공감을 만들어 냈다.

이런 신경화학적 반응은 아리스토텔레스『수사학The Art of Rhetoric』에 등장하는 설득의 요소들과 긴밀하게 연관된다. 도파민은 스토리에 대한 관심을 유발하기 때문에 로고스logos와 유사하고, 옥시토신은 감정을 불러일으키는 파토스pathos에 해당한다. 데이터는 이들 신경화학물질 중 하나만 변화해서는 기부가 이루어지지 않는다는 것을 보여주었다. 기부라는 결정에 이르게 하는 것은 2가지 공동의 영향으로 보였다. 감정을 자극하지 않는, 벤과 아버지가 동물원에 있는 영상은 어떤 신경전달물질의 변화도 일으키지 않았다. 우리가 측정한 6가지 다른 신경화학물질들도 변화시키지 않았다.

사람들이 기부한 돈을 세인트주드 병원에 보냈다는 것을 반드시 언급하고 넘어가야겠다. 암에 걸린 아이들을 도울 것이라고 말한 후 그렇게 하지 않는다면 나쁜 업보를 쌓게 될 것이다. 사실 벤의 영상은 뇌를 자극하여 옥시토신을 분비하게 만드는 자극제로서 우리가 발견한 가장 효과적인 것이었다. 나는 참가자들이 기부한 수천 달러를 수년간 세인트주드에 보냈다. 또한 다른 많은 연구자에게도 벤의 영상을 공유하고 그들에게 기부 결정을 실험에 포함시켜 세인트주드 병원에 돈을 보내라고 권하기도 했다.

특별한 콘텐츠를 찾는 우리의 첫 번째 실험은 부분적인 성공을 거뒀다. 실험의 대가로 받은 돈을 세인트주드 병원에 기부한 51명의 행동은 매력적인 스토리가 사람들에게 행동을 취하도록 동기를 부여할 수 있다는 것을 보여주었다. 하지만 우리가 운이 좋았던 것일 수도 있고, 벤의 영상이 특별했을 수도 있다. 좀 더 깊이 파고들어야 했다.

공익 광고의 효과

우리는 실험을 하면서 참가자를 약간 괴롭혔다. 이렇게 고통을 감내하고 번 돈의 일부를 나누라고 요구하는 것은 경험이 특별했는지 판단하는 좋은 방법이 된다. 사회악을 경감시키고자 하는 자선단체들은 공익 광고를 이용해서 자신들의 메시지를 퍼뜨린다. 공익 광고는 온라인에서 많이 찾아볼 수 있다. 우리는 이들 광고를 다음 연구에서 사용하기로 했고 거기에도 기부 결정을 포함했다. 다만 인기 있는 공익 광고는 유튜브에서 대단히 높은 조회수를 기록하며 많이 노출되었기 때문에 참가자들의 신경학적 반응을 둔화시킬 우려가 있었다. 우리 팀은 곧 해법을 찾았다. 우리는 미국에 거주하는 사람들이 본 적 없거나, 본 적이 거의 없는 유럽의 공익 광고 16편을 모았다. 모두가 영어로 된 것이고, 사회악에 집중한 작품으로, 30~60초 길이였다. 어떤 공익 광고도 기부를 요청하지 않았다.

실험 참가자들은 영상을 본 뒤 영상에 대한 간단한 사실적 질문에 정확하게 답을 하면 5달러를 받았다. 질문은 "이 영상에는 차가 나옵니까?" 같은 것이었다. 이런 식으로 참가자들이 영상에 주의를 기울이도록 하고, 참가자들이 번 돈이라고 느끼게 하여 이를 근거로 기부 결정이 이루어지도록 만들었다. 수십 년간의 연구에 따르면 선물 받은 돈을 기부하는 일에 비해 번 돈을 기부하는 일이 더 어려운 것으로 나타났다. 우리는 공익 광고에 나타난 메시지에 부합하는 자선단체를 선정하여 짝을 맞추었고 국가에 대한 편견을 없애기 위해 모든 자선단체는 미국에 기반을 둔 곳으로 정했다. 예를 들어 심장질환에 관한 핀란드의 공익 광고를 본 후에 참가자들은 자신들이 번 돈을 미국 심장협회American Heart Association에 기부할 수 있었다. 세인트주드 병원의 영상 실험과 마찬가지로 이 실험이 끝난 후에 우리는 그 돈을 각각의 자선단체로 보냈다.

공익 광고로 감정을 자극하는 방법은 상당히 다양했다. 몇 개는 벤의 스토리처럼 슬펐다. 심장 질환에 관한 핀란드의 공익 광고는 심장 질환으로 인한 조기 사망을 나타내기 위해서 놀이공원의 기구에서 떨어지는 사람들을 보여주었다. 광고에 등장한 10대들은 가짜 공포 속에서 히죽히죽 웃으며 청중들에게 날아가는 사람들이 가짜라는 신호를 보냈다. 많은 실험 참가자가 광고를 보고 웃음을 터뜨렸다. 흔치 않은 전략을 사용한 다른 공익 광고들도 있었다. 영국의 한 공익 광고는 음주 운전을 경고하려고 끔찍한 자동차 사고를 보여주었다.

연구는 참가자들이 돈을 기부하는 것에 느낄 압박감을 최소화하도록 설계했다. 각 개인의 데이터에 임의의 숫자를 부여하여 참가자의 신원을 비밀에 부쳤고 기부 결정은 컴퓨터를 통해 비공개로 이루어졌기 때문에 사람들은 기부하지 않아도 전혀 부담을 느끼지 않았다. 연구 마지막에는 실험에 참여하지 않은 사람이 기부하지 않은 참가비를 봉투에 넣고 비밀리에 봉해서 전달했다. 기부하느냐, 마느냐는 완전히 자유로운 선택이었다.

벤의 영상을 이용한 실험에서 발견한 사실 중 가장 예상을 벗어났던 부분은 옥시토신의 역할이었다. 우리는 옥시토신이 기부의 원인인지 파악해야 했다. 그래서 우리는 영상을 보여주기 전 참가자들에게 합성 옥시토신을 투여했다. 통제 집단에게는 코에 위약을 뿌렸다. 참가자나 실험자 모두 누가 어떤 물질을 투여했는지 알지 못했다. 이를 '이중 맹검' 연구라고 하며 이중 맹검 연구는 참가자들의 행동에 영향을 줄 수 있는 무의식적인 힌트를 없앤다.

데이터는 옥시토신이 공익 광고에 대한 반응에 극적인 영향을 미친다는 것을 보여주었다. 옥시토신을 투여한 참가자들의 평균 기부금은 위약을 투여한 참가자에 비해 56% 더 높았다. 더구나 옥시토신을 투여한 참가자들은 50% 더 많은 자선단체에 기부를 했다. 연구는 옥시토신이 영향이 있는지, 있다면 그 이유는 무엇인지 파악하기 위해 설계되었다. 우리의 분석으로는 옥시토신을 투여한 참가자들이 공익 광고에 등장한 인물에 더 많은 관심을 보이는 것으로 나타났다. 옥시토신은 그들의 공감력을 증가시켰다. 더 큰 관심은 더 많은 기부의 동인動因이 되었다.

이런 연구 결과들을 생각해 보면 사람들이 기부한다는 것 자체가 대단히 이상하다. 마치 뇌가 적절한 행동을 결정하는 데 있어서 '보는 대로 따라한다'는 접근법을 이용하고 있는 듯하다. 우리 연구소의 다른 연구들은 옥시토신 효과가 대상을 그다지 세밀하게 구분하지 않는다는 것을 보여주었다. 옥시토신이 증가하면 다양한 범위의 사회적 행동에 영향을 준다. 이 실험에서 합성 옥시토신을 투여한 사람들의 뇌는 '인간들은 심장 질환에 대해서 크게 염려하고 있다. 당신도 인간이다. 따라서 당신도 염려해야 한다.'라는 신호를 보내고 있는 것 같이 보인다. 참가자들은 돈을 기부함으로써 자신의 염려를 드러냈다. 사회적인 뇌를 가진 사회적인 존재는 무리를 따른다. 데이터는 참가자들이 공익 광고 속의 스토리는 가상이지만 문제 자체는 실제라는 것을 이해하고 있다는 것도 보여주었다. 여기에는 맥락의 단절이 나타난다. 기부된 돈은 영상 속 배우들을 허구의 곤경에서 벗어나게 돕는 것이 아니다. 공익 광고에서 묘사하는 폐해가 미지의 타인에게 일어나는 것을 막는 데 돈이 도움을 줄 수는 있지만, 그것은 '가정'일 뿐이다. 이전 연구에서와 마찬가지로 옥시토신은 영상을 본 후 사람들에게 비용이 발생하는 행동, 즉 눈에 보이는 조력 행동을 하게 하는 동인이 되었다.

우리 그룹은 공익 광고 실험을 통해 규모를 확대하고 계속 연구를 진행하면서 연구 결과를 확인하는 것이 좋겠다는 자신감을 얻었다. 유럽의 공익 광고들이 벤의 영상에서 발견한 것처럼 뇌 스스로 옥시토신을 만들게 하는지 확인하고 싶었던 우리는 또 다른 실험을 진행했다. 이 실험에서는 공익 광고를 보기 전과 후, 42명의 혈액을

채취했다. 우리는 옥시토신의 변화와 ACTHadrenocorticotropic hormone
*라고 축약되는 긴 이름의 단기 작용 각성 호르몬 변화를 측정했다.
각성 효과가 얼마나 빨리 일어나는지, ACTH가 이전의 각성 신호, 코
르티솔보다 더 빠르게 변화하는지 시험하고 싶었다.

혈액은 벤의 영상에서 얻은 결과를 확인해 주었다. 공익 광고를
시청한 후 ACTH와 옥시토신 모두가 증가했을 경우, 둘 중 하나의
생물 지표만 변화했거나 변화가 없는 경우에 비해 기부 비율은 261%
가 높았다. 우리의 분석은 뇌의 ACTH 생성이 참가자들이 영상에 얼
마나 주의를 기울였는지와 연관되는 한편, 옥시토신은 사람들이 영
상에 보인 관심과 연관된다는 것을 보여주었다.

우리는 사람이 스토리에 주의를 기울이고 스토리의 등장 인물에
게 정서적으로 끌리게 되면 뇌가 스토리 안의 세계로 이동하는 것처
럼 보인다는 잠정적인 결론을 내렸다. 이것이 제임스 본드가 총알을
피할 때 영화관에 앉아 있는 우리 손에 땀이 나는 이유다. 밤비의 엄
마가 죽음을 당할 때 코를 훌쩍이는 이유도, 공익 광고들이 사람들의
자선단체 기부를 유도하는 이유도 여기에 있다.

다음으로 우리는 주의를 기울인 것과 옥시토신이 어떻게 상호작
용을 하는지 파악해야 했다. 이를 위해서는 더 많은 장비와 더 많은
스토리, 더 많은 돈이 필요했다.

---

* 부신피질자극호르몬이라고도 한다. 부신피질을 자극하여 코르티솔을 생산하도록 만든다. 코르티
  솔은 스트레스, 감염, 혈당 조절, 혈압 조절을 담당한다.

DARPA를 설득하다 ————————————

신경학적 신호를 사람들의 행동과 연결 짓는 우리의 과학 논문들이, 스토리가 뇌에 어떤 일을 하는지 이해하기 위해 노력하던 미 정부 기관 사람의 눈에 띄었다. 내게 콴티코 해병 기지에서 브리핑을 맡겼던 그 사람, 퇴역 중령인 윌리엄 케이스비어였다. 빌은 DARPA라고 알려진 미국 방위고등연구계획국 프로그램의 책임자였고 인지신경과학을 중심으로 하는 철학박사 학위와 2개의 석사 학위를 갖고 있었다. 그는 신경철학자, 즉 신경화학 실험을 통해 철학 원리와 도덕적 딜레마가 뇌에서 어떻게 처리되는지 파악하려 하는 1세대 학자 중 하나였다. 옥시토신에 대한 내 첫 연구는 2012년 출간한 책 『도덕적 분자The Moral Molecule』에서 도덕적 행동을 조사하면서 설명했고, 빌과 나는 그가 DARPA에서 일하기 전 함께 실험한 적이 있었다.

DARPA의 프로그램 책임자들은 3~4년의 임기 동안 고高위험, 고高성과 연구 프로그램을 제안하는 일에 관여한다. DARPA는 자금을 대는 10개의 프로젝트 중에 하나 정도만 성공할 것으로 예상한다. 미군이 일하는 방식을 근본적으로 뒤바꿀 '문샷moonshot'(대단히 야심차고 혁신적인 계획-옮긴이)을 추구하기 때문이다. 빌이 만든 문샷 중 하나는 '내러티브 네트워크Narrative Network'라고 불린다. 특수부대 병사들이 새로운 강력한 능력, 즉 스토리텔링 능력을 효율적으로 사용하도록 교육한다는 놀라운 아이디어다.

잠깐만, 이게 무슨 소리일까?!

빌은 스토리가 뇌에 미치는 영향을 파악하게 되면 군인들을 대상으로 무기 대신 단어를 교육해서 그들의 협조를 구할 수 있다고 생각했다. 그는 미국이 그 프로그램을 시작하기 위해서 과학적 기반을 확립해야 한다는 것을 알고 있었다. '서사학narratology'이라는 분야가 막 부상하고 있었지만, 과학적인 엄정성과 자원이 부족한 상황이었다. 빌은 그런 상황을 바꾸기로 했다.

프로그램의 시동을 걸기 위해서 빌은 나를 비롯해 관련 분야의 연구를 하는 많은 연구소에 '종잣돈'을 제공했다. 보조금을 통해 우리는 스토리가 진행되는 동안 신경 활동을 새로운 방식으로 측정하고 이를 사람들의 행동과 연관 지을 기회를 얻었다. 종잣돈이 유용한 결과를 가져오면 연구를 계속할 수 있는 더 많은 보조금을 받을 수 있었다. 내러티브 네트워크 프로그램의 목표는 커뮤니케이션을 개선하여 국제 갈등을 줄이는 것이었다. 나는 아이디어가 무척 마음에 들었다. 우리의 연구는 순조롭게 진행되고 있었다.

빌이 우리 연구소에 맡긴 과제는 미 특수전사령부Army Special Operations Command 본부, 포트 브래그Fort Bragg에서 군인들을 훈련시키고 잠재적으로는 전장에서 활용할 수 있는 기술을 연구하는 것이었다. 이때까지 우리는 벤 영상에 대한 신경 반응을 분류하는 데 기능적 뇌 영상화brain imaging와 고밀도 뇌파전위기록술EEG, electroencephalography을 사용했다. 그러나 두 접근법 모두 현장에서는 활용할 수 없는 크고, 값비싸고, 민감한 기계들을 사용해야 했다. 작고, 휴대할 수 있는, 가능하다면 무선인 기기가 필요했다.

이야기를 더 말하기 전에 잠깐 신경해부학 쪽을 살펴보기로 하자. 옥시토신 수용체는 뇌 안의 중추신경계에서 발견되며 뇌 외부의 말초신경계에서도 발견된다. 말초신경계 중에서는 심장과 미주신경 vagus nerve(중추 신경계와 말초신경계를 연결하는 굵은 신경 다발-옮긴이)에 옥시토신 수용체의 밀도가 높다. 미주신경의 'vagus'는 방랑자라는 뜻이다. 초기 해부학자들은 뇌에서 나온 이 기다란 신경이 심장과 장으로 간다는 것을 밝혀냈다. 뇌는 교감신경계와 부교감신경계라고 알려진 신경계통의 '촉진'과 '둔화' 신호들을 사용해서 몸의 기능을 통제한다. 여기서 교감신경은 감정과 관련되지는 않지만, 각성의 가속과 관련된다. 코티솔과 ACTH는 교감신경계의 활동과 연관된다. 반면에 옥시토신은 부교감신경계를 활성화시킨다. 부교감신경계는 각성을 낮춰 사람을 진정시킨다. 뇌가 100만분의 1초 빈도로 환경에 대한 반응을 조정하기 때문에 이런 신경학적 '연료'와 '브레이크' 시스템은 의식적 통제 없이 기능한다.

깊게 숨을 마신 뒤 참고 있으면 심박수가 느려진다. 이는 미주신경의 활동이 늘어났기 때문이다. 숨을 깊게 쉬어 마음을 안정시키라는 어린 시절 어머니의 말씀은 미주신경을 활성화시키라는 가르침이다. 미주신경의 활동은 심전도를 이용해서 측정할 수 있다. 의사들이 심장 기능을 확인할 때 사용하는 바로 그 기기다. 우리 연구소는 옥시토신을 측정하는 비침습적인 방법을 개발할 수 있는지 확인하기 위해 미주신경 반응을 측정하기 시작했다.

따분한 배경 설명을 하나 더 해야 하겠다. 미주신경의 활동에 수치를 매기기 위해서는 심장에 대한 미가공 데이터가 여러 가지 수학적 변환을 거치도록 해야 한다. 여기에 또 다른 '신호 추출'의 문제가 있다. 우리가 신호 추출에 사용한 수학은 제2차 세계대전 중에 레이

더 신호가 구름이나 새로부터 나오는 것인지, 적기에서 나오는 것인지 판단하기 위해서 개발되었다. 우리는 이 처리 단계를 자동화하기 위해 컴퓨터 코드를 만들었다. 하지만 알고리즘이 적절하게 작동하는지 확인하려면 입력된 값과 출력된 값을 검토하는 숙련된 연구 보조원이 필요했다. 분석이 정확히 이루어지기 위해서는 우리가 모든 실험을 진행할 때마다 신호 처리에 두어 달의 시간이 필요했다.

미주신경의 긴장도를 혈액 내 옥시토신의 변화와 연결시키는 우리의 초기 시험은 실패했다. 뇌의 다른 수많은 활동에서 그 신호를 추출할 고품질 장비를 충분히 준비해 놓을 여유가 없었다. 여기에서 DARPA의 보조금이 역할을 했다. 이 돈으로 참가자와 데이터를 받는 기지국 사이에 무선 센서를 이용하여 약 4.6미터 거리가 허용되는 의료용 심전도를 구입할 수 있었다. 현장에서 사용할 수 있는 기술에 조금 더 접근한 것이다. 첫 번째 중대한 발견은 미주신경의 활동과 혈중 옥시토신 변화 사이에 긍정적인 상관관계가 있다는 것이었다. 이 장비 덕분에 우리는 미주 신경의 반응을 초당 250회 측정할 수 있게 되었고, 따라서 사람들이 어떤 행동을 할지 예측하는 모형을 구축할 수 있을 만큼 충분한 데이터를 얻었다. 우리는 손바닥에 땀이 많이 나거나 심박수가 안정 시에 비해 높아지는 주목 반응과 부교감신경계의 여러 가지 변화와의 상관관계도 밝혔다.

연구원을 더 고용하고 실험을 더 많이 진행할 자금이 있다면 발견 속도가 빨라질 수 있었다. 뜻밖에도 미국 첩보계의 연구 기관인 미국 정보고등연구기획국IARPA, Intelligence Advanced Research Projects Activity에서 지원 승인이 났다. 정보고등연구기획국의 지원금으로 중추신경계와 말초신경계에서 나오는 약 150가지 신호를 동시에 측정할 때 필요한 모든 장비를 구입할 수 있었다. 바늘이나 고통은 전혀 없이, 스토리와 경험이 우리를 다른 세상으로 실어 나르는 방법에 대한 포괄적인 설명을 찾아낼 수 있게 해주는 장비들이었다.

우리는 뇌에서 '주의$_{attention}$' 스위치가 켜져야 사람이나 경험(우리가 만든)에 따라 강하거나 약한 감정 반응이 나온다는 것을 발견했다. 처음 15초 내로 경험이 주의를 끌지 못하면 감정 반응은 전혀 나타나지 않는다. 경험에 사회적 요소, 특히 갈등이나 두려움과 관련된 사회적 요소가 담겨 있는 경우에는 경험이 주의를 끈 후 옥시토신이 분비될 가능성이 크다. 즉 우선은 주의를 끌고, 경험하고 있는 것에 관심을 가질 이유를 제공해야 한다는 것이다.

경험 후에 행동을 취하도록 만드는 신경학적 상태에는 교감신경계와 부교감신경계 간에 이루어지는 급속한 전환이 포함된다. 주의를 끌고 정서적인 공명이 융합한 이런 독특한 생리적 상태를 간단명료하게 묘사할 방법이 필요했다. 신경 반응이 사람들을 새로운 세계로 이동시키는 것처럼 보이기 때문에 우리는 '몰입'이라는 용어를 사용하기로 했다. 몰입도가 높을 때면, 사람들은 경험에 몰두해서 그것을 즐기게 된다.

행동을 가져오는 몰입 경험은 쉽게 기억된다. 경험 후에 행동을 취하는 사람('반응자')의 뇌 활동과 그렇지 않은 사람('무반응자')의 뇌 활동을 비교하는 것이 몰입의 토대다. 행동을 취하는 것은 경험이 의미가 있다는 것을 드러낸다. 몰입은 긴장처럼 생각하면 된다. 경험이 몰입도를 높이면 사람의 뇌는 긴장으로 가득해진다. 그런 상태에 있는 사람들은 자선단체에 기부하거나 다음 장에서 보게 될 것처럼 제품을 구매하거나 소셜 미디어에 경험을 공유함으로써 신경의 긴장을 소멸시키고자 한다. 몰입이 이런 효과를 가져오는 것은 뇌가 감정적인 경험을 중요한 것으로 분류하기 때문이다. 뇌는 감정에 대한 기억을 특별한 방식으로 저장하기 때문에 감정적 기억에 쉽게 접근할 수 있는 것이다. 자녀의 탄생, 비행기에서 아내를 처음으로 만난 일, 9·11테러와 같은 끔찍한 사건이 기억에 남는 이유가 여기에 있다.

우리 연구소가 몰입을 발견하면서 미군은 커뮤니케이션을 이해하고 개선할 수 있는 체계를 갖게 되었다. 몰입은 군이 내놓은 메시지 속의 명시적, 묵시적 행동 촉구에 대해 사람들이 어떻게 반응할지 알아볼 수 있는 '선행 지표'다. 군을 비롯해 메시지를 만드는 모든 조직은 신경 반응을 측정한 후 몰입도를 높이도록 메시지를 수정하여 행동을 취하는 사람의 수를 늘릴 수 있다. 메시지를 만들고, 몰입도를 측정하고, 메시지를 수정하고, 다시 몰입도를 측정하는 이런 사이클은 정부 커뮤니케이션 전문가들에게는 생소한 일이었다. 하지만 이것이야말로 스토리와 경험에 적용할 수 있는 과학적 방법이다. 요점은 직감이나 자기 보고에 의존하기보다 뇌에서 무엇을 측정해야 하는지 파악해야 한다는 것이다.

정말 좋은 게 좋은 것일까?

과학에서 가장 중요한 단어는 '헛소리'다. 과학자들은 항상 의심하라는 교육을 받는다. 모든 것에 대해서, 특히 자신의 발견에 대해서 말이다. 실험을 반드시 반복해야 하는 이유다. 과학자의 실험에 행운이 포함되었을 수도 있고 실험 참가자들이 어떤 식으로든 특이했을 수도 있고, 날씨가 좋거나 궂었을 수도 있다. 그 외에도 다른 많은 요소가 결과에 영향을 미친다.

과학에서 '직감'의 영향을 차단하는 가장 좋은 방법은 다른 사람의 결과를 복제할 수 있는지 확인하는 것이다. 나는 몰입이라는 토끼굴에 너무 깊이 빠지기 전에 이런 반성의 과정을 거치는 것이 좋겠다는 결정을 내렸다.

《USA 투데이USA Today》는 수십 년간 미국 전역의 독자 평가를 기반으로 슈퍼볼Super Bowl 중계 중 방영되는 광고에 순위(애드 미터AD Meter)를 매겨 왔다. 슈퍼볼 중에 방영되는 광고는 기업이 할 수 있는 광고 중 가장 비싸다. 슈퍼볼 광고에는 천문학적 액수의 돈이 들어간다. 엄청나게 많은 사람이 지켜보기 때문이다. 스티브 잡스가 애플 CEO이던 시절, 「1984」라는 제목의 역사상 가장 유명한 TV 광고를 제작했다. 리들리 스콧이 감독한 이 60초짜리 광고는 IBM을 개인용 컴퓨터 시장을 좌지우지하고 지배력을 통해 전체주의 사상을 강요하는 빅브라더Big Brother로 묘사했다. 광고는 "1984년은 『1984』처럼 되어서는 안 된다"라는 문구와 함께 애플 매킨토시Macintosh 컴퓨터의 출시가 임박했음을 알렸다. 당시 자금 사정이 좋지 않았던 애플은 1984년 슈퍼볼 중계 중 단 한 번의 광고만을 내보낼 수 있었다.

실패로 유명한 슈퍼볼 광고도 있다. 여기에는 웹사이트 호스팅 기업인 고대디GoDaddy의 외설적인 광고, 문화적 인식이 낮았던 그루폰

Groupon과 세일즈지니SalesGenie의 광고, 오줌과 관련했던 정말 이상한 택스액트TaxAct의 광고, 살아 있는 애완용 쥐처럼 보이는 것이 대포에서 날아가는 아웃포스트닷컴Outpost.com의 광고 등이 포함된다. 나는 몰입의 예측 능력을 시험하는 좋은 방법이 몰입과 《USA 투데이》 슈퍼볼 광고 평가가 부합하는지 확인하는 것이라고 생각했다. 무척 손쉬운 방법이었다.

2014년 슈퍼볼이 끝나고 이틀 후, 우리는 사람들의 뇌가 재방영되는 광고들로 포화 상태에 이르기 전에 16명에게 무작위적인 순서로 슈퍼볼 광고를 시청하게 하고 그동안 몰입도를 측정했다. 우리 팀이 신경학 데이터를 처리하기까지 3주가 걸렸다. 이후 우리는 결과를 《USA 투데이》의 순위와 비교했다. 그리고 신경 몰입과 《USA 투데이》 독자들이 좋다고 평가한 정도에 전혀 상관관계가 없다는 것을 발견했다. 우리의 실험이 실패했다. 결과가 복제되지 않았기 때문에 다른 연구를 찾아야 할 상황이었다.

나는 다음 날 새벽 3시에 일어나서 모든 세부적인 사항을 검토했다. 기계의 측정이 적절치 않았을 수도 있었다. 데이터 처리 알고리즘에 결함이 있을 수도 있었다. 우리가 실험한 사람들이 제정신이 아닐 수도 있었다. 문제는 많았지만 전혀 희망이 없지는 않았다. 멀리건mulligan(최초의 티샷이 잘못되었을 때 벌타 없이 주어지는 세컨드샷-옮긴이)의 시간이었다.

연구를 다시 진행하면 우리가 뭘 잘못했는지 발견할 수 있을 것이었다. 여태 방송되었던 모든 광고가 유튜브에 있는 것 같아서 우리는 2013년 《USA 투데이》 슈퍼볼 광고 순위에 따라 관련 광고들을 내

려받았다. 우리는 기계를 다시 조정하고, 알고리즘을 확인한 뒤 새로운 16명의 참가자를 모집했고 참가자가 2013년 슈퍼볼 광고를 보는 동안 그들의 신경 반응을 측정했다.

결과는 똑같았다. 신경학적 몰입과 자기 보고를 기반으로 하는 《USA 투데이》의 광고 '선호' 순위는 아무런 관련이 없었다. 우리는 실험 참가자들에게 각 광고가 설득적인지, 광고 속의 제품을 구입할 것인지도 질문했다. 의식적인 보고에 의한 이런 정보는 뇌의 몰입을 초래하는 것과 아무런 관계가 없었다.

우리는 결코 찾을 수 없는 확증을 찾고 있었다.

행동인가 선호인가 ─────────────────────

값비싼 의료용 장비를 사용하고 복잡한 알고리즘으로 많은 양의 데이터를 처리하는 일은 쉽지 않다. 그냥 사람들에게 경험에 얼마나 몰입했는지 물어보면 되지 않을까? 그게 훨씬 더 간단하지 않을까?

과학적 측면에서 생각해 보자. 선호에 관한 질문은 사람들에게 감정 상태를 밝히라고 하는 것과 같다. 뇌가 언어를 만들기는 하지만, 언어로는 무의식적인 감정 반응을 정확하게 드러낼 수 없다. 사람들 대부분이 깊이 파고들다 보면 무의식이 드러날 것이라는 프로이트의 틀 속에서 헤매고 있다. 그러나 아니다. 무의식에 대해서 의식적인 질문을 하는 것은 간肝에게 점심에 얼마나 맛있게 햄버거를 먹었는지 말해 보라고 하는 것과 같다. 1에서 10 사이 숫자 중 하나를 골라잡을 수는 있겠지만 선택한 숫자를 진지하게 생각하는 사람은 아무도 없다. 무의식적 신경 반응은 의식과 다른 공간에 살며 둘은 거의 만나지 않는다. 만나야 할 것처럼 보이긴 하지만 말이다. 나는 프로이트의 함정에 빠져서 자기 보고에 기반한 선호와 몰입을 연관 지으려 하고 있던 것이다. 뇌는 무의식적 감정 반응에 정확하게 접근할 수 있는 길을 내주지 않는다.

몰입 알고리즘은 감정이 아닌 '행동'을 예측하기 위해 개발되었다. 몰입을 이용하여 슈퍼볼 광고 이후 매출 증가를 예측하는 테스트를 했어야 했다. 안타깝게도 기업들은 이러한 자료를 내놓지 않는다. 따라서 대신할 수 있는 자료를 찾아야 했다. 가장 좋은 대용품은 유튜브의 광고 조회수와 댓글수였다. 유튜브 데이터는 행동이었다. 사람들은 객관적으로 측정할 수 있는 일을 하면서 광고에 대한 '입소문'을 만들고 있었다.

새로운 접근법을 통해 우리가 연구한 5개년 슈퍼볼 광고에 대한 몰입과 유튜브의 두 지표 사이에 양의 상관관계가 있다는 것을 발견할 수 있었다. 2018년 결과가 가장 대표적이었다. 몰입과 유튜브 조회수의 상관관계는 0.27이었고 몰입과 유튜브 댓글수의 상관관계는 0.25였다. 이는 몰입도가 높은 광고에 유튜브 조회수와 댓글수가 더 많다는 것을 의미했다. 따라서 몰입은 행동을 유발했다.

이것을 《USA 투데이》 순위가 행동을 얼마나 잘 예측하는지와 비교해 보자. 선호는 유튜브 조회수, 댓글수와 지속적인 음의 상관관계를 보여준다. 2018년 슈퍼볼에서 둘의 상관관계는 -0.33과 -0.38이다. 쉽게 풀어보자면 사람들이 '좋다'고 이야기한 슈퍼볼 광고는 입소문을 거의 만들지 못했다. 자기 보고의 무의미함이 여기에서 또 드러났다. 3장에서는 몰입을 통한 예측의 정확성에 대해서 상세하게 이야기할 것이다. 지금은 '선호'라는 예측 도구에 의심을 갖는 정도로 족하다.

초-몰입

2018년 슈퍼볼 광고를 분석하니 테스트 대상인 65개 광고 중 다이어트 코카콜라의 「그루브Groove」가 가장 몰입도가 높은 것으로 나타났다. 잠깐 읽기를 멈추고 찾아보는 것도 좋겠다. 「그루브」를 봤다면 당신도 그 광고가 그리 '호감 가는' 광고가 아니라는 데 동의할 것이다. 사실 광고는 《USA 투데이》가 조사한 그해 슈퍼볼 광고 '선호도' 순위에서 꼴찌를 차지했다. 30초짜리 영상은 키가 크고 다소 특이하게 보이는 젊은 여성이 다이어트 콜라 트위스티드 망고Twisted Mango 이야기를 하면서 춤을 추는 모습을 담고 있다. 그녀는 밝은 노란색 벽을 배경으로 비대칭적이고 춤도 썩 균형 잡혀 있지 않은 모습을 보인다. 여성의 모습이나 촬영 방법이 너무 이상해서 눈을 떼기가 힘들다. 그러나 광고의 몰입도는 광고 벤치마크보다 +4의 표준편차로 상당히 크다(평범한 말로 바꾸면 뇌의 반응이 매우 강력하다는 뜻이다). 이 데이터는 다이어트 콜라 상표가 광고의 말미, 즉 몰입 절정에 나오면서 신경 반응을 브랜드에 효과적으로 연결시켰다는 것도 보여준다.

이것을 2018년 《USA 투데이》 독자들이 가장 '좋다'고 평가한 광고와 비교해 보자. 이때 순위의 가장 윗자리는 아마존 광고가 차지했다. 아마존이 돈을 펑펑 써서 만든 「알렉사 목소리를 잃다Alexa Loses Her Voice」라는 제목의 90초짜리 광고는 방영료만 1600만 달러(2018년 기준, 한화 약 171억 원)였다. 광고에는 앤서니 홉킨스Anthony Hopkins, 카디비Cardi B와 같이 몸값이 만만치 않은 스타들이 출연해 알렉사를 대신한다. 따라서 광고 제작에 들어간 돈은 아마존이 방영료로 지불한 돈의 2배를 훌쩍 넘을 것이다. 우리 분석에 따르면 이 광고의 몰입도 순위는 9위였다. 나쁜 성적은 아니다. 하지만 초당 몰입 데이터는 광고의 효과를 훨씬 높일 수 있었다는 것을 보여준다. 광고의 몰입도는 30초부터 급히 떨어지기 시작해서 90초까지 낮은 상태를 유지한다. 5개 장면에 전부 같은 패턴(누군가 알렉사에게 질문을 던지고 유명 스타가 부적절한 답을 하는)을 사용했기 때문에 벌어진 일이다. 매번 똑같다. 두 번째 반복에서 이미 뇌는 패턴을 파악하기 때문에 반복은 몰입을 약화시킨다.

경영의 측면에서 접근하자면, 아마존이 「알렉사 목소리를 잃다」를 처음 30초만 사용했을 경우 몰입도는 15%가 높아졌을 것이다. 그렇다면 2018년 슈퍼볼 광고 중 몰입도 순위에서 2위에 올랐을 것이고 시청자의 뇌에 더 많은 긴장을 조성해서 아마존 가상 비서를 구매하고 싶은 욕구를 더 많이 낳았을 것이다. 이렇게 함으로써 광고의 영향력을 높였을 뿐만 아니라 방영료로 1000만 달러를 절감했을 것이다. 몰입도가 높은 콘텐츠와 경험은 더 기억에 남고, 더 깊은 의미를 남기며 다음 장에서 살펴볼 것처럼 매출을 높이는 데 큰 힘을 발휘한다. 아마존은 무엇이 중요한지 측정하는 데 실패함으로써 돈은 돈대로 쓰고 영향력은 얻지 못했다.

우리는 슈퍼볼 광고에서 '선호'의 또 다른 변칙을 발견했다. 광고에 강아지나 아기가 등장하면 '선호' 순위가 높아졌다. 화장지 광고에 강아지들이 등장하는 이유를 궁금하다고 생각해본 적이 없는가? 포커스그룹이 열광하기 때문이다. 아기나 강아지가 나오는 광고를 '좋아하지 않는다'고 말할 사람이 어디 있겠는가? 우리의 분석은 강아지나 아기가 광고 서사의 일부가 아닌 한 귀여운 생물이 더해진다고 해서 몰입도가 올라가지 않는다는 것을 보여주었다.

뇌는 속지 않는다.

예측의 발전

제한된 수의 사람들을 대상으로 뇌 활동을 측정해서 광범위한 시장에서의 결과를 예측하는 것을 '신경 예측neuroforecasting'이라고 부른다. 이 시점까지 우리 팀은 예민하고 값비싼 기구들을 사용해서 몰입도를 측정했다. 우리는 이들 기구를 500달러짜리 단단한 펠리컨박스pelican box에 넣어 미국 전역의 현장 연구 장소로 배송했다. 이런 기구를 아프가니스탄이나 이라크까지 보내 미군이 메시지를 개선하는데 도움을 주는 것도 영 불가능한 일은 아닐 것이다. 하지만 군용 트럭에 실려 비포장도로를 오간 기구들은 오래 제 기능을 하기 힘들 것이다. 특별한 경험이 발생하는 어디에서나 몰입도를 측정하려면 더 많은 연구가 필요했다.

휴대가 가능하고, 내구성이 있고, 몰입이 발생하는 순간에 실시간으로 측정할 수 있는 기술을 개발해야 했다. 우선 우리는 값비싸고 예민한 기계들을 없앴다. 다음으로는 데이터를 처리하는 데 필요한 박사들을 없앴다. 경험의 순간을 시끌벅적한 한 무리의 박사와 함께하고 싶은 사람이 어디 있을까. 그다음으로 필요한 것은 많은 데이터를 수집할 수 있을 정도로 많은 사람이었다. 이것이 나와 우리 연구소의 몇몇 박사들이 몰입 소프트웨어 플랫폼을 만든 이유다. 몰입 소프트웨어는 클라우드 서버에 존재하면서 스마트워치와 피트니스 감지기를 통해 들어온 심장 데이터에 내가 만든 알고리즘을 적용하여 실시간으로 신경 상태를 추론한다. 우리가 표준화시킨 몰입 데이터는 0에서 100까지의 수치를 보여준다. 착용한 기기와 클라우드 기술의 결합으로 우리 팀원들 뿐 아니라 누구나 몰입을 빠르고 쉽게 측정할 수 있게 되었다.

몰입 플랫폼의 구독자들은 내가 상상할 수 없는 다양한 방식으로 플랫폼을 이용한다. 이후에는 어떻게 몰입을 통해 인기 있는 TV 프로그램과 히트곡을 발표 몇 달 전에 찾아내고, 영화 관객수를 예측하고, COVID-19(이하 '코로나19') 격리 기간 동안 사람들이 보고 싶어 하는 TV 프로그램까지 예측했는지 이야기할 것이다. 대규모 전문 서비스 기업인 액센츄어Accenture는 직원 교육 중에 몰입도를 측정해서 모든 학습자가 혜택을 받도록 한다. 심지어 몰입은 사람들이 애인을 찾고 결혼 생활을 바로잡아야 할 때도 도움을 준다. 몰입 플랫폼을 광범위하게 적용하는 과정에서 특별한 경험으로 만들기 위해 사용할 수 있는 핵심 원리가 드러났다. 처음으로 몰입 플랫폼을 적용하고 광고의 영향력을 개선했다. 따라서 다음 장에서는 기업들이 어떻게 이런 일을 했는지에 대해서 배울 것이다.

1. 몰입은 경험한 것에 주의를 기울인 사람에게 경험이 정서적 공명을 일으키는 신경학적 상태다.
2. 몰입은 사람들이 어떻게 느낄지가 아니라, 사람들이 무슨 일을 할지를 예측한다.
3. 정서적 공명은 경험하는 동안 몰입의 변화 대부분을 주도한다.
4. 몰입 경험은 뇌에 가장 큰 영향을 주기 때문에 기억에 남는다.
5. 몰입 소프트웨어 플랫폼을 사용하면 누구나 실시간으로 몰입도를 측정할 수 있다.

2장

설득력 있는
메시지의 힘

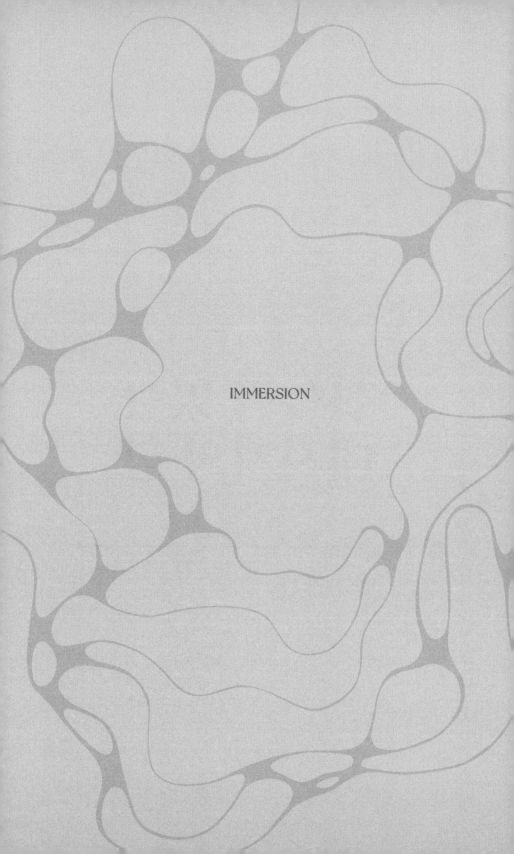

IMMERSION

"전 동성애자는 아니지만 그 선수들이라면 성관계도 맺을 수 있습니다."

'리암Liam'이라는 참가자가 연구 도중에 한 말이다. 무표정을 고수하느라 애를 먹었다.

그때 우리 팀과 나는 사람들이 타인을 사랑하는 것과 같은 방식으로 제품을 사랑하는지 확인하기 위해 몰입도를 측정하고 있었다. 보기보다 그렇게 이상한 아이디어가 아니다. 휴대 전화가 어디 있는지 모를 때 당신의 감정을 생각해 보라. 좀 더 솔직해지자. 차에 이름을 붙여 부르지 않는가? 거기에 얽힌 사연도 있지 않은가?

나는 뇌를 게으른 공화당원으로 묘사한다. 공화당원인 이유는 뇌가 에너지를 사용하는 방식이 보수적이기 때문이다. 그런 뇌를 게으르다고 말하는 이유는 단 하나의 목적을 위해 진화한 뇌 네트워크가 현재는 다양한 목적을 위해 활성화되기 때문이다. 뇌가 게으르다는 것은 뇌가 어떤 일에 직면했을 때 대사 자원을 써야 할지 판단하기 위한 비용 편익 분석을 재빨리 한다는 것을 의미한다. 그 경험이 충분히 가치 있는 것으로 보이지 않는다면, 뇌는 신경 자원을 거의 쓰지 않을 것이고 자극 대부분을 무시할 것이다.

*결론: 우리가 생각하는 뇌가 하는 일과 실제로 뇌가 하는 일에는 상당한 차이가 있다. 무엇이 사람들의 행동을 유발하는 동기가 되는지를 파악하기 위해 사람의 상상, 즉 정신적인 작용에 의존하는 대신 두뇌 활동을 측정해야 하는 이유가 여기에 있다. 이는 보수적으로 진화한 뇌 네트워크가 예기치 못한 상황에서 활성화될 수 있다는 것을 의미하기도 한다.

과감한 동성애 발언까지 나왔던 바로 그 실험에서 우리는 참가자들에게 자신이 좋아하는 물건과 좋아하는 사람의 사진을 가져오라고 부탁했다. 참가자들은 우리가 몰입도를 측정하는 60초 동안 그 물건을 좋아하는 이유를 설명하라는 지시를 받았다. 그리고 이후 1분 동안 사진 속의 사람을 좋아하는 이유를 내게 이야기했다. 우리는 사람들이 그저 사랑을 표현할 때 쓰는 언어를 사용하는 것인지 아니면 정말로 물건과 사랑에 빠진 것인지 알고 싶었다. 결과는 놀라웠다.

참가자 조지George는 주문 제작한 윌슨Wilson社의 야구 글러브를 가져왔다. 그는 어린이 야구단과 고등학교에서 야구를 했던 일을 이야기했다. 대학에 다닐 때 그는 뛰어난 투수였고 1학년 때 이미 선발 투수 자리를 얻었다. 글러브는 그가 동료들과 게임을 하던 전성기,

장거리 자동차 여행, 그에게 일어난 여러 가지 특별한 일들을 상기시켰다. 우리는 그의 뇌가 기준선으로 돌아올 수 있도록 90초간 휴식 시간을 가졌다. 이후 나는 그에게 그가 가져온 사진에 대해서 물었다. 여자 친구의 사진이었다. 그는 그 주 주말부터 둘이 함께 살 예정이고 '결혼을 하게 될 것' 같다고 이야기했다. 신경 데이터를 보지 않아도 그가 그다지 신이 나 있지 않다는 것을 알 수 있었다. 조지의 어깨는 처져 있었고 목소리는 낮아졌으며 시선은 내리깔려 있었다. 데이터는 조지가 여자 친구 이야기보다 야구 글러브에 관련된 이야기에 3배 더 몰입해 있다는 것을 보여주었다.

그러나 연구에 참여한 사람들 대부분은 조지와 달랐다. 전체 참가자의 평균을 보면 물건을 이야기할 때보다 사람에 대해 이야기할 때, 몰입도가 54% 높았다. 가장 사랑받은 물건은 무엇이었을까? 참가자의 절반 이상이 휴대 전화를 가져왔다. 전반적으로 주의를 기울이고 정서적으로 공명한 몰입의 비율은 사람과 물건이 거의 비슷했다. 이는 게으른 공화당원인 뇌에서도 비슷한 경로가 활성화된다는 것을 나타낸다.

리암은 예외였다. 영국인인 그는 그가 가장 좋아하는 축구팀, 맨체스터 유나이티드Manchester United의 스카프를 가져왔다. 그는 10대 때부터 친구들과 경기장에 가서 술을 마시고 떠들썩하게 놀고 즐겁게 게임을 봤다는 이야기를 열정적으로 들려줬다. 그는 미국에 살고 있고 해변의 술집에서 맨체스터 유나이티드 경기를 본다. 그는 맨체스터가 지면 자신이 며칠은 짜증을 낼 것이기 때문에 "아내가 조심하는 편이 좋을 것이다"라는 말을 했다. 그러다 갑자기 과학자들로 가득 찬 방에서 이성애자인 그가 맨체스터 선수들이라면 성관계도 맺을 것이라는 이야기를 꺼낸 것이다.

90초의 휴식 후에 그는 내게 그가 가장 사랑하는 사람, 2살 된 딸 멜리사Melissa의 사진을 보여주었다. 멜리사에 대해 이야기할 때 그의 얼굴은 환해졌다. 하지만 그는 '귀여운'이나 '사랑스러운' 같은 극히 일반적인 어휘를 사용했다. 맨체스터 유나이티드에 대한 그의 몰입도는 멜리사에 대한 몰입도보다 55% 높았다. 그가 딸을 사랑하는 것은 분명했다. 하지만 그는 아직 딸과 맨체스터 유나이티드 경기 동안 그가 했던 것과 같은 경험을 쌓을 기회가 없었다.

*마케터가 알고 있어야 할 뜻밖의 결론: 우리가 테스트한 사람들 3분의 1은 가장 아끼는 사람에 대한 몰입도보다 가져온 물건에 대한 몰입도가 높았다. 제품에 더 몰입한 사람들에게는 하나의 공통점이 있었다. 물건에 대한 풍성하고 감정적인 일련의 스토리가 존재했던 것이다.

우리는 '그 영화가 좋아' '난 휴대 전화가 없으면 살 수가 없어'라는 식으로 물건에 대해서도 사람에 대해서 쓰는 것과 같은 단어를 사용한다. 감정을 표현하는 단어가 제한적이기 때문이다. 게으른 공화당원인 뇌는 사람이든, 물건이든, 경험이든 가치를 평가할 때 비슷한 뇌 네트워크, 보수적으로 진화한 뇌 네트워크를 사용한다. 그러므로 연인 관계에도, 이제 곧 설명할 것처럼 강렬한 광고를 가늠할 때도 몰입도를 사용할 수 있는 것이다.

진입로에 발을 묶다

몇십 년 전, 미국 공영 라디오_{NPR, National Public Radio}(이하 'NPR')
는 방송이 끝날 때까지 차에서 내릴 수 없다는 청취자들의 사연을 받
고 스토리의 힘을 깨달았다. NPR은 이를 '진입로 스토리'라고 부른
다. 사람들이 집 앞에 도착해서도 이야기를 듣느라 들어가는 진입로
에 차를 세운 채 라디오에 귀를 기울이고 있기 때문이다. 이런 청각
적 인질극은 몰입 스토리의 힘을 보여주는 객관적인 지표다.

우리 팀과 나는 진입로 스토리라는 아이디어에 호기심을 느꼈지
만 실험을 하는 동안 사람들을 집 앞 진입로에 세워 두는 것은 불가
능한 일이었다. 대신 우리는 광고에 초점을 맞췄다. 광고는 객관적
인 결과를 가지고 있고 길이도 짧기 때문에 실험에 쓰기에 이상적이
다. 기업들은 매출, 소셜 미디어 공유, 브랜딩 기억을 통해 광고를 평
가한다. 몰입이 마케터에게 가치 있는 도구가 될 수 있으려면 몰입을
통해 이런 유형의 관찰 가능한 결과를 예측할 수 있어야 한다. 우리
팀의 연구가 언론에 노출된 후, 기업들이 도움을 요청하기 시작했다.
이것은 우리에게 광고의 성공과 실패를 가르는 이유를 알아볼 수 있
는 기회였다.

미국의 한 대형 생명보험사는 TV 광고를 바꾸어야 한다고 생각
은 했다. 하지만 어떤 방향을 택해야 할지 확신이 없었다. 방영 중인
광고는 전문가가 출연해 진지한 어조로 "긴 여생에 대비하는 계획을
만드십시오"라고 조언하는 내용이었다. 죽음이나 의무라는 언급은
없었고 사용된 이미지는 가족과 있는 기혼 남성에게 초점을 맞춘 것

이었다. 이런 수사법은 수십 년간 효과를 발휘했다. 전형적인 생명보험 가입자는 기혼 남성들이었기 때문이다. 하지만 오늘날에는 가정의 재정적 결정 대부분을 여성들이 맡고 있다. 회사는 여성을 대상으로 어떻게 광고를 해야 할지 결정하기 위해 우리에게 도움을 청했다. 혹시 젊은 남성들이 생명보험을 가입하는데 영향을 미치는 것이 무엇인지도 알아낼 수 있지 않을까 하면서 말이다.

우리 팀은 178명에게 브랜드가 드러나지 않는 생명보험사의 영상광고와 지면 광고를 편집해서 보여주고 그들의 신경 데이터와 행동데이터를 수집했다. 참가자들은 연간 수입이 7만 5,000달러가 넘는사람들이었고, 대부분이 기혼자였으며, 거의 모두가 생명보험 계약이 소멸된 상태였다. 이런 요소들을 이용해 생명보험에 관심이 있을만한 사람들을 테스트한 것이다. 우리는 시카고, 필라델피아, 로스앤젤레스에서 데이터를 수집했고 모든 결과가 일반화될 수 있도록 다양한 연령과 인종을 대상으로 했다.

연구가 끝날 때 참가자들에게는 생명보험사 직원이 연락을 할 수있도록 이메일 주소를 공유하는 옵션이 주어졌다. 사람들 대부분은영업 사원이 연락하는 것을 꺼린다. 생명보험에 대해 호기심이 있더라도 말이다. 하지만 참가자 중 3분의 1이 이메일 주소를 알려줬다. 우리는 이 결정을 우리가 예측하려고 하는 광고 효과에 대한 객관적인 척도 중 하나로 포함시켰다. 단 연구와 영업을 구분하기 위해서이메일 주소는 회사와 공유하지 않았다.

우리의 분석은 이메일 주소를 알려준 사람들이 광고에 가장 몰입했다는 것을 보여주었다. 결혼, 자녀, 수입의 영향을 통계적으로 제거한 뒤에도 결과는 마찬가지였다. 우리 분석에 따르면 몰입은 보험 영업 사원으로부터 연락을 받아 생명보험 가입을 고려하는 참가자의 자발성을 예측했다. 몰입은 참가자가 연구 일주일 후 우리가 설문조사를 보냈을 때 광고의 세부적인 내용을 기억하는지, 참가자들이 가족들과 생명보험에 대해서 논의를 했는지도 예측했다.

신경학적 데이터가 가치 있는 이유는 객관적이기 때문만이 아니라 인구 통계와 같은 전형적인 척도를 추가해 마케팅 캠페인에서 예측 정확도를 향상시킬 수 있기 때문이기도 하다. 이를 기술적으로는 '직교orthogonal'라고 한다. 몰입이 다른 데이터 스트림과 관련이 없다는 의미다. 그 외에도 몰입은 초 단위로 측정되기 때문에 광고를 편집해서 영향력을 높이는 데에도 사용할 수 있다. 인구 통계나 선호와 같은 전통적인 척도들은 이렇게 세분할 수가 없다.

우리는 인구통계학적 정보와 몰입을 결합하여 보험회사가 자사를 경쟁사들과 효과적으로 차별화할 수 있도록 돕는다. 모든 보험회사는 이 부분에서 어려움을 겪는다. 우리의 분석은 가구의 소득이 높아질수록 몰입도가 높아진다는 것을 보여주었다. 이는 재정적으로도 타당하다. 소득이 많은 사람은 지켜야 할 것이 더 많다. 따라서 그들의 뇌는 우리가 보여주는 정보에 더 몰입했다.

이런 신경학적 처리는 '하향 조절top-down control'이라고 알려져 있다. 뇌의 중앙 관리자는 관련이 있는 것을 만났을 때 처리 역량을 추가로 배분한다. 예를 들어 흡연자는 담뱃갑을 볼 때 비흡연자보다 신경이 더 많이 활성화된다. 흡연자의 경우 니코틴이 큰 보상을 주기 때문에 뇌는 담배에 대한 정보를 처리하는 데 더 많은 자원을 쏟는다. 보다 일반적인 경우에서 하향 조절은 개인에게 중요한 경험에 더 깊게 몰입하도록 만든다. 이것이 고소득 참가자들이 생명보험 광고를 볼 때 몰입도가 올라간 이유다. 사실 우리가 시험한 모든 광고와 인쇄물에서 가장 부유한 참가자들이 가장 높은 몰입도를 보였다. 관련성이 몰입도를 높인다. 마케팅에서는 이를 '타기팅(표적화)targeting의 문제'라고 부른다. 세분 시장마다 맞춤형 메시지를 보내는 것이다. 신경학 반응의 측정은 마케터가 다양한 시장 참가자들에 대해 가장 몰입도가 높은 메시지를 찾을 수 있게 도와준다.

우리는 몰입 데이터를 이용해서 성별, 혼인 여부, 연령에 따라 참가자들에게 가장 몰입도가 높은 유형의 내용과 정서적 분위기도 찾는다. 이런 지각을 통해 기업은 광고 대행사에 새로운 광고 캠페인 개발의 지침이 되는 청사진을 제시할 수 있다. 사람들에게 의견을 물을 필요가 없다. 그들의 뇌가 어떻게 하면 생명보험에 관심을 가지도록 만들지 보여주기 때문이다.

때로 몰입 데이터는 너무나 뻔한 어떤 것을 발견하는 뜨악하는 순간을 만들어 낸다. 이것은 직감의 영향을 차단하는 좋은 방법으로 결괏값이 타당하다는 것을 확인해 준다. 우리는 젊은 남성들로부터 광고 벤치마크 이상의 몰입을 이끌어 내는 광고를 단 하나 발견했다. 이 영상에서는 오토바이를 타는 남성이 길가에서 카메라를 보며 이야기한다. 시청자는 그의 오토바이가 차 밑에 깔려 있는 것을 본다. 오토바이 운전자가 이야기하는 동안 시청자는 그가 죽었고, 생명보험이 없어서 딸에게 남길 게 없다는 후회스러운 감정을 토로하고 있다는 것을 점차 깨닫게 된다. 이런 공포감에 대한 호소는 젊은 남성들의 몰입도만 높일 수 있었다. 다른 모든 인구 집단은 이 광고에 신경학적인 반응을 보이지 않았다. 몰입에는 관련성이 중요하다.

좋은 것은 늘리고 나쁜 것은 줄인다 ──────

나는 생명보험사에 광고를 개선하는 방법을 알려주기 위해서 몰입도가 높은 순간의 길이와 깊이를 정량화하는 척도를 만들었다. 나는 이것을 '몰입 절정Peak Immersion'이라고 부른다. 콘텐츠 창작자는 이 지표를 이용해 절정이 더 높고 길게 유지되도록 경험을 수정함으로써 콘텐츠를 개선할 수 있다. 혼자 그네를 타고 있는 소년이 등장하는 광고를 상상해 보라. 보통의 몰입을 끌어내는 이 광고에서 해당 장면을 좀 더 오래 보여주거나 아이가 느끼는 고독을 두드러지게 하는 음악을 추가한다면 몰입도를 높일 수 있다. 몰입 절정 지표는 한 지점에서 몰입도를 높이는 것이 다른 경우의 절정을 낮추지 않는다는(전반적인 몰입도를 낮출 수 있는) 것을 확인하는 중요한 점검 방법이다.

"손실은 짧게 수익은 길게 가져가라" 주식 투자에서 흔히 하는 말이다. 이 논리는 몰입도가 높은 광고를 만들 때도 적용할 수 있다. 경험은 몰입 절정의 순간이 길게 이어지도록 할 때 더 큰 영향력을 갖는다. 마찬가지로 몰입이 떨어지는 신경 이탈의 순간들을 잘라 내면 전반적인 몰입도는 올라간다. 간단하게 말하면 좋은 것은 늘리고 나쁜 것은 줄이라는 뜻이다. 만드는 사람들이 이렇게 한다면, 몰입도는 올라가고 시장에 미치는 영향력은 커질 것이다.

콘텐츠 편집으로 몰입 절정을 높이는 것은 또 다른 효과가 있다. 1장에서 논의했듯이 경험에서 가장 기억에 남는 부분은 감정이 고조된 순간과 마지막에 일어난 일이다(절정 대미 규칙). 몰입의 절정에서 브랜드가 노출될 때 기억에 남을 가능성이 커지는 것이다. 생명보험과 같이 차별화가 힘든 제품의 경우에는 이 점이 특히 더 중요하다. 몰입의 절정이 광고 끝쪽에 있으면 광고주들은 이중 효과를 거둔다. 몰입 절정의 정량화를 통해 보험사는 감정의 클라이맥스를 결말 부분에 두어 회사 이름을 시청자의 기억에 각인시키는 방법을 배웠다.

나는 몇 년에 걸쳐 100개 이상의 생명보험 광고를 대상으로 몰입도를 검토했다. 데이터는 회사의 브랜드 노출이 몰입 절정에서 이루어진 경우가 거의 없다는 것을 보여주었다. 브랜드 노출은 거의 항상 광고 마지막에 서사의 긴장이 해소되면서 몰입이 잦아들 때 종종 이루어졌다. 몰입 절정은 광고의 어느 부분에서든 브랜드를 더 잘 기억하게 해줄 것이다. 로고나 영업 문구를 보여주기 위해 광고가 끝날 때까지 기다릴 필요가 없다. 브랜드 노출을 꼭 한 번으로 제한할 필요도 없다. 30초짜리 짧은 광고더라도 말이다. 주택에 화재가 발생한 집주인을 돕는 보험 설계사가 등장하는 광고 중반에 몰입 절정이 있다고 생각해 보자. 그 장면에 회사 이름이 들어간 차량을 포함한다면 회사에 대한 기억이 강화될 것이다. 보험 설계사가 고객을 돕는 모습을 더 오래 보여주어서 몰입 절정을 연장시킬 수도 있다. 얼굴을 근접 촬영하는 것도 몰입도를 급등시키기 때문에 카메라가 집주인의 안도하는 얼굴을 더 오래 잡아서 전반적인 몰입도를 높일 수 있다. 브랜드 노출을 마지막에만 할 생각이라면 끝부분에 몰입 절정을 두어서 절정-결말의 두 마리 토끼를 잡도록 해야 한다.

　콘텐츠를 제작하는 동안 몰입을 측정하는 절차를 '크리에이티브 +Creative+'라고 한다. 몰입은 콘텐츠 창작자를 대체하는 것이 아니다. 몰입은 대화부터 스토리보드, 1차 편집, 음악, 최종 편집에 이르는 각 단계에서 그들에게 객관적인 지침의 역할을 한다. 신경 측정치는 콘텐츠의 어느 부분을 어떻게 개선하고 강화하여 시장 영향력을 극대화시킬지 보여주며 창작 과정에 정보를 제공한다. 콘텐츠와 그것을 만드는 사람들이 없다면 측정치도, 개선할 것도 존재하지 않는다.

슈퍼팬 ──────────────

　생명보험에 관한 첫 실험에 참여한 사람들의 12%는 최고의 몰입 수준에 도달했다. 나는 이런 열광적인 사람들을 '슈퍼팬superfans'이라고 부른다. 거의 모든 슈퍼팬이 보험 설계사와의 연락을 위해 이메일 주소를 공유해 주었다. 슈퍼팬을 찾는 것은 쉬운 일이다. 그들에게는 몰입의 이상치가 드러나기 때문에 자기 보고가 필요치 않다. 우리 연구진의 후속 연구는 슈퍼팬들이 소셜 미디어에 브랜드 정보를 공유할 가능성이 가장 크다는 것을 보여주었다. 이런 열정적인 사람들을 찾는다면 마케터는 강력한 지렛대를 갖는 셈이 된다. 슈퍼팬들은 따로 요청을 받지 않아도 광고 메시지를 퍼뜨리기 때문이다. 우리 팀과 나는 신경학적 슈퍼팬이 무작위적으로 생기는지 아니면 슈퍼팬을 의도적으로 만들 수 있는지 확인하고 싶었다.

우리는 77명의 남녀를 대상으로 컴퓨터 메모리 스틱, 재사용 물병, 헤드폰을 판매하는 12개 유명 브랜드와의 관계를 표준 척도로 평가하는 실험을 설계했다. 일주일 후 서면 동의를 받고 건강 진단을 통과한 참가자들에게 이중 맹검 프로토콜을 사용해 40IU(국제 단위)의 합성 옥시토신과 위약을 비강 내에 주입했다. 나는 옥시토신이 몰입의 주된 동인이기 때문에 한 무리의 슈퍼팬이 만들어질 것이라고 생각했다. 비강 주입 후, 참가자들은 회사 웹사이트의 브랜드 정보에 노출되었다. 이후 우리 팀은 일련의 예·아니오 질문을 이용해서 참가자들이 각 제품에 얼마나 돈을 쓸지 판단했다. 참가자들에게 각 브랜드에 대한 감정을 적어 달라는 요청도 했다.

내 가설이 맞았다. 옥시토신으로 인해 브랜드 애착도가 급증했다. 옥시토신을 주입받은 참가자들은 위약을 주입받은 사람들에 비해 노출된 브랜드를 훨씬 좋게 평가했다. 슈퍼팬들은 헤드폰, 메모리 스틱, 물병에 기꺼이 더 많은 돈을 쓰고 있었다. 옥시토신을 주입받은 슈퍼팬들은 브랜드와의 관계를 이야기할 때 위약 처치를 받은 참가자보다 상당히 긍정적인 감정 언어를 사용했다. 여러 통제 조건들은 옥시토신을 투여한 참가자들이 인지적으로 온전하다는 것을 보여주었다. 옥시토신이 노출된 브랜드에 대한 슈퍼팬을 만든 것이다. 초기 연구를 확인한 우리는 옥시토신이 브랜드나 사람에 대한 애정의 신경 기질neural substrate임을 발견했다.

물론 연구실 밖에서는 약이 없이도 슈퍼팬이 나타난다. 아니, 앞의 말은 취소한다. '자신의 뇌'가 분비한 옥시토신이란 약에 취한 사람들이 광고나 브랜드와 사랑에 빠진다. 마케터는 몰입도가 높은 브랜드 스토리를 만들고 슈퍼팬에게 스토리를 공유하도록 요청하여 이런 일을 해낼 수 있다. 맨체스터 유나이티드가 슈퍼팬 리암에게 도움을 요청한다면 그가 어떻게 할지 생각해 보라. 요점은 매장에 합성 옥시토신을 뿌려야 한다는 것이 아니다. 그것은 명백히 비도덕적이고 불법적인 일이다. 하지만 광고와 고객 경험을 만들 때는 브랜드에 대한 정서적 애착을 구축하기 위해 노력해야 한다. 브랜드가 이런 일을 한다면, 고객은 충성도 깊은 브랜드 대사가 되고 브랜드에서 만든 제품에 기꺼이 지갑을 열 것이다. 감정은 몰입도를 높이고 몰입도는 매출을 늘린다. 이것은 사용할 가치가 있는 공식이다.

수천 개의 콘텐츠에 대한 뇌 반응을 면밀하게 조사한 결과, 슈퍼팬의 프로필을 찾을 수 있는 데이터를 얻었다. 우리 팀은 슈퍼팬이 2가지 성격적 특성에서 높은 점수를 기록한다는 것을 발견했다. '공감'과 '우호성'이다. 이 사람들은 성정이 따뜻하고 다른 사람을 즐겁게 만들기를 원한다. 전문적인 용어로 말하면 이 멋진 사람들은 '정서 강도affect intensity'가 높다. 그들은 진심 어린 감정을 표현하며 많은 친구가 있다. 이 따뜻한 사람들의 약 60%는 여성이다. 성격 특성이 신경 활동에 영향을 미친다는 것을 안다면 슈퍼팬의 인구통계학적, 심리통계학적 프로필을 만들어서 광고를 본 사람들이 브랜드와 유대를 형성하도록 부추길 수 있다.

애플과 디즈니가 불러일으킨 애정과 충성심을 생각해 보라. 리암이 맨체스터 유나이티드를 얼마나 좋아하는지 생각해 보라. 사람에 대한 애정과 마찬가지로, 브랜드에 대한 애정도 만들어지는 것이다. 슈퍼팬을 인구통계학적으로 확인하고 그들이 좋아하는 케이블 채널, 잡지, 라디오 프로그램에 광고하여 그들을 공략할 수 있다. 온라인 콘텐츠를 이용한 마이크로 타기팅도 가능하다. 슈퍼팬들은 대단히 큰 가치를 갖기 때문에 기업들은 그들에 맞춘 특별한 혜택이나 보상 프로그램을 만들어야 한다.

인구통계학적으로 슈퍼팬을 확인했다면 이번에는 그들에게 할 일을 맡겨야 한다. 링크를 클릭하거나 다른 사람들에게 공유하거나 구매하거나 이야기하거나, 팬픽fan fiction(특정 소설·영화 등의 팬들이 그 속의 등장인물을 주인공 설정하고 다시 쓴 소설-옮긴이)을 창작하라고 부탁해야 한다. 브랜드 노출이 그들의 뇌에 일으킨 몰입 긴장을 해소할 방법을 그들에게 제공해야 하는 것이다. 슈퍼팬과 유대감을 구축하는 데 실패하면 이는 변명의 여지가 없다. 슈퍼팬 찾기는 너무나 쉽기 때문이다. 그들은 광고나 브랜드에 대한 입소문을 퍼뜨리는 사람들이다. 그들에게 '옐프Yelp'(맛집 검색 어플-옮긴이)나 아마존에 리뷰를 올려 달라고 부탁하고, 그들의 차에 붙일 로고 스티커를 보내고, 회사가 반드시 접촉해야 할 그들 친구의 이메일 주소를 요청하라. 슈퍼팬들은 스스로를 브랜드 '가족'의 일원이라고 생각한다. 옥시토신이 애착을 형성하는 작용을 하는 것이다. 이것은 조작이나 기만이 아니다. 슈퍼팬들은 브랜드와 연관되기를 원한다. 돕고 싶지 않다면 얼마든지 거절할 수 있다. 하지만 데이터는 그들이 도움을 주기를 원하고 실제로 도움을 준다는 것을 보여준다. 사회적 증거social proof(자신이 속한 사회, 집단 등 공동체 구성원의 의견, 행동, 태도에 영향을 받는 심리적, 사회적 현상-옮긴이)는 강력한 마케팅 접근법이며, 슈퍼팬은 주위 사람들에 기꺼이 사회적 증거를 제공한다.

캘리포니아의 무관심

엘리 위젤Elie Wiesel(미국의 유대계 작가 겸 인권운동가-옮긴이)은 이렇게 말했다. "사랑의 반대는 미움이 아닌 무관심이다" 우리가 캘리포니아주州에서 진행한 연구는 무관심을 낳는 광고들은 반드시 실패한다는 것을 보여주었다. 하지만 그로부터 얻는 것도 있었다.

2010년 건강보험개혁법Affordable Care Act이 통과된 이후 미국의 다른 주州와 마찬가지로 캘리포니아에서도 건강보험을 내놓은 온라인 시장이 형성되었다. 프로그램이 실시되고 2년 차에 캘리포니아주의 건강보험 가입률은 예상치를 훨씬 밑돌았다. 정책입안자들은 이런 결과에 충격을 받았다. 건강보험에 가입하지 않은 사람들은 국세청으로부터 벌금을 부과 받게 될 것이기 때문이었다. 벌금 수입은 저소득 가구의 건강보험 가입 보조금으로 지출될 예정이었다.

캘리포니아주는 1억 5000만 달러를 들여 4대 광고 대행사 중 하나에 TV 광고 제작을 의뢰하여 방영했다. 캘리포니아주 거주민들에게 건강보험에 가입하라고 을러대는 광고였다. 광고는 소비자에게 아무런 영향을 주지 않은 것 같았다. 캘리포니아주는 결국 우리에게 원인을 파악해 달라고 요청했다. 우리 팀은 캘리포니아 주민 85명을 모집해 캘리포니아 건강보험거래소 광고를 보여주며 몰입도를 측정했다. 참가자들은 선호하는 언어로 광고를 시청했다. 절반은 영어를 다른 절반은 스페인어를 선택했다.

데이터를 통해 모든 광고에 대한 몰입도가 낮다는 것이 뚜렷이 드러났다. 초 단위 데이터는 광고의 서사 구조가 부족하기 때문임을 보여주었다. 갈등도, 주인공에 관심을 가질 이유도 없었다. 광고가 진행되면서 오히려 몰입도가 급락했다. 광고의 절반에서 배우의 표정을 보여주는 데 실패했다. 배우의 표정은 우리가 감정을 공유하는 주된 방법인데 말이다. 표정은 효과적인 광고의 필수적인 부분이다.

데이터는 관련성에도 문제가 있다는 것을 보여주었다. 똑같은 광고에 영어와 스페인어 해설을 입혀 방영했다. 다른 메시지를 만들어낼 비용을 아끼기 위해서였을 것이다. 우리는 광고를 스페인어로 시청한 스페인어 사용자들이 영어로 광고를 시청한 영어 사용자들보다 몰입도가 70% 낮다는 것을 발견했다. 우리의 분석에 따르면 이런 효과는 소득 격차나 실험 시간, 그 외 다른 요인에 의한 것이 아니었다. 우리는 낮은 몰입도의 원인을 이야기의 맥락에서 찾았다. 광고들은 캘리포니아의 인종적 다양성을 반영하고 있었다. 아프리카계 미국인, 아시아인, 백인, 히스패닉이 모두 등장했다. 그 결과 식료품을 사거나 자전거를 타는 일상적인 장면을 보여주는 식의 포괄적인 배경과 서사가 주를 이뤘다.

광범위한 대상을 위한 광고들은 불가피하게 주도하고 있는 문화의 아이콘을 사용한다. 예를 들어 「타코taco」라는 제목의 한 광고는 다양한 인종의 사람들이 멕시코 음식을 파는 체인 레스토랑에서 타코를 주문하고 있고 해설자는 사람들이 각기 다른 유형의 타코를 좋아하는 것처럼 다른 건강보험을 선호한다고 설명한다. 좋은 광고다. 캘리포니아의 히스패닉계 사람들이 여간해서는 미국식 체인 레스토랑에서 타코를 먹지 않는다는 것만 제외하면 말이다. 그들은 집에서 어머니가 만들어 준 타코를 먹거나 '진짜' 멕시코 음식을 파는 좁고

어둑어둑한 식당을 찾는다. 이러한 배경의 진정성 결여가 히스패닉계 사람들의 몰입도를 떨어뜨렸다. 몰입이 없으면 행동도 없다. 뇌는 경험의 관련성을 평가하며, 몰입은 그에 따라 반응한다.

초 단위로 몰입도를 측정했기 때문에 벌금이라는 위협이 보험 가입의 동인으로서 효과적인지도 분석할 수 있었다. 광고의 절반은 "지금 가입하지 않으면 국세청의 벌금을 피할 수 없습니다"라는 말로, 다른 절반은 "무료 상담을 신청하세요"라는 말로 마무리되었다. 위협에서는 몰입도가 떨어졌고 무료 상담을 제공한다는 말에는 몰입도가 올라갔다. 무료는 좋은 것이고 그렇다면 무료 상담은 더 좋은 것이다.

우리는 광고를 보고 일주일 뒤 참가자들에게 어떤 영향이 있었는지 질문했다. 몰입도가 높은 몇 명의 참가자들은 광고가 캘리포니아주 건강보험거래소에 관한 내용이었다는 것을 기억했고 캘리포니아주 건강보험 웹사이트를 방문했다. 몇 명의 슈퍼팬들은 광고를 통해 설득되어 건강보험에 가입했다.

우리는 주정부州政府에 특정 인구를 겨냥하는 각기 다른 메시지를 만들라는 권고를 했다. 이들 메시지에는 위기가 있고 감정이 담겨 있어야 하며 건강보험 가입이 얼마나 쉽고 저렴한지 또 얼마나 중요한 일인지 분명히 보여주는 내용이 있어야 했다. 마케팅의 기본처럼 들리겠지만 캘리포니아의 주정부 관계자들은 테스트 없이 자신들의 직관과 광고 대행사 직원들에게만 의존해서 납세자들이 낸 1억 5000만 달러를 효과가 거의 없는 광고로 날려 버렸다.

숨은 연관성을 찾다 ────────

소비자들이 제품을 전혀 볼 수 없는 경우, 어떻게 몰입도가 높은 스토리를 전달할 수 있을까? 어느 컴퓨터 칩 제조사는 광고 대행사가 자신들의 이야기를 얼마나 잘 전달하고 있는지 확인하고 싶었다. 회사는 컴퓨터와 모바일 기기에 들어가는 유형의 칩에 관심이 있는 3개의 세분 시장을 찾았다. 3개 세분 시장의 소비자 모두가 상당한 컴퓨터 지식을 가진 사람들이었고, 우리는 어떤 종류의 메시지가 이들을 반도체의 세부 사항에 몰입하게 만드는지 알아내고 싶었다.

우리는 표적이 되는 인구 집단에서 70명을 모집해 이 회사의 광고 8개를 보여주고 신경 데이터를 수집했다. 영상 대부분에 대한 몰입도는 광고 벤치마크 주변에 있었고, 특별히 돋보이는 영상도 없었으며, 그중 2개는 아주 형편없었다. 미국 최초로 백화점을 설립한 광고의 선구자이자 마케팅의 개척자, 존 워너메이커John Wanamaker는 이런 유명한 말을 남겼다. "내가 광고에 쓴 돈의 절반은 낭비되었다. 문제는 그 절반이 어떤 것인지 모른다는 점이다" 몰입은 광고의 어느 절반이 시장에 가장 큰 영향력을 행사하는지 찾아낸다. 광고주들에게 확실한 진전이 아닐 수 없다. 앞서 반도체 기업에 대한 최고의 광고들은 즐겁게 기술을 이용하는 사람들을 보여주었고 일부는 괴짜 컴퓨터 전문가 연기로 유명한 배우를 등장시켰다. 이런 광고들은 표적 인구와 관련성이 있었다.

3개 세분 시장의 청중들에 걸쳐 모든 광고의 평균 몰입도는 거의 같았다. 하지만 슈퍼팬의 분포는 광고에 따라 상당한 차이가 있었다.

이 부분은 중요하면서도 미묘하기 때문에 주의를 집중할 필요가 있다. 적절하게 구성된 스토리에 대해서는 거의 모든 사람이 높은 몰입도를 보인다. 신경학적으로도 좋은 게 좋은 것이란 진리에는 변함이 없다. 좋은 스토리가 좋다. 하지만 스토리가 평범할 때는 인구 집단에 따라 몰입도의 차이가 작아지는 경향이 있고 이 경우 슈퍼팬이 평균적인 몰입에 미치는 영향이 대단히 커진다.

가장 몰입도가 높은 반도체 광고에는 슈퍼팬도 가장 많았다. 하지만 몰입도가 낮은 광고라도 스토리를 마음에 들어 하는 뇌를 가진 사람이 있는 법이다. 광고를 보고 일주일 후, 참가자들에게 연락을 취했을 때 몰입도는 회사에 관한 기억과 혁신적인 회사라는 인식, 2가지를 예측했다. 예상대로 슈퍼팬들은 광고의 보다 세부적인 부분을 기억하고 그 정보에 영향을 받았다고 말했다. 평범한 광고일지라도 거기에 애착을 가질 만한 충분한 슈퍼팬이 있다면 시장을 움직일 수 있다.

건강보험 메시지와 마찬가지로 우리는 반도체 회사에도 사용자에 따라 다른 메시지를 만들라는 조언을 했다. 컴퓨터 칩에 관심이 없는 큰 인구 집단에 일반적인 스토리를 들려주는 방송 매체를 이용하기보다는 식별된 고객 집단과 관련이 있는 광고를 만들고, 테스트하고, 스트리밍해서 팬덤의 강력한 힘을 적극적으로 이용하라는 조언도 했다. 슈퍼팬은 회사 제품에 대한 선호도가 높을 뿐 아니라 회사를 대신하여 전도에 나서려는 의욕도 높다. 이는 광고되는 제품을 눈으로 볼 수 없을 때도 마찬가지다.

몰입은 시장에서의 성과를 예측할 수 있어야 비로소 유용해진다. 의심이 많은 나의 과학적 두뇌는 몰입을 사용하여 결과를 예측하는 데 행운이 따른 게 아닌지 여전히 염려했다. 몰입의 예측력을 확인하기 위해서는 어떤 광고가 좋은지 알지 못하는 상태에서 몰입도를 측정해야 했다. 두 기업이 우리에게 이런 일을 할 기회를 선사했다.

어느 보험회사는 우리 팀과 협력해서 자신들이 자연재해에 어떻게 대응하는지 보여주는 TV 광고의 몰입도를 측정했다. 회사는 유튜브 조회수를 시장 입소문의 척도로 사용했다. 5개 광고는 몰입도 측정이 끝나고 1개월이 지난 후 온라인에 공개되었다. 몰입도는 유튜브 조회수를 거의 완벽하게 예측했다. 통계적으로 유의미한 0.82의 상관관계가 있었다. 이것은 대단히 강한 상관관계다. 가장 몰입도가 높은 광고는 6만 회가 넘는 조회수를 기록한 반면, 몰입도가 가장 낮은 광고는 조회수가 3,000회를 넘지 않았기 때문이다. 보통 이런 큰 편차는 예측이 어렵다. 하지만 우리는 할 수 있었다.

재확인을 위해 나는 예측의 두 번째 척도를 추가했다. 재난 구호단체에 기부하기를 추가해서 우리 팀이 암으로 죽어 가는 소년의 영상을 이용해서 했던 실험을 복제한 것이다. 이번에도 몰입과 자선단체 기부 사이에 0.72라는 상당히 높은 통계적 상관관계가 나타났다. 사람들이 기부를 선택한 것은 몰입도가 높은 스토리의 힘을 보여준다. 실험 참가자들은 호텔까지 와서 팔에 감지기를 붙이고, 1시간 동안 콘퍼런스 홀에 앉아 광고를 봐야 했다. 이렇게 어렵게 돈을 벌었는데도 그들 중 일부는 돈을 기부해야 한다는 감정을 느꼈다.

입소문을 예측하는 것도 좋지만 내가 정말로 예측하고 싶은 것은 광고 영향을 받은 구매였다. 그러나 이런 데이터를 어떻게 얻어야 할지 알 수가 없었다.

내게는 옥시토신이라는 단어를 추적하는 웹 크롤러web crawler(웹 상의 다양한 정보를 자동으로 검색하고 색인하기 위해 검색 엔진을 운영하는 사이트에서 사용하는 소프트웨어-옮긴이)가 있다. 2014년, 웹 크롤러가 프랑스 칸Cannes에서 나온 영상을 찾았다. 매년 칸에서 그 유명한 칸 영화제로부터 일주일 전에 열리는 국제광고제, 칸 라이언즈Cannes Lions의 영상이었다. 내 웹 크롤러가 찾은 영상에는 세계적인 광고 대행사 비비디오BBDO의 인도 부문 회장인 조시 폴Josy Paul이 등장했다. 폴은 프레젠테이션에서 "비비디오의 광고는 너무나 창의적이어서 뇌의 옥시토신 분비를 유발한다"고 말했다. 나는 호기심을 느꼈다. 그리고 의심도 들었다. 나는 채혈을 이용해서 뇌의 옥시토신 생산을 정확하게 측정하는 섬세한 절차를 개발했다. 비비디오가 정말 이런 일을 했다고?

20분 동안의 검색 끝에 나는 폴의 이메일 주소를 발견했다. 나는 비비디오가 옥시토신을 어떻게 측정했는지 묻고, 정말로 옥시토신을 측정하고 싶다면 나 역시 그 일에 관심이 있다는 이야기를 적어 메일을 보냈다. 2시간 후 "이런! 당신이 폴 J. 잭Paul J. Zak이라고요? 당신과 이야기를 나누고 싶었습니다"라는 요지의 이메일을 받았다. 폴은 나를 비비디오의 아시아 전략 담당자, 앤디 윌슨Andy Wilson과 연결해 주었다. 나는 옥시토신이 아닌 몰입이 시장 성과를 가장 정확하게 예측하는 변수이며 무선 감지기로 몰입도를 측정할 수 있다고 설명했다. 그가 말했다. "좋습니다. 예측이 얼마나 정확한지 알아보죠" 하지만 윌슨은 이전의 우리 연구보다 훨씬 높은 기준을 설정했다. 블라인드 예측을 해야 했다.

윌슨은 비비디오가 다른 6개 브랜드를 위해 만든 총 18개의 TV 광고를 보내왔다. 스니커즈Snickers 초코바, 시저Cesar 개 사료, AT&T 전화 서비스, 비자Visa 카드, 맥주 2종류 기네스Guinness와 버드 라이트 Bud Light 각각에 대한 광고가 3개씩 있었다. 비비디오의 클라이언트들은 매출 상승폭에 따라 광고 순위를 매기기는 했지만 각 기업이 자기 나름의 방법을 사용했다. 따라서 블라인드 예측은 더 어려워졌다.

블라인드 예측은 데이터를 선별하거나 난해한 통계적 분석으로 예측을 개선할 여지가 없기 때문에 그 정확성을 확인하는 궁극의 테스트라고 할 수 있다. 몰입이 매출을 예측하는지 아닌지 분명히 알 수 있는 것이다. 솔직히 우리 팀은 워너메이커의 문제(광고에서 어느 절반이 시장에 가장 큰 영향력을 행사하는지)를 해결하고 몰입이 매출을 높이는 메시지를 찾아낼 수 있다는 것을 확인하고 싶어 몸이 근질거렸다.

우리는 61명의 참가자를 모집해 비비디오의 광고를 보여주고 그동안 몰입도를 측정했다. 대학생부터 중년에 이르는 응답자들은 성별, 인종, 소득 면에서 균형이 잡힌 집단이었다.

결과는 어땠을까? 몰입은 6개 브랜드 중 5개 브랜드 광고에서 매출이 가장 많이 증가한 광고를 정확하게 찾아냈다. 이는 몰입을 통한 매출 예측의 정확도가 83%라는 의미였고 결과는 통계적으로 신뢰할 수 있다는 의미였다. 우리의 연구 결과를 이렇게 이해할 수도 있다.

몰입과 매출 상승폭 사이에는 통계적으로 유의미한 선형적 관계가 있으므로 몰입도가 높아지면 매출도 증가한다고 말이다.

조시의 말이 옳았다. 비비디오의 광고는 정말 옥시토신 분비를 유발했고 도파민 분비도 촉발해 주의를 끌어들였다. 비비디오 광고에 대한 블라인드 테스트는 많지 않은 개인에게서 나오는 신경 신호가 시장의 반응을 정확하게 예측한다는 최고의 증거였다. 그야말로 예측 변수로서의 뇌였다.

우리의 예측이 빗나간 브랜드가 무엇인지 궁금하지 않은가? 그 브랜드는 버드 라이트였다. 후에 앤디 윌슨은 버드 라이트가 TV 광고 외에 공연을 후원하고, 소셜 미디어 캠페인을 진행하고, 경품을 제공하면서 매출에 영향을 주었지만, 우리 분석은 광고 데이터만을 이용했기 때문에 그런 부분을 포착할 수 없었다고 이야기했다. 비비디오는 우리에게 붉은 청어_{red herring}(붉은색 훈제 청어는 냄새가 독해서 사냥감을 쫓던 개가 그 냄새를 맡으면 혼란을 일으키므로 도망자들이 지니고 다녔던 생선으로도 전해진다. 따라서 논점을 흐리고 엉뚱한 곳으로 상대방의 관심을 돌리는 수단을 지칭하는 말이 되었다.-옮긴이)를 던진 것이다. 신경학 데이터는 설계된 그대로 일을 했다. 커뮤니케이션의 영향을 예측하고 붉은 청어는 무시했다.

기네스 광고 3개에 대한 우리의 분석은 설득 목적의 메시지에서 제품-스토리 일치_{product-story congruence}가 중요한 측면임을 드러냈다. 앞에서도 캘리포니아 건강보험 광고가 히스패닉계 시청자들을 몰입시키는 데 실패한 이야기를 하면서 이 문제를 짧게 언급했다. 우리가 테스트했던 2개의 기네스 광고, 「반즈 시스터_{Barnes Sisters}」와

「빈 의자Empty Chair」를 대조하면서 이 주제를 더 자세히 들여다보기로 하자.

「반즈 시스터」는 아주 간단한 스토리다. 카메라는 올림픽에 출전한 쌍둥이의 사진을 보여준다. 각 사진 밑에 자막이 등장한다. '트레이시 반즈Tracy Barnes' '래니 반즈Lanny Barnes'. 이어 '1982년 4월 26일생' '1982년 4월 26일생'이라는 각각의 자막이, 다음으로는 '바이애슬론 선수가 됐다' '바이애슬론 선수가 됐다'가, 다음으로는 '게임에 참가했다' '게임에 참가했다' 그다음에는 '빈손으로 집에 돌아왔다' '빈손으로 집에 돌아왔다'가, 또 그다음으로는 '훈련을 계속했다' '훈련을 계속했다' 다음으로는 '올해가 마지막 기회야' '올해가 마지막 기회야' 다음으로 '최종 선발전에서' '최종 선발전에서'라는 자막이 나온다. 그리고 패턴이 변한다. 뇌가 좋아하는 일이다. 다음 자막은 '출전 자격을 얻었다'였다. 그리고 잠시 멈추었다가 래니의 사진 밑에 이런 자막이 나타난다. '너무 아파서 경기를 하지 못했다' 맞다. 위기가 등장했다. 다음 자막은 '트레이시는 자신의 출전권을 포기했다' '그래서 래니가 출전할 수 있었다' 이렇게 영웅의 여정을 전면에 내세우고 있는 이 스토리는 몰입을 이끌어 냈다. 그리고 기네스의 로고와 슬로건이 등장한다. 신경학 데이터에 따르면 이 스토리의 몰입도는 평균이었지만 시청자들은 마지막 부분에 귀를 기울이지 않았다. 브랜드가 노출되는 순간에 말이다. 아름다운 스토리로 시작했던 광고는 노골적인 구매 권유로 바뀌었다. 「반즈 시스터」는 판매에 큰 영향을 주지 못했다. 스토리의 몰입도가 보통으로 유지되다가 마지막 10초에 어설프게 브랜드를 노출하면서 급락했기 때문이다. 나는 비비디오가 광고주 앞에서 이 콘셉트가 얼마나 논리적이라고 설득했을지 상상해 봤다. 기네스를 마시는 사람의 80%는 남성이고 누구나 아는 것처럼 남성들은 여성과 스포츠를 좋아하기 때문에 광고는 효과가 있을 수밖에 없다고 말했을 것이다.

　이 광고를 비비디오의 다른 광고 「빈 의자」와 비교해 보자. 스토리는 영국의 한 펍에서 여성 바텐더가 문을 열 준비를 하는 것으로 시작한다. 손님들이 들어오기 전, 그녀는 기네스 한 잔을 테이블에 올려놓는다. 잔은 누구도 건드리지 않은 채 같은 자리에 있다. 시간이 빠르게 흘러 밤이 되었고, 오가는 술집에 들어와 즐겁게 시간을 보내는 사람들의 모습을 비춘다. 매일 저녁 기네스 한 잔이 테이블 위에 있다. 의자는 비어 있다. 매일 밤 바텐더는 기운이 빠지고 지친 모습이다. 어떤 장면에서는 한 남성이 기네스 잔이 있는 테이블의 의자를 가져가려 한다. 바텐더가 고개를 살짝 젓고 남자는 의자를 그대로 놓아둔다. 배경도 있고 미스터리도 있고 갈등도 있다. 이 여성은 누구인가? 여성은 누구를 기다리는가? 왜 그 누구도 맥주를 마시지 않는가? 다음으로 우리는 '오픈_{open}' 간판에 불을 켜고 난 바텐더가 기네스 따른 잔을 빈 의자가 있는 테이블에 또다시 올려 두는 것을 본다. 그녀는 여전히 지친 모습이다. 이후 우리는 술집 밖에 있게 되고, 카메라는 움직이며 술집으로 향하는 사람의 시선을 따라간다. 시점은 분주한 술집 내부로 바뀐다. 우리는 륙색_{rucksack}(등산이나 하이킹 할 때 필요한 물건을 넣어 등에 지는 가방)을 맨 피로한 모습의 군인이 문을 열고 들어서는 것을 본다. 그는 주위를 둘러본다. 바텐더가 그를 보고 눈짓으로 기네스 한 잔이 놓인 테이블을 가리킨다. 군인은 테이블로 걸어가 잔을 들고 바텐더에게 옅은 미소를 짓는다. 술집에 있는 다른 사람들이 군인을 보고 기네스 잔을 들어 그에게 인사를 한다. 이제 우리는 기네스의 슬로건과 로고를 본다.

나는 왜 이리 눈물이 많은지. 「빈 의자」에 대해 설명하는 것만으로도 눈물이 났다. 이 광고는 몰입도 표의 천장을 뚫었다. 우리가 테스트한 수천 개의 광고 중 가장 몰입도가 높았다.

「빈 의자」는 바텐더와 군인이라는 두 영웅의 여정이 교차하는 지점을 보여준다. 두 사람 모두 지치고 힘들지만 다른 사람을 위해 봉사한다는 면에서 특별하다. 광고의 의미는 열심히 일하고 기네스로 자신에게 보상을 줌으로써 우리도 특별해질 수 있다는 것이다. 제품이 스토리에 매끄럽게 녹아들고 말이 없는 서사가 감정을 자극한다. 기네스는 시청자들이 다른 사람을 위해 봉사하는 사람들을 지지하고 싶은 마음을 갖길 원한다. 사람들은 기네스를 마시는 것으로 그런 지지를 표현할 수 있을 것이다. 반면에 「반즈 시스터」는 감동적인 스토리의 끝에 기네스라는 브랜드를 덧붙였을 뿐이었다. 「빈 의자」에 스며든 것과 같은 제품-스토리 일치가 결여되었다.

신경학적으로 '좋은 것이 좋은 것임에는 변함이 없다'는 내 주장을 수정해야 할 것 같다. 좋은 스토리가 좋은 것은 사실이다. 하지만 스토리의 목표가 제품 판매에 있다면 제품이 좋은 스토리의 자연스러운 일부여야만 판매 촉진에 성공할 수 있다.

페이스북의 실험

온라인 미디어가 어디에나 있다 보니 거의 모든 TV 광고가 유튜브, 페이스북, 비메오_{Vimeo}(동영상 플랫폼 업체-옮긴이)와 같은 사이트에 공개된다. 일부 슈퍼볼 광고들은 입소문을 만들기 위해서 TV 발표 전에 온라인 미디어에 공개하기도 한다. TV를 시청하는 사람들의 비율은 2005년부터 감소하고 있다. 따라서 TV 광고의 영향력도 줄어들고 있다. 또한 TV 시청자들은 노령층으로 편향되고 있다. 최신 유행에 뒤처지지 않기 위해서 돈을 쓰는 18~49세 주요 인구 집단의 TV 시청 시간은 현재 일주일에 2시간도 되지 않는다. 동시에 개인용 컴퓨터가 태블릿 컴퓨터와 스마트폰을 비롯한 휴대할 수 있는 기기로 대체되고 있다. 온라인 세상에는 광고가 넘쳐 난다. 사람들은 매일 6,000개에서 1만 개의 광고를 보는 것으로 추정되며 가능한 그것들을 무시한다. 결과적으로 광고가 구매에 미치는 영향은 급격한 하락세를 보이고 있다. 2018년 세계에서 가장 큰 광고주인 소비재 업체 프록터 앤드 갬블_{Procter & Gamble}은 광고 효과를 볼 수 없는 디지털 광고에 대한 지출을 2억 달러 줄였다고 발표했다. P&G는 2019년에 광고 지출을 3억 5,000달러 더 줄였다. 세상은 어떻게 되려는 걸까?

페이스북은 수익의 98%를 광고로부터 얻는다. 광고의 영향력 감소에 대해 우려할 만한 타당한 이유가 있는 것이다. 광고 무력화의 원인으로 생각할 수 있는 것 중 하나는 '축소'다. 영상을 보는 스크린이 점점 작아지고 있다. 페이스북은 우리 팀에 광고의 몰입도가 TV 크기의 모니터로 볼 때와 휴대 전화로 볼 때와 달라지는지 분석이 필요하다는 의뢰를 해 왔다.

우리는 18~49세 인구 집단에서 70명의 참가자를 모집했다. 남녀 비율은 같았다. 페이스북은 영화 예고편 3개(「안녕, 헤이즐The Fault in Our Stars」 「안투라지Entourage」 「겟 하드Get Hard」)와 빅토리아 시크릿 Victoria's Secret 광고의 몰입도 측정을 요청했다. 참가자들은 32인치 모니터 그리고 아이폰6을 이용해서 세로 방향으로 영상을 시청했다. 현실감을 주기 위해서 큰 모니터의 경우 인기 있는 TV 프로그램의 광고 시간에 영상을 상영했다. 휴대 전화의 경우에는 페이스북 뉴스 피드에 광고를 포함시켰다. 각 참가자는 한 번은 휴대 전화로, 한 번은 모니터로 영상을 2번씩 봤다. 페이스북의 연구원들과 나는 아이폰으로 본 영상의 몰입도가 모니터로 본 영상의 몰입도보다 낮을 것으로 생각했다. 데이터는 반대라는 것을 입증했다. … 대개는 말이다.

4개 광고의 평균 몰입도는 큰 스크린보다 휴대 전화에서 42% 높았다. 우리 팀과 페이스북의 연구진들에게는 기분 좋은 놀라움이었다. 연구 일주일 후 우리는 실험 참가자들에게 연락해서 그들이 기억하고 있는 것이 무엇인지 확인했다. 데이터는 몰입과 광고 내용 사이의 강한 긍정적 상관관계를 보여주었다. 이전의 연구들에서와 같이, 몰입도가 높은 경험이 최우선으로 저장된 것이다.

각 영상을 분석해 보자. 빅토리아 시크릿 광고와 2개의 영화 예고편은 큰 화면보다 작은 화면의 몰입도가 높았다. 우리 팀의 추가적인 연구를 통해 휴대 전화로 본 영상이 큰 모니터로 본 영상보다 전반적으로 몰입도가 높다는 것이 확인되었다. 그 이유 중 하나는 영상을 보기 위해 전화기를 흔들리지 않게 들고 있어야 한다는 점이었다.

이렇게 함으로써 휴대 전화와 신체적인 친밀감이 형성되고 전화기가 신체의 확장된 일부가 된다. 반면에 모니터는 벽이나 책상에 수동적으로 위치한다.

그렇다면 한 영화의 예고편은 왜 휴대 전화에서 몰입도가 낮았던 것일까?

휴대 전화에서 몰입도가 높았던 「안녕, 헤이즐」과 「겟 하드」의 예고편은 전형적인 서사 구조를 갖고 있었다. 하지만 「안투라지」는 일반적인 구성이 아니었다. 그 결과 두 스크린 모두에서 몰입도가 낮았다. 「안투라지」 예고편은 기승전결 없이 여러 장면에서 배우가 등장하는 컷들을 짧게 잘라서 사용했다. HBO 시리즈를 본 사람들이라면 친숙하게 느꼈겠지만, 실험 종료 후 들은 이야기를 종합하면 연구 참가자들 대부분은 혼란을 느꼈다. 이 예고편은 누군지 모를 어떤 남자들이 로스앤젤레스에서 일하는 모습을 정신없이 보여주었다. 또 「안투라지」 영상은 다른 두 예고편에 비해 52% 길었다. 영상은 캐릭터를 구축하는 대신 짧은 컷을 사용하여 정서적 공명을 만들지 못했고 그 결과 몰입도를 끌어올리는 데 실패했다. 남성들보다 몰입도가 50% 낮았던 여성들의 경우 특히 더 그랬다.

모바일 기기의 몰입도에 대한 우리 연구는 작은 것이 아름답고 또 몰입도도 높다는 것을 보여주었다. 페이스북, 구글, 모바일 광고를 하는 모든 기업에 좋은 소식이다. 콘텐츠 소비의 지배적인 유형이 모바일이기 때문이다.

예측이 정말 중요하다고 믿는 나는 색다른 방법으로 몰입도의 예측 능력을 테스트했다. 사람들에게 어린 시절부터 먹었던 사탕을 까먹으라고 하며 몰입도를 측정한 적도 있다. 몰입도를 통해 사람들이 어떤 사탕을 구매할지를 예측할 수 있는지 알고 싶던 것이다. 사탕 회사에 다니는 지인이 실험을 위해 회사 제품을 보내 주었다. 연구가 끝나자 '사우어 펀치Sour Punch' 맛과 '레드 바인Red Vines' 맛이 너무 많이 남아서 딸의 학교로 가져가 아이들에게 나눠주었다.

과자나 사탕을 사 먹는 것은 맛 때문만이 아니다. 소리, 냄새, 기억도 중요한 역할을 한다. 모든 영향을 포착하기 위해서 우리는 사람들이 눈앞에 있는 사탕을 보고, 포장을 뜯는 것을 지켜보고, 씹거나 뱉기 전까지 60초간 먹게 하고 몰입도를 측정했다.

혹시 1971년 나온 칼리 사이먼Carly Simon의 노래 「기대Anticipation」를 기억하는가? 사이먼은 뭘 좀 알았던 것이 분명하다. 데이터는 사탕을 먹는 경험 중에서 기대의 몰입도가 가장 높다는 것을 보여주었다. 사탕 포장을 뜯는 것을 볼 때와 집어들 때의 몰입도가 맛을 볼 때보다 50% 높았다. 포장을 뜯는 동안과 소비하는 동안의 평균 몰입도는 사람들이 구매하는 사탕을 78%의 정확도로 예측했다. 어떤 사탕을 좋아하는지와 같이 개인적인 편차가 큰 문제에서도 몰입은 행동을 정확하게 예측했다. 이 정도 정확도는 대단히 놀라운 수준이다. 사탕을 고른 것이 참가자가 아닌 회사였기 때문이다.

사탕을 먹기 전 몰입도가 더 높다는 것이 당신에게는 놀랍게 여겨지겠지만, 이런 반응은 신경과학계에서 이미 잘 알려진 내용이다. 우리에게 보상을 지향하도록 만드는 뇌 시스템은 1장에서 논의했던 신경전달물질 도파민 분비가 주도한다. 도파민 체계가 적절하게 작동하지 않으면 사람은 병적인 무관심 상태가 되고 삶의 의지마저 잃을 수 있다. '부두 사망voodoo death'(두려움이나 스트레스 등 감정적 요인으로 인한 갑작스러운 죽음) 또는 '심인성 사망give-up-itis'이라고도 불리는 이러한 상태는 조난 당한 사람이나 전쟁 포로에게서 일어나는 현상이다. 도파민에 의해 주의를 기울이게 되는 것은 몰입의 필수적인 부분이다.

마케팅이 효과를 보려면 뇌의 욕구 체계를 관여시켜야만 한다. 하지만 지나치게 관여해서는 안 된다. 시스템이 통제에서 벗어나면 중독이 시작된다. 모든 유형(약물, 도박, 섹스)의 중독자들은 도파민이 주도하는 욕구 체계의 활동이 불충분해서 충동에 대한 갈망이 생기는 경향이 있다. 중독자들은 갈망하는 것을 얻어도 만족하지 못한다. 소비하는 동안에 도파민이 적게 분비되기 때문이다. 필요한 것을 얻는 데 대한 기대는 도파민을 자극한다. 도파민은 갈망을 없애고 기분을 좋게 만든다. 하지만 다시 갈망이 생기기 때문에 중독자들은 결코 만족할 수가 없다. 전희가 없는 섹스는 빨리 끝나는 반면 기대를 서서히 높이면 섹스를 몇 시간씩 지속시킬 수 있다. 라스베이거스에서 테이블에 앉는 것, 담배 냄새를 맡는 것, 위스키를 마시는 것은 도박 중독자들에게는 전희와 마찬가지다. 뇌는 약물 사용으로 인한 황홀감을 사람이나 장소와 연결시킨다. 약물 중독자들의 경우 중독 행동과 연관된 자극을 피하면 갈망이 줄어든다.

슈퍼팬들이 쇼핑중독자가 아니라는 것에 유념해야 한다. 많은 신경마케팅 기업은 도파민성 주의dopaminergic attention에 집착한다. 우리 연구소의 연구는 주의가 광고에 반응하도록 사람들에게 동기를 부여하는 첫 단계에 불과하다는 것을 분명히 보여주고 있다. 사람들이 광고에 반응하게 만드는 것은 몰입의 주된 동인인 정서적 공명이다. 중독적 행동은 무분별하지만, 슈퍼팬들은 특정한 브랜드나 제품으로 초점 범위를 좁힌다. 나의 데이터를 예로 들어보자. 몰입 데이터는 내가 기네스 「빈 의자」 광고의 슈퍼팬이라는 것을 보여준다. 나는 종종 기네스 맥주를 마신다. 하지만 내 슈퍼팬덤은 다양한 맥주를 마시고 싶은 욕망과 캘리포니아에서 기네스 생맥주를 찾기가 어렵다는 점에 의해 완화된다. 반면에 알코올 중독자들은 갈망을 채우기 위해서 어떤 종류의 알코올이든 가리지 않고 마신다. 소독용 알코올까지 말이다. 신경 반응 측정은 사람을 세뇌시키지도 걷잡을 수 없는 소비주의(7장에서 논의할 주제)를 만들어 내지도 않는다. 잠재적인 소비자에게 효과적이고 유쾌한 방식으로 제품이나 서비스에 대한 정보를 전달할 뿐이다. 궁극적으로 뇌의 전전두피질은 몰입을 비롯한 신경 신호들을 하나의 결정으로 통합한다. 이유식 시장 안에 있지 않은 사람이라면 이유식 광고에 대한 몰입도가 아무리 높아도 구매라는 결과로 이어지지 않는다.

당은 신체의 주 연료이기 때문에 달콤한 디저트에 대한 기대가 높은 몰입도를 낳는 것은 이상한 일이 아니다. 이를 알고 있는 제과업자들은 소비 경험을 끌어올리기 위해서 기대를 부풀린다. 8장에서 행복 비즈니스에 대해 논의하면서 만나게 될 덴마크의 쇼콜라티에 안톤 버그Anthon Berg도 바로 이런 일을 했다. 안톤 버그의 초콜릿 박스는 셀로판지와 리본으로 포장되어 있어서 열기 위해서는 작업이 필요하다. 초콜릿도 개별 포장하여 소비를 지연시킴으로써 기대를 높인다. 쪼글쪼글한 은박지 포장은 초콜릿이 모습을 드러내는 동안 소음을 만든다. 입에 넣었을 때 처음에는 지방의 식감으로 인해 단맛이 억제된다. 이런 과정의 각 부분이 기대를 고조시킨다. 그 결과 덴마크인들은 매년 1인당 평균 5킬로그램의 초콜릿을 소비한다. 세계 최고의 소비율이다. 마케터와 영업 담당자들은 광고와 제품 프레젠테이션 동안 몰입을 유지하는 효과적인 전략으로 기대를 이용해야 한다. 하지만 균형이 필요하다. 지나치게 느린 등장은 사람들에게 좌절감을 준다. 지나치게 이른 등장에서는 기대가 힘을 잃는다. 다음 장에서는 기대의 중요성에 대해 더 자세히 탐구할 것이다.

맥주와 크리스마스

사람들은 영상 공유 플랫폼에서 광고를 보고 또 본다. 다른 매력적인 서사를 보는 것처럼 말이다. 가장 조회수가 높은 광고로는 애플의 「1984」 웬디스Wendy's의 「소고기는 어디 있지?Where's the Beef?」 코카콜라의 「조 그린을 만나자Meet Joe Green」 도스 에퀴스Dos Equis의 「세상에서 가장 흥미로운 남자Most Interesting Man in the World」가 있다. 하지만 광고는 오락을 위해서가 아니라 구매에 영향을 주기 위해 고안된 것이다. 그렇다면 왜 사람들은 광고를 반복해서 시청하는 것일까?

2006년 도스 에퀴스는 멕시코의 양조 공장Cervecería Cuauhtémoc Moctezuma에서 만드는 틈새 맥주 브랜드로, 알고 있는 사람이 많지 않았다. 「세상에서 가장 흥미로운 남자」 광고가 시작되자 수입 맥주 판매가 4% 감소한 상황에서도 도스 에퀴스의 미국 매출이 22% 급증했다. 다양한 내용의 광고가 12년 동안 이어졌고 지금까지도 재미있는 광고로 인기를 누리고 있다. 인터넷 밈internet meme(패러디물 형태로 인터넷에 퍼진 2차 창작물)생성에도 영감을 주었고 「새터데이 나이트 라이브SNL, Saturday Night Live」에서도 이 광고를 패러디했다. 광고가 너무 이상하고 웃겨서 심지어는 맥주를 마시지 않는 사람들 사이에서도 나름의 추진력을 만들어 냈을 정도다. 이 흥미로운 남자의 말도 안 되는 모험은 우리 머릿속에 박혀 버렸다.

몰입도가 높은 스토리(광고일지라도)는 큰 즐거움을 준다. 약간만 기분을 북돋우는 것으로도 삶에 대한 만족도를 높일 수 있다. 정확하게 읽은 것이 맞다. 광고는 당신을 더 행복하게 만들 수 있다. 광고는 TV 시청의 만족감도 높인다. 광고를 통한 예기치 못한 중단이 오히려 TV 시청 경험을 개선하는 것이다. 캘리포니아와 뉴욕 대학의 연구원들은 7~8분마다 광고가 들어가는 미국의 방송 형태가 즐거움을 높인다는 것을 발견했다. 광고의 질이 어떻든 말이다. 몰입도가 높은 경험은 감당해야 할 신진대사의 대가가 크다. 따라서 짧은 휴식은 뇌를 낮은 몰입 수준으로 재설정해서 다음 경험이 몰입도를 높일 수 있게 하는 효과적인 방법이다. 뇌는 장기간 고도의 몰입 상태를 유지하는 것보다 몰입이라는 파도를 타는 데 가치를 둔다. 동시에 TV를 보는 동안 몰입 절정은 최소한 그 사람이 보는 첫 번째 광고까지 유지되는 후광 효과를 낳는다.

가장 기억에 남는 광고 중 일부는 크리스마스에 공개된 향수鄕愁를 자극하는 것들이다. 《헤드스페이스Headspace》 인터뷰에서 기자인 다이애나 켈리Diana Kelly는 내게 향수에 구매 설득의 효과가 있는지 질문했다. 훌륭한 질문이었기 때문에 나는 그것을 알아보는 연구를 진행했다.

신경과학자들은 향수를 자아내는 음악을 연구해서 감정, 즐거움과 연관된 뇌 영역이 활성화된다는 것을 알아냈다. 전혀 놀랍지 않은 발견이었다. 향수는 사람들의 기분을 개선하는 것처럼 보인다. 그리고 사람들은 행복할 때 더 많은 것을 산다. 매장에서 친숙하고 밝은 음악을 틀어 놓는 것도 그 때문이다. 다이애나의 질문은 그와는 좀 달랐다. 그녀는 향수가 효과적인 광고 전략인지 물었다.

우리 팀은 사람들이 크리스마스 광고, 즉 타겟Target의 스타워즈Star Wars 제품, 휴렛팩커드Hewlett-Packard의 스프로켓Sprocket 미니프린터, 메이시스Macy's 백화점의 추수감사절 퍼레이드, 아마존Amazon의 프라임Prime 명절 배송, 캠벨 수프Campbell's Soup의 눈사람 만들기 광고를 보는 동안 몰입 데이터를 수집했다. 우리의 광고 연구 중 거의 모두에서 자기 보고 척도(이 경우는 사람들이 향수를 얼마나 느꼈는지)가 몰입과 연관이 없는 것으로 나타났다. 많은 크리스마스 광고에 어린이와 애완동물이 등장했고 이런 광고는 항상 '선호'라는 자기 보고 척도도 이어진다. 하지만 이런 '속임수'로는 좀처럼 몰입도를 높일 수 없다.

신경 데이터는 다른 이야기를 한다. 캠벨 수프와 아마존 광고는 몰입도가 가장 높은 편에 속했다. 두 회사가 제공하는 서비스가 영상의 서사에 능란하게 통합되어 있어 견고한 제품-스토리 일치를 만들어 냈다. 몰입도 순위를 따라 내려가면 휴렛팩커드의 광고는 프린터를 스토리에 비교적 잘 짜 넣었고 평균적인 몰입도를 기록했다. 마지막 부분의 브랜드 노출은 몰입 절정 순간 동안 일어나 브랜드를 더 기억에 남도록 했다. 타겟과 메이시스의 광고는 서사가 부족한 기존 패턴들이 이어졌다. 새로운 장면마다 사람들이 적응하는 과정에서 약한 몰입 절정이 만들어졌지만 그것으로 몰입을 유지하기에 충분치가 않았다. 타겟과 메이시스의 광고들은 벤치마크에 비해 표준편차가 2 이상 낮았기 때문에 매출에 영향을 줄 가능성은 작았다.

이전의 분석을 확인하기 위해 우리는 향수를 일으키는 광고의 몰입도와 유튜브 조회수 사이의 양의 상관관계를 발견했다. 향수는 구매를 자극하는 것처럼 보였지만 제품이나 서비스가 스토리에 잘 통합되어 있는 경우에 한정되었다.

크리에이티브 공식

일본에서 방영된 시세이도Shiseido의 와소Waso 세안제 광고는 시장에 영향력을 행사하는 2가지 신경학적 기제를 보여준다. 이 광고는 포장에 담긴 제품을 보여주는 것으로 시작해서 다음으로는 천연 성분들을, 다음으로는 제품을 사용하여 세수하는 여성을 보여준다. 이후 여성은 아주 살짝 미소를 지으며 일상 루틴에서 이 부분을 즐기고 있다는 것을 보여준다.

여기에 신경생물학이 등장한다. 광고는 흰 포장의 와소가 붉은 접시 위에 장식된 장면에서 시작하며 예리한 색상을 대조하며 도파민에 의해 주의를 기울이는 반응을 유발한다. 물이 채워지고 있는 욕조에 와소 성분이 들어간 장면에서 도파민이 다시 활성화된다. 인간 두뇌의 25%는 시각에 할애되며 움직임은 정적인 이미지보다 더 큰 반응을 낳는다. 처음 세안을 할 때는 모델 얼굴에 감정이 드러나지 않는다. 이후 그녀가 가벼운 미소를 지으면 시청자는 옥시토신이 주도하는 정서적 공명으로 반응한다. 그녀가 행복하기 때문에 공감 능력이 있는 사회적 동물인 우리도 행복해지는 것이다.

이 시점에 뇌에서는 정말로 흥미로운 일이 벌어진다. 옥시토신 분비가 선조체線條體, striatum라고 불리는 뇌 영역에서 도파민의 분비를 또 한 번 유발하는 것이다. 추가로 나온 도파민은 사회적 정보(이 경우는 세안이 사람을 행복하게 할 수 있다는 것)를 얻은 것에 대한 보상을 선사한다. 주의에서 사회적 가치, 보상으로 이어지는 피드백 루프는 광고가 재미있게 느껴지고, 기억에 남고, 시장에 영향을 주도록 만드는 이유다.

광고를 제작한 시세이도의 자사 광고사, 시세이도 크리에이티브 Shiseido Creative는 하나의 세부 사항을 추가하여 신경학적 3중 자극을 만들어 냈다. 여성이 세안하는 동안 카메라는 얼굴의 왼쪽 면을 비춘다. 그녀의 왼쪽 눈 바로 아래에는 작은 점이 있다. 그녀가 미소를 짓고 얼굴을 씻는 것을 보면서 시선은 점에 이끌린다. 이상하게도 뇌는 특이한 것에 집착한다. 특이한 것은 가치 있는 것일 수 있기 때문이다. 이는 뇌에 또 다른 도파민 분출을 유발한다. 시각 피질이 예상치 못한 것을 찾은 덕분이다. 선조체가 활성화되면서 특이한 것을 찾은 우리에게 또다시 보상을 준다.

이 아름다운 광고는 높은 몰입도를 낳도록 거의 완벽하게 설계되어 있다. 공식은 이렇다.

주의(도파민) + **움직임**(도파민) + **즐거움**(옥시토신) + **변칙**(도파민)

몰입 데이터는 이 광고가 상영되는 60초 내내 몰입도가 높게 유지된다는 것을 보여준다.

감정이 시장을 움직인다 ───────────

AIDA라는 고전 광고 모형은 1898년 미국의 광고인 엘리아스 세인트 엘모 루이스Elias St. Elmo Lewis가 개발한 것이다. AIDA는 Attention주의, Interest관심, Desire욕구, Action행동을 뜻한다. 세인트 엘모 루이는 이렇게 말했다. "주의에 초점을 맞추고 광고의 다른 모든 부분을 거기에 종속시켜야 한다" 그때부터 광고인들은 다른 3가지 속성들보다 주의를 우선해 왔다. 주의는 쉽게 측정할 수 있다. 어떤 TV 프로그램을 보고 있는지 살피는 닐슨Nielsen의 시청률 집계, 광고 노출 빈도에 기여하는 신문이나 잡지의 구독률, 광고판 앞을 지나가는 행인 또는 자동차의 비율이 주의의 정도를 보여준다. 인터넷의 시대에는 클릭, 공유, 좋아요 등을 통해서 당신의 광고가 주목 받고 있는지를 더 쉽게 측정할 수 있다. 자, 그렇다면 매출은 어떨까?

불행하게도 데이터는 주의가 광고를 통한 매출 증대와 아주 약한 연관이 있을 뿐임을 보여주고 있다. 세인트 엘모 루이스는 A 모형을 만든 것이 아니라 AIDA 모형을 만들었다. 다른 요소들이 A에 저절로 따라오는 것이 아니다. 다른 요소들 역시 광고에 통합되어야 한다. 다른 요소들은 측정이 더 어렵기 때문에 광고 대행사나 분석가들은 그것들을 피하려는 경향이 있다. 하지만 신경학적 연구는 완전한 AIDA 모형이어야 비로소 구매를 촉진할 수 있다는 것을 보여준다.

주의에서 시작해 보자. 주의는 이진 변수라고 생각하면 된다. 0이거나 1이다. 이를 기술적으로는 '스포트라이트 주의spotlight attention'라고 한다. A나 B에 주의를 기울일 수 있지만 2가지 모두에 주의를 기울일 수는 없다. 멀티태스킹은 존재하지 않는다. 뇌의 '주의 모듈'은 대부분(대부분이라고 한 것은 우리가 의식적인 주의에 대해서 이야기하고 있기 때문이다. 뇌의 무의식적인 주의는 환경을 끊임없이 살핀다. 우리가 인식하지 못할 뿐이다.) 이분법적이기 때문에 빠르게 과제를 바꾸는 것이다. 의식적인 주의는 전전두피질의 수용체와 결합하는 신경전달물질 도파민과 관련된다. 애더럴Adderall과 같은 주의력 결핍 장애용 약물은 전전두피질의 활동에 영향을 줘서 주의력을 높이는 도파민 작용제다.

주의 그 자체만으로는 행동으로 이어지지 않는다. 예를 들어 도파민 활성화를 이용해 주의의 정도를 측정하는 뇌 영상 연구는 노래의 인기를 예측하려 했지만, 정확도가 30%에 그쳤다. 자기 보고 '선호'를 이용할 때의 0%보다는 낮겠지만 동전을 던지는 것(50%)보다는 나아야 하지 않을까? 우리 연구소를 비롯한 여러 연구소에서 발표한 과학적 연구들은 주의가 AIDA 모형의 마지막 A, 즉 행동을 유발하는 필요조건이라는 것을 보여준다.

주의는 행동의 문을 연다. 하지만 사람들을 행동하게 만드는 것은 정서적 공명이라는 신경학적 특징이다. 정서적 공명은 이분법적이지 않다. 정서적 공명은 1000분의 1초 단위로 달라지며, 사람들은 그것이 최고조에 달했을 때 행동을 취한다. 결정을 내리는 것은 감정이다. 그러니 주의라는 거짓 신에게 기도하는 모든 자들아 희망을 버려라!

클릭수를 아무리 측정해 봐도 매출은 클릭수를 따라오지 않는다. 정서적 공명은 AIDA 모형의 'I관심' 요소에 해당하며 사람들이 행동을 취하기 위한 충분조건이다. 따라서 주의와 정서적 공명은 행동에 영향을 주기 위한 필요충분조건이다. 큰 정서적 공명을 일으키면 뇌는 기본 상태인 항상성 상태에서 빠져나와 결정 모드로 진입한다.

몰입도가 높은 메시지는 언제나 시장을 움직일까? 대부분 그렇긴 하지만 메시지의 표적이 정확해야만 한다. AIDA 모형의 세 번째 부분은 욕구다. 나는 이것을 관련성이라고 부를 것이다. 관련성이 없어도 몰입도가 높은 광고는 뇌에서 즐겁게 여겨지고 다른 사람과의 공유를 부추긴다. 하지만 욕구가 빠져 있는 경우에는 구매로 이어지지 않는다.

감정도 측정할 수 있다. 하지만 여기에는 기술이 필요하다. 1장에서 논의했듯이 감정은 인간 두뇌에서 진화적으로 가장 오래된 부분으로 대개 의식적인 인식 밖에서 형성된다. 다이얼을 돌리는 것과 같은 구식 기술이나 감정을 측정한다고 주장하는 소위 안면 코딩 프로그램은 면밀한 과학적 검토를 통과하지 못했다. 감정은 만들어지는 부분에서, 즉 가장 오래전에 진화된 뇌 부위에서 측정해야 한다.

1898년, 스페인은 미국에 선전 포고를 했다. 그 결과 미래에 대통령이 되는 시오도어 루스벨트Theodore Roosevelt가 러프 라이더Rough Rider라는 이름의 의용기병대를 이끌고 쿠바에서 전투를 벌이게 되었다. 이때는 피에르 퀴리Pierre Curie와 마리 퀴리Marie Curie가 라듐Radiem을 발견하고, 필라델피아의 한 광고인이 자신의 광고 대행사가 매출에 어떻게 영향을 주는지 설명하는 모형을 개발한 해이기도 했다. 하지만 AIDA의 가치를 입증해 과학적 토대가 확립된 것은 모형을 선보인 지 100년도 더 지나서였다. 메시지나 경험이 주의를 끌어내고 더 중요하게는 고객에게 정서적 공명을 만들어 내서 광고된 제품이나 서비스에 대해 욕구를 느끼게 한다면 매출에 영향을 줄 수 있다. 주의가 중요하지만 시장을 움직이는 것은 감정이다.

몰입과 수익의 관계성

역모기지는 고령자가 생활비를 충당하기 위해 주택이라는 자본을 담보로 받는 융자다. 융자는 노인이 이사하거나 사망하면 변제된다. 65세 이상의 미국인은 가장 빠르게 증가하는 인구 집단인 반면 자기 집에 사는 노인의 비율은 낮다. 이것이 역모기지 회사의 성장을 제한한다. 그렇다고 그들의 성장 시도까지 막지는 못한다.

전미全美 규모의 한 역모기지 기업이 역모기지 수입을 통해 더 나은 삶을 누리는 노인들이 등장하는 TV 광고를 만들기 위해 광고 대행사를 고용했다. 대행사는 노인들이 다양한 광고 샘플 1차 편집본들을 보는 동안 몰입도를 측정했다. 그들은 가장 몰입도가 높은 편집본을 선택하고 수정해서 몰입도를 높였다. 이런 과정을 몇 번 반복한 끝에 1950년대와 1960년대에 유행한 밝은 음악을 배경으로 한 광고들이 방영되었다.

역모기지 회사는 이전에 TV 광고를 한 적이 있었기 때문에 광고를 통해 발생할 웹사이트 방문수와 전화수에 대한 예상치를 갖고 있었다. 이 회사는 우리 팀에 몰입도를 높이도록 편집된 광고들로 인해 역모기지에 대한 정보 요청이 30% 증가했다고 알렸다. 6개월 동안의 TV 방영 이후, 동영상은 유튜브에 게시되었고 이 글을 쓰고 있는 현재 수십만 회의 조회수를 기록하며 몰입 대비 수익을 계속 늘리고 있다. 이들 광고에 쓰이는 스토리는 모두의 몰입도를 높일 필요가 없다. 정보가 자신들과 관련성이 있다는 것을 발견하게 될 표적 청중의 몰입도만 높이면 족하다.

스토리텔링의 미래

나는 세일러스 스너그 하버Sailors' Snug Harbor(건축사에 의미를 갖는 19세기 건물들로 뉴욕시 스태튼 아일랜드에 있다)에 귀신이 나온다는 말이 정말이라고 굳게 믿고 있다.

스태튼 아일랜드 해협 건너 로어 맨해튼을 마주한 이곳은 그리스 부흥 양식의 음악당, 작은 집 등 예배당을 유지하는 비용이 치솟기 전까지 1세기 동안 '늙고 지친' 뱃사람들의 안식처였다. 이제는 건물들도 낡고 오래됐지만, 여전히 기억에 남는 아름다움을 지니고 있다. 세일러스 스너그 하버에는 스태튼 아일랜드 철도 지선이 버려져 있다. 축축하고 습한 이 땅은 살인, 자살, 금지된 관계를 목격해왔다.

출판인이자 멀티미디어 스토리텔러인 찰리 멜처Charlie Melcher는 나를 세일러스 스너그 하버로 초대했다. 그가 만들고 기획한 '스토리텔링의 미래Future of StoryTelling'란 행사를 위해서였다. 이 콘퍼런스에서는 스토리텔러들과 기술자들이 어울려 새로운 형태의 엔터테인먼트를 상상했다. 사람들이 개인적인 일화를 공유하는 「스토리코어StoryCorps」라는 공영 라디오 프로그램에 대한 내 분석을 다룬 기사를 읽은 멜처가 나를 초대했다. 스토리코어의 서사 중에는 우주왕복선 챌린저Challenger호 폭발로 숨진 아프리카계 미국인 우주인 로널드 E. 맥네어Ronald E. McNair의 동생이 전하는 비극적인 이야기와 같이 아주 특별한 것들이 있었다. 반면에 두서가 없어서 이야기를 따라가기가 어렵고, 장황한 이야기 속에서 요점을 찾는 것이 어려운 내용들도 있었다.

나는 '스토리텔링의 미래'에서 기승전결의 서사가 몰입을 유지하는 가장 효과적인 방법이라는 것을 보여주는 설득력 있는 증거가 있다고 이야기했다. 2300년 전, 아리스토텔레스가 『시학』에서 처음으로 설명한 이런 스토리 구조는 미스터리에서 시작해서 갈등으로 긴장을 조성하고, 위기에 이른 뒤에 갈등을 해소한다. 기승전결의 서사 구조는 게으른 인간의 뇌를 인간의 드라마가 펼쳐지는 데 몰입시킨다. 우리는 대스타나 좋은 음악이 스토리 몰입에 영향을 주는지 시험했지만 그런 것들은 큰 차이를 만들지 못했다. 진정성 있는 인물과 함께하는 기승전결의 서사 구조야말로 몰입에 필요한 가장 중요한 요소다.

스토리텔링의 미래는 어떤 것일까? 가상현실VR, virtual reality과 증강현실AR, augmented reality이 그 일부가 될 것이다. AR 앱의 출시를 준비하던 한 대형 소셜 미디어 기업이 우리 팀에 제품을 홍보하는 AR에 대한 신경학적 반응을 평가하는 데 도움을 달라는 요청을 해 왔다. AR 광고의 평균 몰입도는 광고 벤치마크보다 16% 높았고 AR 앱에 등장한 브랜드는 선호 순위에서 평균 43%의 상승을 보였다. 예외는 명확한 방향성이 없거나 목표가 모호한 AR 경험이었다. 이런 경우에는 불만이 급증했다.

VR에 대한 신경학적 반응도 비슷한 양상을 보인다. 영화 프랜차이즈를 홍보하는 VR 경험에 대한 데이터는 VR의 몰입도가 2D 영화 예고편보다 항상 높지는 않다는 것을 보여주었다. 실제로 많은 사람이 VR 경험에 불만을 느낀다. 스토리의 변주를 통해 사용자를 끌어들이는 '지침'이나 '이정표'가 없기 때문이다. AR이든 VR이든 아리스토텔레스의 스토리 구조를 사용하는 것이 몰입을 이끌어 내는 가장 좋은 방법이다. 스토리의 일부가 되는 경험은 뇌에 의미 있는 각인을 만들며, 스토리 구조가 좋다면 몰입도는 높아진다.

우리 연구에 따르면, 타이드Tide(세탁 세제 브랜드)를 팔든 휴메인소사이어티Humane Society에 기부를 독려하든 마케터가 시청자의 주목을 끌 수 있는 시간은 15초뿐이다. 그 후에는 다른 곳에 정신이 팔리고 서사가 감정을 돋우지 않는 한 몰입이 일어날 가능성이 작다. 일상의 루틴은 긴장을 주지 않는 반면, 몰입도가 높은 스토리는 긴장을 유발한다. 등장인물이 갈등을 겪으면 우리는 스토리 속에 녹아들어 그들의 감정을 모방한다. 공유된 감정은 공유된 행동으로 이어진다. 영업 문구는 몰입도가 높은 긴장이 증발하기 전에 사람들에게 당장 어떤 일을 하라고 요청해야 한다. 마케터가 "지금 상담사가 대기 중입니다"라고 말하는 이유가 여기에 있다.

길이가 짧은 콘텐츠에서는 단 3초 만에도 몰입이 일어날 수 있다. 하지만 영화와 TV 프로그램과 같이 몰입도가 높은 긴 형태의 경험을 만드는 것은 완전히 다른 문제다. 이어서 이야기하기로 하자.

• Key Point •

1. 광고인들에게는 주의를 끌 15초의 시간이 주어진다. 이후에는 반드시 감정적인 반응을 유발해야 한다.
2. 스토리는 제품에 대한 감정적 애착을 주도한다.
3. 브랜드를 더 잘 기억하게 하기 위해서는 감정적인 순간을 확장시켜야 한다.
4. 영향력을 더 키우기 위해서는 메시지 마지막에 몰입 절정을 만들어야 한다.
5. 효과적인 광고를 위해서는 제품-스토리 일치가 있어야 한다.

IMMERSION

3장

특별한
엔터테인먼트

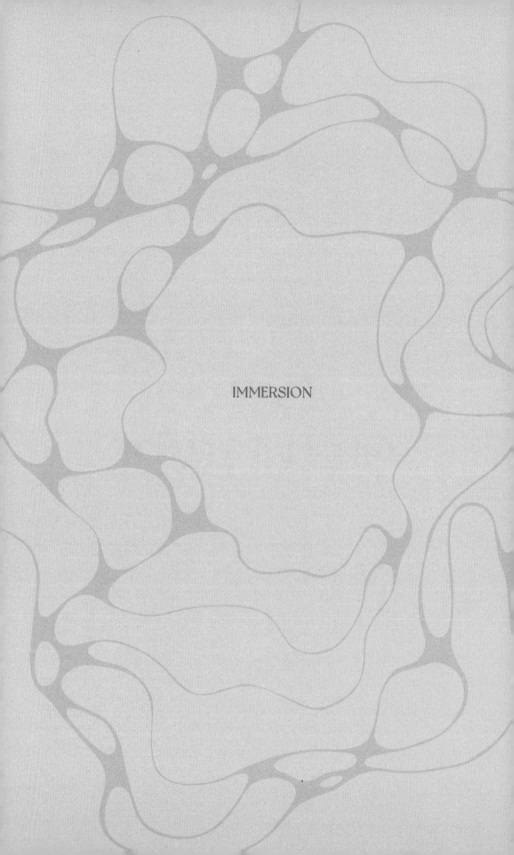

IMMERSION

✳ 욕망의 뇌과학 ✳

"뇌주사 사진상으로 편도체의 심각한 기능장애가 관찰됩니다."

2012년 작(作) 영화 「어메이징 스파이더맨Amazing Spider-Man」 초반
에 커트 코너스 박사가 피터 파커에게 오스코프Oscorp(스파이더맨 시리
즈에 등장하는 대기업-옮긴이)를 둘러보게 하는 장면을 자세히 본다면 이
대사를 하는 나를 볼 수 있을지도 모른다. 나는 신경과학자이자 영
화 제작자인 내 친구 존 루빈John Rubin과 할리우드 소니 픽처스Sony
Pictures 스튜디오에서 신경과학에 관련된 대화를 녹음하게 되었다.

영화는 여러 층layer으로 촬영된다. 첫 번째 층은 주인공의 움직
임과 대화를 담는다. 이때 배경에 있는 단역 배우들은 대화를 하는
척 하지만 실제로는 소리를 내지 않는다. 이것이 영화를 이끄는 배우
들의 목소리를 깔끔하게 따내는 가장 좋은 방법이다. 이후 자동 대

사 대치ADR, automated dialogue replacement 혹은 '루핑looping'이라고 하는 과정에서 배경 대화를 녹음하여 겨우 들릴 만한 소리로 영화에 입힌다. 「어메이징 스파이더맨」에는 신경과학 연구소 장면이 있고 제작자의 체면을 살리기 위해 그들은 진짜 ADR를 만들기로 했다. 나는 약 7.6미터짜리 스크린이 있는 소니 픽처스 방음 스튜디오에 15명의 목소리 배우들과 앉아 있었다. ADR 감독은 우리에게 장면을 보여주고, 목소리 배우들에게 배역을 할당하고, 방에 있는 마이크 위치에 따라 우리가 어디에 서 있어야 하는지 혹은 어디로 움직여야 하는지를 지시했다. 이후 우리는 상황에 맞게 대화를 만들어야 했다. 감독은 대사 대치를 "소시지가 만들어지는 것을 본다"고 표현했다. 나는 목소리 배우 중 한 사람이 O. J. 심슨O. J. Simpson의 전前 부인 니콜Nicole이 살해되던 날 밤, 그의 집 게스트 하우스에 있었던 것으로 유명한 카토 케일린Kato Kaelin이라는 것을 알아봤다. 이야기를 나누어 보니 아주 좋은 사람인 것 같았다.

「어메이징 스파이더맨」의 즉석 대사를 녹음하기 위해 소니 픽처스를 방문하면서 영화 스튜디오에 처음으로 가 보게 되었다. 모두 세상이 좁다 보니 일어난 일이었다. 나는 남부 캘리포니아에 살았고, 2011년 TED 글로벌TED Global 강연을 하러 갔다가 할리우드에서 ADR 사업을 하는 웬디 호프먼Wendy Hoffman과 알게 되었다. 목소리 배우 일은 처음이었지만 대형 영화사, TV 제작사와 몰입도를 측정해서 매력적인 엔터테인먼트를 만드는 일을 도왔던 경험이 있었다.

"인간은 수천 년 동안 서로에게 재미를 선사하는 일을 해 왔다. 그런데 엔터테인먼트 제작자들은 작품을 만드는 과정에서 왜 그것이 좋은 작품인지 아닌지를 판단하지 못할까?" 큰돈이 걸려 있는 때에 특히 더 말이다. 이번 장은 이 질문에 대한 답이 될 것이다. 우선 영화를 제작하고 마케팅 하는 방법을 자세히 살피는 것부터 시작하기로 하자. 이후 엔터테인먼트의 질을 어떻게 개선할 수 있는지 속속들이 이해하기 위해서 다른 형태의 엔터테인먼트(TV와 음악)로 옮겨가서 그것들이 뇌에 미치는 영향을 파악할 것이다.

영화산업의 위험성

2002년 워너브라더스Warner Bro.는 「플루토 내쉬The Adventures of Pluto Nash」라는 제목으로 에디 머피Eddie Murphy 주연의 액션·코미디·공상과학 영화를 내놓았다. 제작 비용이 1억 달러가 들었지만 벌어들인 돈은 700만 달러였고, 리뷰 사이트 로튼 토마토Rotten Tomatoes의 평점은 4%였다. 2002년 컬럼비아 픽처스Columbia Pictures는 제니퍼 로페즈와 벤 애플렉이 주연한 대 실패작 「갱스터 러버」를 발표했다. 제작비는 7500만 달러, 수익은 700만 달러에 불과했다. 로튼 토마토 점수는 6%였다. 영화사와 배급사가 직면하는 경제적 리스크는 엄청나다. 2017년, 소니 픽처스는 10억 달러 손실을 봤다.

영화사는 데이터를 이용해서 리스크를 관리하려 한다. 영화의 1차 편집본을 테스트 관객에게 보여주고 연필과 색인 카드를 나눠준 뒤 마음에 드는 것을 골라 달라고 요청하는 최첨단 방법을 사용한다. '결말이 마음에 드나요?' '개가 죽었을 때 슬펐나요?' 일부 영화사 중

역들은(최소한 그 일부는) 이런 견해들이 유용하다고 생각한다. 그렇다면 「플루토 내쉬」와 「갱스터 러버」는 왜 그 꼴이 된 걸까?

영화 마케팅은 제작보다 덜 복잡하다. 거기에서부터 시작해 보자. 대작 영화의 마케팅 비용은 제작비의 절반 정도인 것이 보통이다. 「플루토 내쉬」의 제작비 1억 달러 중에 배급사인 워너브라더스가 영화 제작자 캐슬록 엔터테인먼트Castle Rock Entertainment와 빌리지 로드쇼 픽처스Village Roadshow Picture에 투자한 돈을 뽑기 위해 쓴 비용이 5000만 달러였다. 마케팅 비용은 영화의 유형, 표적 관객, 출연한 배우, 심지어 영화가 개봉되는 시기에 따라서도 크게 달라진다. 지금까지 최고의 제작비를 기록한 영화는 2011년에 개봉한 「캐리비안의 해적: 낯선 조류Pirates of the Caribbean: On Stranger Tides」로, 제작비는 4억 달러(한화 약 4,465억 원)에 육박했다. 마케팅 비용은 1억 5000만 달러로 추정되며 거기에는 2011년 슈퍼볼 동안 방영된 광고, 3D 극장용 예고편, 비디오 게임, 휴대 전화 애플리케이션, 보석까지 포함되었다. 세간의 이목을 끄는 영화들의 마케팅 예산은 제작비를 넘어서는 경우도 있다. 2020년 세계의 영화 배급사들이 마케팅에 들인 돈은 약 40억 달러에 이른다.

관객수는 예측하기 어려운 것으로 악명이 높다. 실제로 영화사들이 관심을 두는 것은 개봉 후 2주간의 관객수뿐이다. 영화관과 배급사 사이의 수익 배분은 차등 배분 방식을 따른다. 1주 차에는 배급사가 가장 큰 비율(보통 매출의 70~90%)을 차지하고 상영이 끝날 무렵에는 30%만을 받는다.

손실 위험에 노출된 돈이 많을 때라면 배급사는 일반 관객들의 엉덩이를 영화관 의자에 붙이기 위해 예고편 제작에 총력을 기울인다. 영화사들은 예고편 제작 전문가들을 고용하고 그들은 영화 1편에 대해 여러 개의 예고편을 만든다. 특정 지역의 극장에서 공개되는 예고편과 세계적으로 공개되는 예고편이 다르고, TV로 방영되는 예고편과 온라인에 발표하는 예고편이 또 다르다. 첫 예고편에 대한 관객들의 반응은 후속 예고편의 편집에 영향을 준다. 영화 개봉을 불과 며칠 앞둔 시점에 예고편 편집이 이루어지는 경우도 있다.

큰돈이 걸린 게임이다. 영화사들은 인구의 영점 몇 %가 표를 더 사도록 설득하기 위해 수정하고 조정하며 애를 쓴다. 우리 팀과 나는 영화 예고편에 대한 몰입도로 관객수를 예측할 수 있을지 궁금해졌다. 쉽지 않은 일이기 때문에 작은 규모로 시작했다.

작은 예측

우리의 첫 번째 연구는 2장에서 논의했던 페이스북 작은 스크린 연구에서의 몰입 데이터를 사용했다. 우리는 「안녕, 헤이즐」과 「겟 하드」로 조사를 한정했다. 이들 영화는 각기 1200만 달러, 4000만 달러를 들여 제작했고 전혀 다른 관객층을 겨냥했다. 「안투라지」의 예고편은 시험하지 않았다. 예고편이 끔찍해서 우리 분석에 편견이 생길 것이라고 생각했기 때문이다.

일단은 흥행에 영향을 주는 비신경학적 요소들은 무시하고 몰입도만으로 수익을 얼마나 정확히 예측할 수 있는지에 집중했다. 참가자들에게 예고편을 즐겁게 시청했는지, 재미있다고 생각하는지, 친구들에게 예고편을 이야기할 것인지 질문했다. 자기 보고에 근거한 이런 느낌은 이전의 연구와 마찬가지로 관객수를 예측하지 못했다. 더 중요한 것은 「겟 하드」 예고편이 「안녕, 헤이즐」보다 모든 선호 척도에서 더 높은 점수를 기록했다는 것이다. 하지만 개봉 첫 주의 관객수는 「안녕, 헤이즐」이 「겟 하드」보다 35% 많았다. 몰입은 관객수와 긍정적인 상관관계를 보였다. 「안녕, 헤이즐」 예고편에 대한 몰입도는 「겟 하드」에서보다 41% 높았고 개봉 첫 주 관객수의 격차와 거의 일치했다.

소규모 시험에서 힘을 얻은 우리는 우리가 시험했던 2개 예고편 외에도 예고편에 대한 몰입도가 관객수를 예측할 수 있는지 알아보기 위해 보다 큰 규모의 연구를 진행했다. 솔직히 나는 뭔가 발견할 수 있으리라는 데 상당히 회의적인 입장이었다. 배급사에서 일하는 데이터 분석가들은 경제적, 인구통계학적 변수들을 사용하는 정교한 통계 모형을 만들어서 관객수를 예측한다. 우리는 광고가 시장에 주는 영향을 성공적으로 예측했지만 영화 예고편은 또 다른 분야였다. 같은 기법이 계속 효과가 있을지 확신이 없었다. 30~60초 길이의 광고와 달리 극장용 예고편은 보통 3분 길이다. 이런 작은 차이 때문에 접근법 자체가 완전히 달라질 수 있었다.

우리는 다음 연구의 분석 대상을 질이 각기 다른 9개의 영화로 늘렸다. 그중 하나는 아직 개봉하지 않은 것이었다. 개봉하지 않은 영화에 대한 예측은 개봉한 영화들을 통해 구축한 모형을 기반으로 한 '표본 외 예측out-of-sample prediction'이 될 것이었다. 우리는 18~70세

성인 49명을 모집해 기존 개봉작들과 함께 역대 최고 혹은 최악의 영화 몇 편의 예고편을 감상하게 했다. 이로써 우리는 데이터에 확실한 다양성을 줄 수 있었다. 「47로닌47 Ronin」 「아메리칸 허슬American Hustle」 「버드맨Birdman」 「그녀Her」 「인히어런트 바이스Inherent Vice」 「혹성탈출: 반격의 서막Dawn of the Planet of the Apes」 「로맨틱 레시피 The Hundred-Foot Journey」 「사부: 영춘권 마스터The Master」 「트랜스포머: 사라진 시대Transformers: Age of Extinction」의 예고편이 준비되었다. 키아누 리브스Keanu Reeves 주연의 「47로닌」은 흥행 참패작 중 하나다. 1억 7500만 달러에 달하는 제작비 때문에 유니버설 스튜디오 Universal Studios는 거의 파산할 뻔했다. 반편에 「트랜스포머: 사라진 시대」는 2억 1000만 달러의 제작비를 들여 10억 달러 이상을 벌어들였다. 아카데미에서 최우수 작품상을 비롯한 4개 부문에서 수상한 영화 「버드맨」의 개봉 당시 수익은 300만 달러에도 미치지 못했다. 호아킨 피닉스Joaquin Phoenix의 영화 「인히어런트 바이스」는 우리가 분석을 진행하는 시점에 개봉하지 않은 상태였다. 우리는 영화의 예상 수익을 예측했고 우리 예측이 얼마나 정확한지 확인하기 위해 기다렸다.

소규모 연구에서와 마찬가지로 참가자들이 보고한 영화 예고편에 대한 선호는 흥행 수익을 예측하지 못했다. 반면, 몰입도는 개봉 첫 주 수익을 25% 편차로 예측했다. 주의와 정서적 공명의 신경학적 조합이라 말할 수 있는 몰입은 두뇌가 경험에 가치를 두는 것을 포착하는 듯하다. 중요한 것은 8편의 작은 표본에 대한 몰입도가 관객수가 많은 영화와 그렇지 않은 영화를 61%의 정확도로 분류했다는 점이다. 이 정보만으로도 배급사들이 영화 마케팅에 얼마나 투자해야 할지에 대한 지침이 될 수 있다.

그 외에 관객수를 예측할 수 있는 것에 무엇이 있을까? 우리는 배우의 스타 파워(인터넷 무비 데이터 베이스IMDb, Internet Movie Database는 특정 배우가 출연한 영화의 관객수를 기반으로 척도를 만들었다), 감독 파워 순위(또 다른 IMDb 척도), 장르, 영화에 대한 위키피디아 페이지 조회수, 영화가 속편인지 여부, 제작비 등 20여 가지의 경제적, 창의적 변수를 조사했다. 관객수를 예측할 때 가장 강력한 변수는 영화의 제작비였다. 제작비는 개봉 첫 주 관객수의 36%를 설명해 준다. 제작비가 많이 들어간 영화는 유명한 스타를 기용하고, 특수 효과를 더 많이 사용하고, 촬영 시간이 길고, 이국적인 곳에서 촬영할 것이다. 그런 영화들은 50% 규칙(대작 영화의 마케팅 비용은 제작비의 절반 정도를 차지하는 것이 보통이다)에 따라 마케팅 예산도 큰 경향이 있다.

이런 모든 요소를 포함시킨 후에도 몰입도는 관객수를 예측하는 기준 통계 모형의 정확도를 향상시켰다. 몰입도는 뇌가 가치를 두는 것을 측정하는 것 이외에 영화의 예산이나 기타 변수와 통계적 관련성이 없다. 새로운 변수들은 예측의 정확도를 향상시켰다. 우리가 소규모로 연구한 8개 영화의 경우, 몰입도는 예측의 정확도를 9% 높였다. 보다 높은 정확도는 마케팅 예산을 보다 효과적으로 편성하고 보다 많은 돈을 벌 수 있다는 것을 의미한다. 9%가 크지 않은 숫자로 생각되는가? 영화 마케터들은 0.1%의 변화도 중요하게 여긴다. 잠재적 관객이 수백만 명이기 때문이다.

우리는 8개 영화로 만든 통계 모형을 사용해서 9번째 영화, 「인히어런트 바이스」의 관객수를 예측했다. 개봉 전에 말이다. 이 모형에는 「인히어런트 바이스」예고편을 감상하는 사람들의 평균 몰입도, 2000만 달러의 영화 제작비, 1월 지표 변수가 포함되었다. 「인히어런트 바이스」개봉일은 2015년 1월 9일이었다. 1월은 보통 대중의 반향을 불러일으키기 힘든, 영화로서는 '무덤'과 같은 달이다. 관객들이 크리스마스 개봉작을 보고 가족들의 말다툼을 지켜보느라 지쳐 있다고 가정하는 것이다. 모형은 개봉 1주 차의 수익을 700만 달러로 예측했다. 1월 15일까지 「인히어런트 바이스」의 개봉 1주 차 실제 수익은 530만 달러였다. 예측은 빗나갔지만 심한 정도는 아니었다. 몰입도는 표본 외 예측의 정확도를 표준 경제 변수들보다 14% 개선했다. 이 정도면 영화 배급사들이 이용하는 표준 모형보다 정확도가 상당히 개선된 것이다.

될 영화, 안 될 영화

다음 과제는 일부 예고편이 효과적으로 수익을 높이는 이유를 찾기 위해 규모를 늘리는 것이었다. 우리는 44개 영화 예고편에 대한 신경 반응을 측정함으로써 몰입의 예측 정확도를 확인했다. 예고편은 「저스틴 비버: 네버 세이 네버Justin Bieber: Never Say Never」에서부터 「지금은 순찰 중Car 54: Where Are You?」 「크라잉 게임The Crying Game」까지 다양했다. 신경학적 변수만으로 흥행작과 실패작을 78% 정확도로 찾을 수 있었다. 더구나 수익은 영화 예고편에 대한 사람들의 몰입도에 따라 선형적으로 증가했다. 데이터는 몰입도와 티켓 판매액 사이에 0.30의 양의 상관관계가 있다는 것을 보여주었다. 대규모 연구에서 몰입도는 영화의 경제적, 창의적 변수가 가진 예측력을 25% 높였다. 데이터가 많을수록 예측의 정확도는 높아졌다.

수백 개의 영화 예고편에 대한 몰입도를 측정해서 얻은 데이터는 성공한 예고편에 몇 가지 구분되는 요소가 있다는 것을 보여주었다. 효과적인 영화 예고편은 주인공들이 바로 미스터리나 위기에 직면하면서 '화끈하게' 시작되어야 한다. 전형적인 서사에서는 스토리 말미에 위기가 해소된다. 하지만 관객을 영화관에 앉게 만들어야 하는 영화 예고편은 가장 긴장이 고조된 순간에 멈추어서 스토리가 해결되지 않게 남겨 둔다. 주인공이 위기를 어떻게 헤쳐 나가는지 보려면 영화표를 사야 한다.

또한 영화의 상징적인 아이콘들을 예고편 전체에 넉넉히 배치해야 한다. 몰입 절정의 지점에 이것들을 위치시켜서 영화와 관련성을 높이고 영화를 홍보하는 다른 매체에서 사용될 때 다시 관심을 불러일으킬 수 있게 해야 한다. 이를 위해 「어메이징 스파이더맨」의 예고편은 거미, 거미줄, 붉은색과 파란색으로 이루어진 복장의 피터 파커를 계속 보여준다. 광고에서와 마찬가지로 개봉일과 영화 제목은 몰입 절정에서 공개해야 한다. 거의 모든 예고편이 이 중요한 정보를 보통 몰입도가 낮아지는 영상 마지막에 넣는다. 우리의 분석에 따르면 예고편 제작자들은 틀을 깨고, 전형적인 3분 예고편의 여러 곳에 개봉일과 영화 제목을 포함시켜야 한다. 이렇게 해야 행동에 대한 요구가 강화된다. 사람들은 대개 콘텐츠를 몇 초만 보고 채널을 돌리거나 다른 것을 클릭하기 때문이다.

편집의 진화 ────────────

현재는 여러 대형 영화사들이 몰입도를 측정해서 다양한 버전의 예고편을 평가하고 있다. 덕분에 나는 종종 영화 스튜디오를 방문해서 예고편이 어떻게 진화하는지 지켜본다. 어느 더운 여름날 나는 파라마운트 픽처스Paramount Pictures 팀이 크리스마스에 개봉할 영화의 예고편 1차 편집본의 몰입도를 측정하는 것을 참관했다. 여기에는 영화사의 연수익의 플러스, 마이너스냐를 결정지을 2개의 화제작이 포함되어 있었다. 파라마운트의 팀은 어느 부분에 노력을 집중해야 할지 빨리 찾기 위해서 회계와 재무 부서에 있는 수십 명의 사람을 커다란 회의실로 불러 몰입도 애플리케이션이 깔린 스마트워치를 나눠주었다.

그들이 상당한 시간을 투자한 예고편 중 하나는 공상 과학 영화 시리즈의 6번째 작품이었다. 파라마운트의 담당팀은 제작비가 1억 달러가 든 이 영화의 저해상도 버전 예고편 3개를 테스트했다. 몰입도가 가장 높은 예고편은 광고 몰입도 벤치마크 중앙값의 1% 내에 있었다. 좋다는 의미였다. 하지만 더 나아질 수 있는 여지가 있었다. 예고편을 공개하기 전, 마케팅 담당자들과 영화 제작자는 예고편 제작자와 함께 예고편의 몰입도를 더 끌어올리는 작업을 했고 결국 테스트 버전보다 몰입도를 18% 높였다. 극장용 예고편의 몰입도는 처음 테스트했던 편집본보다 100% 이상 높아졌다.

파라마운트 팀은 몰입도를 높이기 위해 4가지 변화를 주었다. 첫째, 주인공을 소개하자마자 긴장도를 높이는 강력한 서사 구조를 구축했다. 둘째, 인간 주인공과 그녀가 느끼는 감정에 더 집중하고, 인간이 아닌 생물에 대한 집중도를 낮췄다. 셋째, 인간과 생물의 얼굴을 클로즈업 한 장면을 추가했다. 마지막으로 위험에 빠진 인간 주인공을 보여줌으로써 긴장이 높아진 상태에서 예고편을 마무리했다.

결과는 어떻게 됐을까? 영화는 제이슨 모모아Jason Momoa가 주연인 영화, 에밀리 블런트Emily Blunt가 주연인 영화와 경쟁하는 상황에서 개봉 7일째에 수익분기점을 넘어섰다. 수익 면에서 이런 뛰어난 성과를 거둔 데는 극장판 예고편을 개선한 게 한몫했다. 데이터가 있다면 예고편의 효과를 높이는 방법을 찾는 일이 훨씬 쉬워진다. 미니드라마를 만드는 데에는 엄청난 돈과 노력이 투자된다. 배급사가 시청자의 뇌에 선풍을 일으킬 정도의 예고편을 만들어야 사람들은 비로소 집을 나서 영화관으로 향한다.

가장 보통의 몰입

3분짜리 영화 예고편에 대해 파악하게 되자 우리는 몰입이 영화의 히트 여부를 구분할 수 있는지 알아보기로 결정했다. 시작은 역시 소규모였다. 나는 우리 팀원들에게 스마트워치를 착용하고 인근 극장에서 영화를 보게 했다. 나는 임의로 라이언 레이놀즈Ryan Reynolds

와 사무엘 L. 잭슨Samuel L. Jackson이 주연한 「킬러의 보디가드The Hitman's Bodyguard」를 선택했다. 영화 상영 시간은 118분이고 참가자의 평균 몰입도나 영화 전체의 평균 몰입도는 보통이었다. 이 영화는 3000만 달러의 제작비로 1억 7700만 달러를 벌어들였다. 투자 대비 수익이 그렇게 큰데 어째서 몰입도는 보통인 걸까?

질문에 답하기 위해서는 신경과학에 대해 좀 더 알아야 한다. 몰입도는 0에서 100까지 점수로 나타나도록 표준화되어 있다는 것을 기억하라. 경험에 대해 스스로 보고하는 '선호'를 평가할 때는 사람들이 영화에 100점을 줄 수도 있겠지만, 그와 달리 전체 참가자의 몰입도는 평균인 약 50에 훨씬 가까웠다(실제 평균은 경험의 유형에 따라 다르다). 이런 일이 일어나는 데에는 2가지 이유가 있다.

첫째, 우리가 2장에서 논의했듯이 인간의 뇌는 항상성(균형 잡힌 상황)을 갈망한다. 따라서 뇌는 깊게 몰입한 상태를 30~40초 이상 유지할 수 없다. 몰입도 100은 뇌의 처리 능력이 최대인 상태다. 그 이후 뇌의 자원이 다른 과제에 할당되면서 뉴런은 피로해지고 몰입도는 떨어진다. 이것이 영화관이 어두운 이유이고, 사람들을 떠들지 못하게 하는 이유다. 이로써 깊은 몰입을 위한 신경 대역폭이 확보된다.

영화와 같이 긴 사건에 대한 몰입도가 평균에 가까운 경향을 보이는 두 번째 이유는 20명을 대상으로 하는 전형적인 측정 상황에서 각 시점의 신경 상태에 대한 모든 참가자의 평균값이 나오기 때문이다. 참가자들의 뇌가 비슷하게 작동하기는 하지만 완벽하게 동기화되어 있는 것은 아니다. X라는 사람의 뇌는 해당 경험에 깊이 몰입해서 몇 초간 몰입도 100에 도달하지만, Y라는 사람의 뇌는 1~2초 후 몰입도가 85~90에 이르는 데 그친다. 평균값을 구하기 때문에 전체의 신경 반응이 0이나 100에 이르는 경우는 거의 없다. 또한 초 단위 반응 역시 경험 전체에 걸쳐 평균값으로 계산된다. 광고나 영화 예고편과 같이 짧은 형식의 콘텐츠라면 효과가 심하게 나타나지 않지만 1시간이나 그 이상 이어지는 경험에는 큰 영향을 미치게 된다.

자연스러운 피로감과 평균화 때문에 몰입도 그래프는 항상 물결 모양을 띠게 된다. 몰입의 구성 요소들을 분리하여 주의와 정서적 공명이 물결 모양에 미치는 영향을 검토하면, 변화의 대부분은 감정으로 인한 것임을 알 수 있다. 2장에서 논의했듯이, 주의는 이분법적인 반응이다. 주의를 기울이거나 기울이지 않거나 둘 중 하나인 것이다. 결과적으로 정서적 공명의 변화가 몰입도의 초 단위 변화를 주도한다. 이는 몰입 절정이, 즉 감정이 고조되는 순간임을 의미한다. 바로 이 때문에 내가 이런 척도를 만든 것이다.

경험의 정서적 저점은 어떨까? 나는 '좌절_{frustration}'이라는 또 다른 척도를 만들었다. 사람들이 주의를 기울이지만 정서적으로는 공명하고 있지 않은 때를 찾는 척도다. 달리 말해 뇌가 그 순간 하고 있는 경험에 가치를 두지 않는 것이다. 좌절은 시간에 따른 몰입의 진화 과정에서 골짜기를 만든다. 나는 다양한 경험을 하는 수천 명을 대상으로 데이터를 수집해 평균 몰입도, 몰입 절정, 좌절의 기준을 계산했다. 창작자가 콘텐츠에 수정을 가해 몰입 절정을 늘리거나 좌절을 줄이면 평균 몰입도가 올라가면서 결과의 영향력이 증가한다.

우리는 「킬러의 보디가드」가 관객 동원에 성공할 수 있었던 이유를 파악하기 위해 3가지 척도 모두를 이용해서 상세한 연구에 나섰다. 영화에 대한 평균 몰입도는 장편 엔터테인먼트에 대한 벤치마크로부터 2% 내에 있었다. 몰입 절정은 엔터테인먼트 벤치마크에서 13%가 높은 더 좋은 성적을 기록했다. 죽이기 힘들어 보이는 악당이 마지막에 죽으면서 스토리 내의 긴장이 해소된다(이 정도는 스포일러 spoiler(영화의 감상에 방해가 되는 상세한 정보-옮긴이)가 아니라고 본다). 영화 마지막에 나오는 이 장면은 그 이전 5분에 비해 몰입도가 2배 높다. 영화가 절정-대미 규칙을 활성화하기 때문에 관객들은 영화가 몹시 재미있었다고 기억한다.

한편 이 데이터는 좌절이 많았기 때문에 영화의 가장 재미있는 부분이 약화되었다는 것을 보여주었다. 좌절이 엔터테인먼트 벤치마크에 비해 24%나 많아서 사람들이 영화의 상당 부분에서 집중력을 잃은 것이다.

영화 편집 중에 몰입도를 측정했더라면 흥행 역량을 한층 더 높일 수 있었을 것이다. 스토리의 절정을 더 높고 길어지도록 수정했다면 몰입도가 올라갔을 것이다. 동시에 좌절 지점을 잘라 냈다면 사람들이 영화 전체에서 몰입을 유지할 수 있었을 것이다. 하지만 모든 스토리에는 고저가 필요하다. 그 이유를 알아보자.

스토리에 필요한 것 ─────────────────────

긴 이야기는 몰입의 물결 모양을 이용하는 특유의 구조를 갖는다. 영화 「킬러의 보디가드」를 계속 분석하면서 긴 스토리의 신경과학적 의미를 설명하기로 하자. 이 영화에는 3가지 주된 줄거리가 있다. 보디가드는 킬러가 갱단에게 살해당하지 않고 재판정까지 갈 수 있게 해야 한다. 킬러와 보디가드는 철천지원수지만 공조할 방법을 찾아야 한다. 킬러는 아내를 깊이 사랑하고 아내를 다시 만나려면 살아남아 증언을 해야 한다. 이 3가지 줄거리가 영화 안에 얽혀 있다. 아득한 옛날부터 스토리텔러들은 긴 시간, 높은 몰입도가 사람들을 지치게 한다는 것을 알고 있었다. 영화 제작자들이나 소설가들은 여러 개의 줄거리를 이용해서 이런 신경학적 제약을 피해 간다.

하나의 줄거리가 몰입도를 끌어 올리고 나면 영화는 긴장감이 낮은 다른 줄거리로 전환된다. 이로써 서사는 여전히 진행되고 있지만, 관객들은 신경에 휴식을 얻는다. 두 번째 줄거리의 몰입도가 올라가면 초반 몰입도가 낮아 신경학적 자원이 많이 동원되지 않는 세 번째 줄거리가 소개된다. 새로운 줄거리를 도입하려면 청중은 변화를 따라가기 위해 주의를 기울여야 한다. 작가는 청중이 각 줄거리에 감정적 유대를 형성하도록 사람을 끌어들이는 고리, 후크hook를 만들어야 한다. 신경학적인 측면에서 정보가 작업 기억에 저장되어 있어야 감정적 유대 형성이 가능하다.

「킬러의 보디가드」에서 최고의 몰입 절정은 킬러를 죽이려는 적대자가 마침내 기회를 얻을 때 나타난다. 서로가 적인 킬러와 보디가드는 결국 제삼의 적대자를 막기 위해 협력해야 한다. 이 장면은 3개 줄거리 중 2개의 갈등을 해소한다. 마지막 줄거리의 갈등은 굳이 해소(킬러가 사랑하는 아내와 재회하는 것)할 필요가 없다. 그가 살아남았기 때문에 그 일이 일어나리라는 것을 충분히 예상할 수 있으니 말이다.

긴 형식의 엔터테인먼트는 몰입도가 평균에 수렴하지만 그것이 성과가 낮다는 의미는 아니다. 예를 들어 우리의 미니 연구에서 「킬러의 보디가드」 관객의 25%는 슈퍼팬이었다. 슈퍼팬은 대단히 중요하다. 그들은 영화를 2~3번씩 보고 다른 사람들에게도 꼭 봐야 할 영화라고 말을 전하기 때문이다. 슈퍼팬인 사람들의 인구학적 특징을 확인하면 영화 배급사들은 누가 영화에 대한 입소문을 퍼뜨릴 사람인지 알아볼 수 있게 된다. 데이터가 보여주는 슈퍼팬이 영화 제작자들이 예상하는 슈퍼팬과 큰 차이가 날 때가 종종 있다. 배급사들이 영화를 홍보하는 데 이용할 수 있는 귀중한 정보가 되는 것이다. 영화 배급사들은 온라인 포럼을 통해서 극장에서 영화를 보여주고 기념품을 제공하는 대가로 연락처를 얻어서 또는 영화에서 누락된 장면이나 코멘터리commentary(감독, 배우의 해설)가 있는 무료 애플리케이션을 통해서 슈퍼팬을 찾는다. 영화 개봉 전과 개봉 첫 주에 이런 정보들을 모으면 장기 흥행이 가능하다.

슈퍼팬을 잡아라

주요 영화사들 모두는 슈퍼팬들을 위해 TV 프로그램이나 영화 시리즈의 콘텐츠와 지속적인 관계를 맺도록 기회를 만드는 부서를 두고 있다. 팬픽을 쓰거나 코믹콘Comic-Con(만화 팬들을 위한 행사-옮긴이)이나 「스타트렉Star Trek」 컨벤션 참석에 이르기까지 슈퍼팬들은 엔터테인먼트 자산을 홍보하는 데 시간과 돈을 투자한다. 콘텐츠를 보는 동안 슈퍼팬의 특성을 찾아낼 수 있다면 엔터테인먼트 배급사들은 이들이 코믹콘의 마블Marvel(미국의 종합 엔터테인먼트사, 만화 출판사, 영화 스튜디오의 이름-옮긴이) 부스에 나타날 때까지 기다릴 필요 없이 그 자리에서 그들과 관계를 맺을 수 있다. 심지어 프로그램이 발표되기 이전에도 슈퍼팬들을 찾을 수 있다. 어느 대형 리얼리티 TV 프로그램 제작사는 사람들이 TV 프로그램의 홍보 영상을 시청하는 동안 몰입도를 측정했다. 그들이 몰입도를 측정한 범죄 다큐 프로그램에는 경찰이 찾지 못하는 실종자를 찾는 사립 탐정이 등장한다. 프로듀서들은 이런 장르의 주요 시청층을 여성으로 알고 있었다.

연구에서 여성들을 인터뷰한 결과, 그들이 프로그램에 관심이 있다는 것을 확인할 수 있었다. 포커스그룹과의 대화에서 시리즈를 시청할 것이라고 말한 남성들은 전체 남성의 절반에 불과했다. 하지만 몰입 데이터는 다른 이야기를 들려주었다. 슈퍼팬의 25%는 남성이었다. 흥미롭게도, 남성의 뇌가 그 프로그램을 좋아한다는 이야기를 들은 남성들이 견해를 바꾸었고 프로그램을 시청할 것이라고 말했다. 자기 보고 데이터가 외부의 영향에 얼마나 약한지를 알 수 있다.

프로그램에 남성 슈퍼팬이 있다는 것을 안다면 제작사는 더 다양한 방법으로 가치를 창출할 수 있다. 첫째, 프로그램을 여성 시청자 중심의 방송국보다는 일반 대중이 두루 관심 있는 방송망에 판매하는 것이다. 시청자가 많아진다는 것은 제작사가 프로그램으로 버는 돈이 더 많아진다는 뜻이다. 둘째, 제작사는 사립 탐정을 담은 수백 시간짜리 영상을 가지고 있다. 따라서 남성들의 관심을 끄는 추가적인 측면을 포함시킨 두 번째 프로그램을 만들 수 있다. 예를 들어 두 번째 프로그램은 시체를 찾는 데 사용되는 기술이나 탐정이 일할 때 가지고 다니는 무기에 더 많은 시간을 할애하는 것이다. 이런 식으로 제작자들은 여성 지향적인 프로그램과 남성을 겨냥한 프로그램, 이렇게 2개의 프로그램을 판매할 수 있다.

예상하지 못한 슈퍼팬들은 제작사와 배급사가 수익을 올릴 수 있는 노다지다. 나는 한 대형 영화사가 직원들을 대상으로 아프리카계 미국인 여성을 주인공으로 하는 코미디 영화 예고편을 시연하면서 몰입도를 측정하는 자리에 참석한 적이 있다. 데이터는 대부분의 슈퍼팬들이 유색인종 여성이라는 것을 보여주었지만, 예고편을 시청한 중년 백인 남성의 20%도 슈퍼팬이었다. 틈새 인구층을 대상으로 마케팅 계획을 세운다면 관객수를 끌어올릴 수 있을 것이다. 이러한 '신경학적 정보'는 마케터가 온라인 광고 배치의 마이크로타기팅 microtargeting*을 할 때 사용하는 심리학적, 인구학적 정보를 보완한다.

프로세스를 반대 방향으로, 즉 영화나 TV 프로그램에서 청중과 가장 공명이 잘 되는 주인공을 찾아서 그 사람을 중심으로 마케팅 캠페인을 만들어 나가는 식으로 이용할 수도 있다. 내 친구 크리스 갭하트Chris Gebhardt는 대학 교육을 받는데 어려움을 겪는 미국인들이 출연하는 「언라이클리Unlikely」라는 다큐멘터리를 제작했다. 우리 팀은 크리스가 영화 시사회 동안 몰입도를 측정할 수 있게 도왔다. 예

---

* 선거에서 주로 쓰이는 홍보 방법이다. 온라인 데이터를 대량으로 수집하고 분석하여 개인의 선호도와 성향을 파악한다.

상대로 참가자들의 영화 전체에 걸친 몰입도 평균은 엔터테인먼트 벤치마크에 가까웠다. 초당 데이터를 검토한 우리는 가장 높은 몰입 절정이 클라리사라는 29살 아프리카계 미국인 여성이 등장할 때 나타났다는 것을 발견했다. 클라리사는 애크런 대학교에서 수업을 듣기 위해 새벽 4시에 일어나 아이를 학교에 보낼 준비를 했다. 몰입 절정은 청중들이 클라리사와 감정적 유대를 형성했다는 것을 보여주었다. 데이터에 설득된 갭하트의 팀은 편집을 통해 영화의 결말에 클라리사가 등장하도록 만들었다. 또한 이 놀라운 여성을 영화 마케팅 캠페인의 중심으로 삼았다.

*여기에서 배울 점: 슈퍼팬(을 비롯한 모두)은 마음을 둘 슈퍼 캐릭터를 원한다.

블랙리스트

할리우드의 대본 검토자들은 평균적으로 일주일에 10~15개의 영화 기획서나 TV 대본을 본다. 잠재력을 발견하면 그들은 스토리를 요약한 '커버리지coverage'를 쓴다. 커버리지는 검토를 위해 영화사나 광고사의 중역에게 보내진다. 중역은 대본을 읽거나 작가와 약속을 잡는다. 큰 꿈을 품은 시나리오 작가들은 대본을 영화사에 보내기 전, 돈을 주고 전문 대본 검토자들에게 자신들의 작품 평가를 의뢰하여 개선 방향을 파악한다. 대본에 대한 피드백을 얻을 수 있는 곳으로 '블랙리스트The Black List'라는 웹사이트가 있다.

하버드 대학교를 나온 작가이자 레오나르도 디카프리오Leonardo DiCaprio의 영화사 애피안 웨이Appian Way의 영화 개발 부문 이사인 프랭클린 레너드Franklin Leonard는 그가 읽은 너무나 많고 좋은 대본들이 영화로 만들어지지 못하는 데 불만을 품었다. 2005년 그는 반 재미 삼아 그가 훌륭하다고 생각하는 미제작 대본의 제목이 적힌 스프레드시트를 만들었다. 이것을 자신이 아는 75개 제작사에 보내며 같은 대본을 읽은 사람들에게 작품의 질을 평가해 달라고 부탁했다. 그는 이것을 블랙리스트라고 불렀다.

레너드가 하고 있던 일은 본질적으로 크라우드소싱crowd sourcing* 의 대본 평가였고 그의 아이디어는 큰 인기를 끌었다. 스프레드시트는 1,000개가 넘는 시나리오를 보유한 웹사이트로 진화했다. 「아르고Argo」「아메리칸 허슬American Hustle」「주노Juno」「킹스 스피치The King's Speech」「슬럼독 밀리어네어Slumdog Millionaire」「레버넌트: 죽음에서 돌아온 자The Revenant」등 그중 3분의 1이 영화로 제작되었다. 작가들은 블랙리스트에 대본을 게시하고 전문가의 커버리지를 받기 위해 월정액을 지불한다. 제작자와 스태프들은 커버리지를 읽고 작가와 만나거나 시나리오 구매를 제의한다. 지적재산권 침해를 막기 위해 대본은 게시되기 전, 미국 시나리오작가조합Writers Guild of America이나 유사 단체에 등록된다.

---

* 군중을 뜻하는 영어단어 'crowd'와 'outsourcing'을 합성한 단어다. 개선방안이나 현안에 대한 아이디어를 인터넷을 통해 얻고 지식을 활용하는 방법이다.

2017년, 레너드는 우리 연구소를 방문해서 우리 기술이 사용되는 모습을 지켜봤다. 대본 평가의 어려운 점 중 하나는 대본 전문가 자격을 부여하는 명확한 교육이 존재하지 않는다는 것이다. 대본 검토자가 별 볼 일 없다고 생각한 대본은 하는 수 없이 쓰레기통으로 들어간다. 또 하나의 문제는 서로 다른 장르의 대본들을 비교하는 것이 쉽지 않다는 점이다. 크리스토퍼 놀란Christopher Nolan 감독, 가이 피어스Guy Pearce 주연의 「메멘토Memento」는 내가 무척 좋아하는 영화다. 이 영화를 좋아하는 데에는 여러 가지 이유가 있지만, 놀란 감독이 장기 기억을 형성할 수 없는 환자들의 이상 행동을 정확하게 포착했다는 점이 가장 크다. 「메멘토」의 놀라운 점 하나는 (스포일러 주의) 줄거리가 부분적으로 역방향으로 진행된다는 것이다. 그것도 선형적으로 뒤로 가는 것이 아니라 뒤로 갔다가 앞으로 갔다가 뒤로 간다. 놀란 감독이 쓴 대본은 놀랍게도 뒤로 갈 때 역시 서사 구조를 갖추었다. 「메멘토」 같은 대본을 시간이 앞으로 흘러가는 거의 모든 대본과 어떻게 비교할 수 있겠는가? 프랭클린 레너드는 신경과학이 대본 검토자의 의견을 보완할 수 있을지 궁금해했다.

블랙리스트는 웹사이트에 올라와 있는 작품의 '대본 리딩table read'을 만들어 왔다. 대본 리딩에서는 배우들이 역할을 맡고 듣는 사람들이 스토리에 몰입할 수 있게끔 감정을 넣어 대본을 읽는다. 혼자 글을 읽을 때는 감정적 표현이 무뎌진다. 나는 신경 반응을 측정하여 무엇을 알아낼 수 있는지 확인하기 위해 블랙리스트에 저장된 대본 리딩 중 「매기의 새벽Maggie's Dawn」을 임의로 선택했다. 블레인 타일러Blaine Tyler가 쓴 대본은 지각이 있는 로봇이 (적어도 한동안은) 인간의 명령을 이행하는 종말 이후의 세상에서, 가장 강한 자가 살아남는 모습을 그린다.

나는 대본 리딩을 듣는 8명의 몰입도를 측정했다. 대본에 대한 평균 몰입도는 38.6으로 장편 엔터테인먼트의 벤치마크인 46보다 다소 낮았다. 몰입 절정과 좌절 역시 장편 엔터테인먼트의 벤치마크에 근접했다. 대본 평가에서 뇌 반응을 가장 효과적으로 사용하는 방법은 특정 장면의 영향력을 평가하여 고쳐 써야 할 부분을 찾는 것이다. 데이터는 주인공들이 이야기할 때 몰입도가 크게 올라가고 시나리오의 절정에서 급등한다는 것을 보여주었다. 이는 청중이 등장인물과 감정적 유대를 형성하고 있다는 것을 나타낸다.

데이터는 「매기의 새벽」이 제작해도 좋을 만한 대본이라는 것을 보여주었다. 스토리는 친숙한 주인공의 여정과 예측하기 어려운 반전이 존재하는 예상치 못한 세계 사이에서 효과적으로 균형을 유지하고 있었다. 스토리가 진행되면서 조금씩 주인공의 성격이 드러나며 청중들이 그들과 정서적으로 공감할 수 있는 계기를 마련했다. 「매기의 새벽」에는 몰입도가 떨어지는 5~6개의 장면이 있었다. 이 장면에 활력을 불어 넣는다면 영화의 흥행을 견인하고 실패작을 만들 위험을 줄일 수 있을 것이다. 이 글을 쓰고 있는 현재, 대본은 독립 영화사에서 개발 중에 있다.

과학은 대본 진화에도 침투하기 시작했다. 여러 기업이 이전의 성공작과 실패작을 통해 인공 지능 알고리즘을 훈련시키고 인공 지능을 이용해 대본의 내용을 분석한다. 곧 컴퓨터 알고리즘이 대본을 쓰는 날이 올 것이다. 하지만 인공 지능은 훈련에 의지하기 때문에 과

거만을 생각할 수밖에 없다. 이로써 영화의 균질화에 이르게 될 수도 있다. 대본 평가의 신경학적 접근법은 미래 지향적이며, 어떤 장면이 제작자가 원하는 영향력을 갖는지 객관적으로 판단한다. 2장에서 말했듯이 뇌는 특별한 것을 좋아한다는 사실을 유념해야 한다. 인공 지능이 이상치를 찾는 일은 어려운 것이겠지만 뇌는 항상 새로운 것에 반응한다. 「매기의 새벽」에서와 마찬가지로 스토리의 참신함은 반드시 구조적 친숙함과 균형을 이루어야 한다. 뇌는 새로운 것을 사랑하지만 지나치게 새로운 것은 아니다. 크리에이티브+ 접근법은 한 사람, 혹은 소수의 사람이 영화로 만들 만한 대본인지를 결정하는 대신 대본 평가를 하는 동안 몰입이나 기타 다른 뇌 반응을 측정해 예상치 못한 히트작을 찾아낸다.

만들어 낸 긴장은 없느니만 못하다 ─────

2020년, '400대 텔레비전 프로그램400 highest-rated television show' 에 오른 작품의 절반이 리얼리티 프로그램이었다. 이 사실이 중요한 이유는 제작비가 싸게 먹힌다는 데 있다. 대형 스타의 몸값이 필요 없다는 말은 초기 비용이 덜 들고, 시청자를 끌어들이지 못하는 상황이 와도 금전적 손실의 위험이 적다는 것을 의미한다. 2021년 미국 주요 TV 방송국의 시청자수는 1990년대 말 TV 방송이 절정에 달했을 때에 비하면 3분의 2 가까이 줄어들었다. 시청자가 감소하면 주요 방송사와 케이블 채널의 광고 수익이 위험에 처하고 제작비가 많이 드는 프로그램이 손실을 볼 위험은 커진다.

리얼리티 TV 프로그램은 케이블 채널에서 소수의 시청자만 끌어들여도 수익을 볼 수 있다. 높은 시청률을 자랑하는 리얼리티 프로그램으로는 「서바이버Survivor」나 「아메리카 갓 탤런트America's Got Talent」에서부터 「컴포트 푸드 투어Comfort Food Tour」나 「플리핑 버진스Flipping Virgins」 같은 실패작까지 다양한 것들이 있다. 케이블 채널은 이런 프로그램을 싼값에 살 수 있다. 적어도 시청차를 끌어들일 수 있다는 것을 증명하기 전까지는 말이다. 「호기심 해결사」를 생각해 보라. 그런데도 배급사는 유명한 스타가 출연한다는 이유만으로 시청률 순위에 등록도 안 된 새로운 프로그램에 많은 돈을 지불하곤 한다. 반면 리얼리티 프로그램은 순위 예측이 불가능하기 때문에 시장 비효율을 낳아서(시장이 상품의 내재 가치를 정확하게 반영하지 못한다는 의미-옮긴이) 제작사와 TV 방송국 모두에게 피해를 준다.

중견 리얼리티 TV 제작사인 도시 픽처스Dorsey Pictures는 우리에게 리얼리티 TV 프로그램의 순위를 예측해 달라는 요청을 해 왔다. 나는 CEO 크리스 도시Chris Dorsey에게 이것이 신경과학이 할 수 있는 일의 범위를 넘어서는 것일 수도 있다고 경고했다. 프로그램이 방영되는 날짜와 시간, 경쟁 콘텐츠, 광고, 프로그램 표적 인구층의 DVRdigital video recorder, 디지털 영상저장장치 보급률, 심지어 날씨까지 콘텐츠의 품질 이외에 다양한 요인들이 순위에 영향을 준다. 우리 팀은 순위를 예측하기 위해 얼마나 많은 TV 콘텐츠를 평가해야 하는지조차 확신하지 못하는 상태였다.

우리는 이런 결정을 내렸다. 도시 픽처스가 미국의 6개 주요 케이블 채널에서 최고와 최저 순위에 있는 리얼리티 프로그램을 25개 선정하고 이들 프로그램의 표적 인구층을 찾으면 우리는 이 특징에 맞는 84명의 사람을 모집해 참가비를 지불하고 콘텐츠를 보여주기로 말이다. 그런데 콘텐츠의 양은 얼마로 해야 할까?

모든 인간 실험은 피로와 방광의 용량이라는 2가지 제약에 직면한다. 각각 22분 길이의 25개 프로그램을 보려면 참가자들은 연구실에 9시간 이상 갇혀 있어야 한다. 실행 불가능할 뿐 아니라 피로가 데이터의 가치를 떨어뜨린다. 따라서 우리는 프로그램의 첫 부분만 보고도 성공 순위를 충분히 예측할 수 있는지 알아보기로 했다. 참가자들의 뇌에 휴식 시간을 주고 방광을 비워 낼 수 있는 짧은 휴식 시간도 포함시켰다.

이렇게 축소된 실험만으로 50만 초 분량의 신경 데이터가 만들어졌다. 각 프로그램에 대한 시청자 몰입도의 평균을 구한 후 표준 통계 모형으로 추정치를 구해서 데이터가 상위 10개 프로그램과 하위 15개 프로그램을 얼마나 정확하게 가려내는지 확인했다. 프로그램을 시청한다는 의향 진술에 기초한 자기 보고 데이터는 성공작을 17%의 정확도로 예측했다. 프로그램이 '좋다'는 식의 다른 자기 보고 데이터들은 모두 더 낮은 정확도를 기록했다. 신경 데이터의 성적은 훨씬 좋았다. 프로그램의 몰입도와 좌절의 평균값은 84%의 정확도로 시청률 상위 작품을 찾아냈다. 참가자가 이전에 그 프로그램을 본 적이 있는지를 포함시키면 예측의 정확도는 88%로 높아졌다. 재확인을 위해 우리는 모형에 '선호'와 '시청 의향'에 대한 자기 보고 데이터를 추가했다. 이 변수는 예측의 정확도를 전혀 개선시키지 못했다.

크리스 도시의 팀은 신경학 데이터가 거의 완벽하게 순위를 예측할 수 있다는 것에 충격을 받았다. 그는 내게 TV 방송사의 예측은 동전 던지기보다 나을 게 없다고 이야기했다. 새로운 프로그램을 구매할 때의 시장 비효율은 뇌 반응을 측정함으로써 해결할 수 있다. 순위를 객관적으로 예측하고 가격을 적절하게 책정할 수 있는 것이다.

나는 "뇌는 좋은 프로그램을 얼마나 빨리 알아볼까?"라는 질문을 통해 신경 데이터의 역량이 어느 정도까지 확장될 수 있는지 알아보기로 마음먹었다. 우리는 각 프로그램의 첫 1분 동안에 해당하는 평균 몰입도와 좌절의 평균값을 계산한 뒤 같은 통계 모형으로 추정치를 구했다. 짧은 영상에 대한 데이터로도 어떤 프로그램이 성공할지 80% 정확도로 예측할 수 있었다. 데이터의 90%를 없앴는데도 예측의 비율은 단 4% 낮아졌을 뿐이었다. 뇌는 좋은 스토리를 인식할 수 있다. 그것도 아주 빨리. 대본 검토자들은 이런 접근법을 사용해야만 할 것이다. 대본 전체 혹은 대부분을 읽지 않더라도 대본 리딩 첫 10분 동안의 신경 반응을 측정함으로써 짧은 시간 안에 스토리의 잠재력을 파악할 수 있다.

데이터는 리얼리티 TV 프로그램의 성공에 대한 식견을 제공한다. 높은 순위에 오른 리얼리티 프로그램들은 위기나 미스터리를 바로 내놓고 프로그램의 참가자가 등장하는 과정에서 몰입도를 높인다. 대본이 있는 프로그램들은 한 시즌 안에서 여러 에피소드를 거치면서 주인공에 대한 감정적 애착을 형성하지만 리얼리티 TV 프로그램은 청중들이 등장인물에게 빨리 관심을 갖게 해야 한다. 그 인물이 한 에피소드에만 등장할 수도 있기 때문이다. 청중들이 친숙함을 느끼기 시작한 핵심 인물 1~2명에 집중해야 관심을 빨리 이끌어 낼 수 있다. 「빅 브라더Big Brother」 「댄싱 위드 더 스타Dancing with the Stars」 「엑스 팩터The X Factor」 「셀러브리티 어프렌티스Celebrity Apprentice」를 내놓은 리얼리티 TV 부문의 슈퍼스타, 마즈 패럴리Maz Farrelly는 앙상블 쇼 ensemble show(여러 명의 주요 인물이 거의 동일한 분량으로 등장하는 프로그램-옮긴이)는 1명을 중심으로 구성해야 한다고 말했다. '연결 고리' 역할을 하는 중심인물은 카메라가 켜져 있을 때나 꺼져 있을 때나 변함이 없어야 하고, 자신을 보여주고 다른 사람들과 상호작용을 하는 데 있어서 편안하고 자신감이 있어야 한다. 그렇지 못하면, 시청자들은 그 사람이 눈속임을 시도한다는 것을 곧 알아차리고 정서적 공감을 형성하지 못한다. 정서적 공감이 없다면 프로그램을 계속 시청할 이유가 없어진다. 연결 고리를 찾으면, 그 시즌에서 감정적 절정의 순간들을 분류하고 각 에피소드의 줄거리로 시즌을 구성한다. 많은 리얼리티 프로그램이 사람들이 어떤 반응을 보이는지 확인하기 위해 도전과 갈등을 만든다. 여기에서는 각 에피소드의 참가자들을 일관된 방식으로 보여주어야 하며 긴장이 고조되는 지점이 오고 있다는 복선을 깔아야 한다. 투표로 사람들을 탈락시키는 프로그램이라면 누가 우승할지에 대한 기대감도 심어주어야 한다.

리얼리티 TV 프로그램은 낮은 제작비, 그리고 케이블 채널과 스트리밍 서비스의 수많은 틈새 시청자들 덕분에 계속 성장할 것이다. 친부를 찾으려는 한 여성의 시도를 게임으로 만든 「후즈 유어 대디?Who's Your Daddy?」나 「파머 원츠 어 와이프Farmer Wants a Wife」 같은 프로그램이 끊임없이 등장할 것이다. 그러나 안타깝게도 긴장을 주기 위해 경쟁을 이용하는 방식이 남용되고 있다. 「철인 요리왕Iron Chef America」나 「찹드Chopped」에서처럼 세계 최고의 셰프들에게 굳이 재료와 시간의 제한을 주어야 하는 이유는 무엇일까? 데이터에 따르면 스토리는 인위적인 긴장을 능가하는 역량을 갖고 있다.

신디케이션*

1990년대 미국에서 가장 인기를 모은 TV 프로그램은 뛰어난 각본의 「사인필드Seinfeld」였다. 22분짜리 한 회는 3~4개의 줄거리가 등장해 마지막에 교차되는 구성으로 이루어졌다. 「사인필드」의 작가들은 뇌가 선호하는 몰입의 물결 패턴을 이용해 여러 개의 줄거리에 긴장감을 달리하고 웃음이라는 완화제를 제공했다. 이 '아무것도 아닌 것에 대한 드라마show about nothing'(우정, 사랑 등의 의미 있는 주제를 담지 않겠다는 「사인필드」의 슬로건-옮긴이)는 은근하게 일상의 부조리를 다루었다. 「사인필드」는 매일같이 케이블 채널에서 방송됐고 넷플릭스에서 스트리밍되고 있다. 1980년대와 그 이전에 태어난 사람 거의 모두가 「사인필드」를 시청해 왔다. 이용할 수 있는 새로운 콘텐츠가 너무 많은 현 시점에서 사람들이 오래된 프로그램을 보는 이유는 무엇일까?

---

* 　신디케이션syndication, 제작사가 프로그램을 만들거나 계약을 맺고 개별 독립 방송국에 직접 공급하는 것을 말한다.-옮긴이)

일반적인 신디케이션 계약에는 수익을 보장하기 위해 보통 시리즈를 100화 이상 방송해야 한다는 조건이 붙어 있다. 이런 기준 덕분에 데이비드 스페이드David Spade가 주연한 「룰스 오브 인게이지먼트Rules of Engagement」나 제니퍼 러브 휴이트Jennifer Love Hewitt가 주연한 「고스트 위스퍼러Ghost Whisperer」 같은 프로그램이 살아남아 100화를 돌파할 수 있었다. 유선 방송 통로가 많은 현재는 2002년의 「파이어플라이Firefly」나 코로나19 봉쇄 기간에 내가 즐겨 본 「카운터파트Counterpart」(20화가 방영된)와 같은 단일 시즌 프로그램도 꾸준히 생명을 이어가고 있다. 파라마운트, 소니, 워너브라더스와 같은 TV나 영화 배급사들은 케이블 방송국이나 훌루Hulu와 아마존Amazon 같은 온라인 포털에 신디케이션을 판매해서 상당한 수익을 내고 있다.

2018년 워너브라더스 텔레비전은 우리에게 신디케이션 프로그램의 신경학적 매력을 파악하는 데 도움을 달라는 요청을 해 왔다. 워너브라더스의 연구 부서는 87명의 사람이 24개 신디케이션 작품의 90초짜리 영상을 보는 동안 몰입도를 측정했다. 이 연구에는 「블랙 미러Black Mirror」와 「핸드메이즈 테일The Handmaid's Tale」 같이 처음으로 방영되는 최신 프로그램과 「심슨네 가족들The Simpsons」 「더 골든 걸스Golden Girls」 「브룩클린 나인-나인Brooklyn Nine-Nine」 같은 다수의 효자 프로그램들도 포함되었다.

데이터는 뇌가 낯선 TV 프로그램보다는 친숙한 프로그램에 가치를 둔다는 것을 확인해 주었다. 몰입도가 높은 스토리는 다시 보거나 들을 때도 계속해서 사람들의 몰입을 이끌어 낸다는 사실을 이미 알고 있는 우리 팀조차, 이 연구를 하면서 프로그램을 다시 보는 동안 몰입도가 높아지는 것을 발견하고 놀라지 않을 수 없었다. 왜일까? 친숙한 프로그램의 몰입 절정은 그렇지 않은 프로그램보다 몰입도가 38% 높았다. 오래된 프로그램의 스토리가 더 나았기 때문이 아니었다. 초단위 데이터는 시청자들이 친숙한 등장인물들을 보았을 때 몰입도가 절정에 이른다는 것을 보여주었다. 또 데이터들은 시청자들이 잘 아는 등장인물과 감정적인 애착을 형성했다는 것을 보여주었다. 우리는 신경 데이터만으로 사람들이 이전에 보았던 프로그램이 무엇인지 찾을 수 있는지 알아보기 위해 통계 모형을 만들었다. 모형은 76% 정확도로 이를 예측할 수 있었다.

신디케이션이 수익을 내는 것은 우리가 'TV 속 친구들'과 형성하는 감정적 유대 덕분이다. 친숙함은 무시가 아닌 몰입을 낳는다. 배급사는 100화 규칙이 지나치게 보수적이라는 것을 발견했다. 사회적 뇌는 빠르게 애착을 형성하고 사회적 경험이 스토리에서 몰입을 끌어올린다. 「카운터파트」를 두 번째로 보는 동안 내 몰입도를 측정했고, 주인공 역할의 J. K. 시몬스J. K. Simmmons가 스크린에 등장했을 때 몰입도가 치솟는 것을 관찰했다. 「카운터파트」를 다 본 후에는 J. K. 시몬스를 더 보고 싶은 마음에 그가 출연한 다른 드라마나 영화가 없는지 검색하기 시작했다. 신디케이션을 구입하는 회사들은 뇌 애착 시스템이 대상을 그리 세밀하게 가리지 않는다는 것을 염두에 두고 배우들을 통해 몰입도를 높일 수 있도록 기존 프로그램과 연관된 작품을 구매함으로써 수익을 높일 수 있을 것이다. 보다 일반적으로, 모든 유형의 기업들은 사람과 의식儀式에 대한 뇌의 애착을 고객 충성의 토대로 활용해야 한다. 5장에서는 이 일을 어떻게 하는지 살펴볼 것이다.

음악에 끌리다

그는 내 지시를 따르려 하지 않았다. 데이터도 필요치 않았다. 그는 몰입되어 있었다.

라이트닝 인 어 보틀Lightning in a Bottle은 매년 열리는 야외 음악 축제이자 설치 예술 전시회이며, 사회적 경험이다. 몇 년 전 채혈을 통해 몰입의 신경화학적 구성성분을 측정하던 우리는 수천 명의 사람이 모여 있을 때 음악이 미치는 사회적 효과를 측정할 수 있는 기회를 얻었다. 행사 후 채혈이 이루어지는 동안 한 참가자는 너무나 감동해서 눈물을 흘리면서 포옹을 원했다. 채혈 전 나는 그에게 지금은 내가 정맥을 찾을 수 있도록 조용히 앉아 있어야 한다고 말했다. 우리의 데이터는 음악이 옥시토신의 급증을 유발하며 이 효과는 사람들이 함께 경험을 할 때 더 강해진다는 것을 보여주었다.

음악의 조성, 박자, 가사가 어우러져 인식 가능한 뇌 반응을 만든다. 기억이 밀려들고 감정이 넘쳐 흐른다. 단조는 슬픔이나 불안과 같은 부정적 감정과 연관되며 장조는 기쁨과 사랑을 암시한다. 영화, TV 프로그램, 광고를 만드는 사람들은 오르간 연주자들이 라이브로 연주를 했던 무성 영화 시대부터 적절한 음악을 선택하는 데 상당한 노력을 기울였다. 제작사가 존 윌리엄스John Wiliams나 한스 짐머Hans Zimmer 같은 유명 작곡가들을 기용해서 곡을 쓰게 하는데 수백만 달러를 내놓는 것을 보면 음악은 여전히 중요한 요소로 여겨지는 것을 알 수 있다. 허락을 받고 잘 알려진 노래를 사용하는 영화들도 있다. 마틴 스코세이지는 「카지노Casino」에서 폭도들의 모습을 보여주면서 롤링스톤스Rolling Stones의 「김미 쉘터Gimme Shelter」를 사용했다. 프란시스 포드 코폴라Francis Ford Coppola는 「지옥의 묵시록Apocalypse Now」의 도입부에 도어즈The Doors의 「디 엔드The End」를 사용했다. 2곡 모두 영화의 배경이 되는 시대를 떠올리게 한다.

그렇다면 음악은 도대체 얼마나 중요한 걸까? 음악이 전혀 혹은 거의 없는 뛰어난 영화들도 있다. 2008년, 조엘 코엔Joel Coen과 이선 코엔Ethan Coen 형제의 영화 「노인을 위한 나라는 없다No Country for Old Men」에는 음향은 있지만 음악은 없다. 이 작품은 아카데미 최우수작품상을 비롯해 4개 부문을 수상했다. 음악이 없이도 관객에게 강력한 영향을 끼칠 수 있다는 것을 입증한 셈이다. 음악이 정말 영화에서 중요한지 테스트해 볼 필요가 있었다.

우리는 20명의 참가자가 영화 「캐리비안의 해적」에서 잭 스패로 선장이 배에 혼자 있는 40초짜리 장면을 지켜보는 동안 몰입도를 측정했다. 원래 장면에는 승리를 축하하는 음악이 들어가지만 다른 감정을 불러일으키기 위해 한 유튜버가 그 장면에 다른 음악을 입혔다. "무섭고 불길하다" "우습다" "슬프고 생각에 잠긴 듯하다"는 감상이 나온 음악이었다. 우리는 이 영상을 음악 없이도 보여주었다.

음악을 바꾸자 장면의 몰입도에 30%의 변화가 있었다. 슬프고 생각에 잠긴 듯한 음악에서 몰입도가 가장 높았고 무서운 음악에서 몰입도가 가장 낮았다. 원래의 의기양양한 곡에 대한 몰입도는 딱 중간이었다. 음악이 없는 장면과 비교했을 때 음악이 있는 경우가 몰입 절정이 더 높았고 더 길게 유지되었다. 사실 음악이 있는 버전에서는 조용한 버전에 비해 영상에 대한 신경학적 슈퍼팬의 수가 2배가 되었다. 신경학은 관객에게 의도한 감정을 장면 속 음악이 두드러지게 한다는 통념이 사실임을 보여준다. 영화 제작의 인습타파주의자인 코엔 형제는 종종 음악이 없는 영화를 만들지만 서사의 몰입도를 높이기 위해서라면 음악을 사용해야 한다.

그런데 또 다른 문제가 발생한다. 음악 감독들이 사운드트랙에 기존 음악을 사용하고자 하는 경우, 선택할 수 있는 노래의 수는 무한대에 가깝다. 소비자들이 자신의 재생 목록을 만들 때도 같은 문제가 발생한다. 데이터에 따르면 세계적으로 매일 2만 4,000곡의 새로운 노래가 발표된다. 1년으로 계산하면 새로운 노래가 870만 곡씩 생기는 것이다. 사람들은 선택에 압도당하고 음원 배급사들이 어떤 곡이 인기곡이 될지 알아보는 일은 점점 어려워지고 있다. 제작자들에게 히트곡을 예측하는 능력이 없다는 것은 아티스트가 보수를 제대로 받지 못한다는 의미이며 음악 레이블이 신곡에 대한 청중을 확보하는 과정에서 마케팅 예산이 잘못 할당되었다는 의미이기도 하다.

로스앤젤레스의 어느 스타트업, 스티어레오Steereo는 차량 공유 서비스를 이용하는 승객들에게 정식 발표 전인 음악을 노출한다. 스티어레오 플랫폼은 승객들이 어떤 음악을 얼마나 오래 듣는지 모니터해서 음원 배급사에 청중이 어떤 노래를 찾았는지 알려준다. 스티어레오의 CEO 앤 카바나Anne Kavanagh는 뇌 반응을 사용해서 히트곡을 찾아낼 수 있는지 문의했다.

스티어레오의 승객들은 보통, 음악을 약 1분간 들었다. 우리는 연구에서 이 효과를 복제하고 싶었다. 나는 몰입이 얼마나 효과적으로 히트곡을 예측할지 몰랐기 때문에 소규모로 시작하자고 제안했다.

카바나는 레지던스 프로그램Residence Program에 속한 스티어레오 아티스트의 곡 중 미발표된 7곡을 골랐다. 우리 팀은 21명의 참가자가 각 노래의 도입부 1분을 듣는 동안 몰입도를 측정했다. 청취자들은 각각의 곡이 얼마나 좋았는지 '선호' 점수도 매겼다. 노래들은 몰입도를 측정하고 1개월 뒤에 발표되었기 때문에 데이터를 조작하여 결과를 개선할 방법은 없었다. 스티어레오는 곡의 인기에 대한 여러 가지 척도를 우리와 공유하여 우리가 몇 곡의 히트곡을 예측하는지 확인할 수 있게 해 주었다.

몰입은 곡을 발표하고 1개월 후의 스포티파이 스트리밍 수를 거의 완벽하게 예측했다(상관관계: 0.92). 반면에 청취자들의 노래에 대한 '선호'는 스포티파이 스트리밍의 수효를 전혀 예측하지 못했다. 몰입은 스티어레오 차량 공유 청취자가 곡을 다 들은 횟수, 샤잠Shazam(음악 검색 앱-옮긴이) 검색 등 곡의 인기에 대한 다른 척도들과 높은 상관관계를 보여주었다. 예를 들어 몰입은 스티어레오 청취자의 완곡 청취를 71% 정확도로 예측했다. 노래에 대한 신경 반응은 마케팅 지침의 역할도 할 수 있다. 신경학적 슈퍼팬의 수는 아티스트의 스포티파이 팔로워 수를 67%의 정확도로 예측했다. 음원 배급사는 이런 유형의 데이터를 이용해서 슈퍼팬의 인구학적 특징을 구축함으로써 열성적인 청중을 확보하고 히트곡을 만들어 낼 수 있다.

보통 새로운 히트곡은 이전의 히트곡과 비슷하다. 하지만 도파민으로 활성화된 주의를 끌어낼 정도의 다른 면도 있어야 한다. 가사와 곡이 정서적 공명을 낳으면 몰입이 시작된다. '같지만 새로운' 원칙은 곡뿐만이 아니라 가사에도 적용된다. 수천 곡의 노래가 다루는 주제(끌림, 사랑, 심적 고통)에서 신선한 각도를 찾으려면 작사가들은 친숙함과 신선함의 균형을 맞춰야 한다. 제이슨 이스벨Jason Isbell과 400 유닛400 Unit이 2017년에 발표한 「우리가 뱀파이어라면If We Were Vampires」이 그 예다. 기타와 현악기만으로 이루어져 있는 이 아름다운 곡은 죽음이 관계의 매 순간을 귀중하면서도 절실하게 만들기 때문에 죽음을 포용할 수밖에 없다는 가사로 감정을 자극한다. 사랑 노래에 대한 이런 새로운 해석으로 제이슨 이스벨은 2018년 그래미어워즈 베스트 아메리칸 루츠 송Best American Roots Song을 수상했다. 우리의 뇌는 '친숙하지만 새로운 것'에 가치를 둔다. 편안함을 주면서 청각적, 감정적 기억 모두에 의지하기 때문이다.

판도라의 상자를 열다 ─────────────

스티어레오를 위한 소규모 히트곡 예측 연구 덕분에 의욕을 얻은 나는 히트곡을 파악하고 예측하는 우리의 역량을 확장시키기로 했다. 음악 스트리밍 서비스는 구독자의 재생 목록을 근거로 기호에 맞는 새로운 음악을 찾고 소개하는 기술에 많은 투자를 해 왔다. 스포티파이는 매주 월요일 아침마다 구독자들에게 30곡의 신곡이 담긴 재생 목록, 디스커버 위클리Discover Weekly를 제공하는 방식으로 이 일을 하고 있다. 판도라Pandora는 뮤직 게놈 프로젝트Music Genome Project에서 450개의 속성을 이용해 신곡을 분류하고 개인화 사운드트랙Personalized Soundtracks이란 서비스를 이용해서 신곡을 소개한다.

사람들이 재생 목록에 추가하는 노래를 추적하면 연관이 있는 노래를 추천하게 될 가능성이 커지고 그에 따라 히트곡의 지지 기반도 만들 수 있다. 그럼에도 진정한 히트곡 반열에 들어가는 것은 신곡의 4%에 불과하다. 이 4%를 찾는 것을 '히트곡 과학'의 문제라고 부른다. 지금까지 인간과 인공 지능의 히트곡 예측 역량은 형편없는 수준이었다. 그 결과 사람들은 마음에 드는 음악을 계속 추천받고자 여러 음악 스트리밍 플랫폼을 전전하고 있다.

우리 팀은 뮤직 스트리밍 서비스 판도라의 협력 아래 신경 반응이 히트곡을 예측할 수 있는지 확인했다. 판도라 연구팀은 그들이 서비스하는 곡 중에 록(걸즈 인 레드Girl in Red의 「배드 아이디어Bad Idea」)부터 힙합(로디 리치Roddy Rich의 「박스The Box」), EDM(톤스 앤 아이Tones and I의 「댄스 몽키Dance Monkey」) 등 다양하게 24곡을 선정했다. 청취 횟수는 4,000회(엔엘이 초파NLE Choppa의 「데카리오Decario」)에서 3200만 회이상(「댄스 몽키」)까지 다양했다. 판도라 직원들은 히트곡의 기준을 스트리밍 횟수 70만 회 이상으로 정했다. 우리 팀은 33명의 사람을 모집하여 임의의 순서로 노래를 들려주었다. 참가자들은 평균 연령 24세로 대부분 젊었고 남성과 여성의 수는 균형을 이루고 있었다.

우리는 자기 보고 '선호'가 가지는 예측 능력을 분석했다. 참가자들은 아주 높은 0.87의 상관관계로 낯선 노래에 비해 친숙한 노래가 '좋다'고 보고했다. 이것이 바로 히트곡의 정의다. 많이 들을수록 더 좋아하게 되는 것이다. 「마카레나Macarena」라는 곡을 기억하는가? 1996년 대히트를 기록한 노래다. 하지만 2002년 VH1Video Hits One(MTV를 비롯한 다른 자매 채널들에 비하여 경쾌하고 부드러운 대중음악 뮤직

비디오를 방송하기 위해 개국)은 「마카레나」를 '지극히 형편없는' 히트곡 1위로 선정했다. (바로 지금 당신 머릿속에는 「마카레나」 후렴구가 맴돌고 있을 것이다.)

음악이 친숙하지 않을 때라면 자기 보고 '선호'의 히트곡을 찾는 능력은 0에 수렴되었다. 하지만 노래의 평균 몰입도와 몰입 절정은 히트곡을 69%의 정확도로 예측했다. 나쁜 성적은 아니다. 하지만 나는 더 좋아질 수 있다고 생각했다. 예측에 사용된 전형적인 통계 모형은 신경학 데이터의 고유한 비선형성을 제대로 포착하지 못했다. 머신 러닝machine learning*모형은 이 부분에서 훨씬 나았다. 우리 팀은 5~6개의 머신 러닝 접근법들을 경쟁시켰다. 그중 가장 좋은 접근법은 각 노래의 평균 몰입도와 몰입 절정만을 사용해 히트곡이 될 노래를 97%의 정확도로 예측했다. 스티어레오 데이터의 경우와 같이 노래 첫 1분에 대한 신경학 데이터가 히트곡을 예측할 수 있는지도 테스트했다. 우리는 그 정확도가 82%라는 것을 발견했다.

우리는 예측이 우연이 아님을 확인하기 위해 판도라에서 각 곡의 재생 횟수와 판도라 플랫폼에 곡이 올라가 있던 기간 등 영향을 미치는 다른 척도들도 예측했다. 이런 추가적인 척도들 역시 몰입과 통계적인 관련성이 있었다. 정말 흥미로운 부분은 프로듀서가 스트리밍 횟수가 20만 회 이상인 어느 정도 성공을 거둔 노래를 리믹스하여

---

* 클라우드 컴퓨터가 외부에서 주어진 데이터를 스스로 학습하는 것으로 빅데이터를 분석하고 가공해서 새로운 정보를 얻어 내거나 미래를 예측하는 기술이 이에 해당한다.

몰입도를 10% 상승시켰을 경우 스트리밍이 100만 회 증가했다는 점이다. 그러면 해당 곡은 '괜찮은' 곡에서 진정한 히트곡으로 거듭나게 된다.

판도라를 비롯한 스트리밍 서비스는 평균 몰입도가 높은 음악을 선택함으로써 구독자가 신곡을 재생 목록에 포함시킬 가능성을 상당히 높일 수 있다. 음악에 대한 뇌 반응 측정은 음악 프로듀서들에게 히트곡 생산의 가능성을 높이는 지침이 될 수 있다. 이는 크리에이티브+의 또 다른 응용 사례다. 신경과학 기술의 비용이 낮아지고 널리 보급되면서 애플리케이션이 사용자 기분에 따라 개인 재생 목록을 조정할 수도 있게 될 것이다. 우울한 기분이라면 스트리밍 서비스는 이 사람에게 퍼렐 윌리엄스Pharrell Williams의 「해피Happy」를 추천할 수도 있다. 만약 데이터에 따라 사람들이 울적한 기분에 빠지고 싶다고 판단한다면 빌리 아일리시Billie Eilish의 「파티가 끝나면When the Party's Over」을 추천할 수 있다. 머신 러닝 알고리즘은 사람에 따라 이들 노래의 다른 버전을 스트리밍할 수도 있을 것이다. 스트리밍 서비스에서 좋아하거나 싫어하는 음악을 결정하는 일은 아직 구독자의 몫이다. 머신 러닝과 짝은 이룬 신경학 기술은 사람들이 좋아할 만한 것을 언제 그들에게 선사해야 하는지 파악함으로써 이런 마찰을 없앨 수 있다.

일부에서는 과학이 창조 과정을 방해할 것이라고 말한다. 터무니없는 이야기다. 콘텐츠를 만드는 것은 뛰어난 사람이고 과학은 엔터테인먼트에 대한 반응을 측정할 수 있을 뿐이다. 엔터테인먼트를 만드는 것은 애초에 예술과 과학의 조합이다. 대본 리딩 동안, 편집하는 동안, 음악을 만드는 동안 몰입도를 측정하는 것은 예술 작품의 창조에 객관적인 측량을 추가하는 것일 뿐이다. 더 많은 창작자가 신경과학을 이용하여 엔터테인먼트의 질을 향상할수록 소비자들은 많은 혜택을 보게 된다. 소비자들은 더 나은 영화, 더 나은 TV 프로그램, 더 좋은 음악을 얻는다. 엔터테인먼트는 더 재미있어진다.

다음 장에서는 교육도 엔터테인먼트가 되어야 하는 것인지를 탐구해 보기로 하자.

> **Key Point**
>
> 1. 엔터테인먼트의 참신성은 친숙성의 맥락과 균형을 이루어야 한다.
> 2. 두뇌는 시작하고 1분만 지나면 어떤 TV 프로그램, 어떤 노래가 히트작이 될지 파악한다. 따라서 창작자들은 반드시 도입 부분을 뛰어나게 만들어야 한다.
> 3. 작품 발표 전후에 슈퍼팬의 참여를 유도하여 그들이 가진 소셜 미디어 영향력을 지렛대 삼아 히트작을 만든다.
> 4. 주인공이 아닐지라도 감정적으로 가장 강렬하게 끌릴 만한 등장인물이 있다면, 그 인물의 등장 시간을 늘려 영화의 재미와 시장 영향력을 키운다.
> 5. 머신 러닝이 병행된 실시간 신경 기술은 소비자의 기분에 맞는 엔터테인먼트를 자동으로 추천할 수 있다.

4장

오래도록
남는 기억

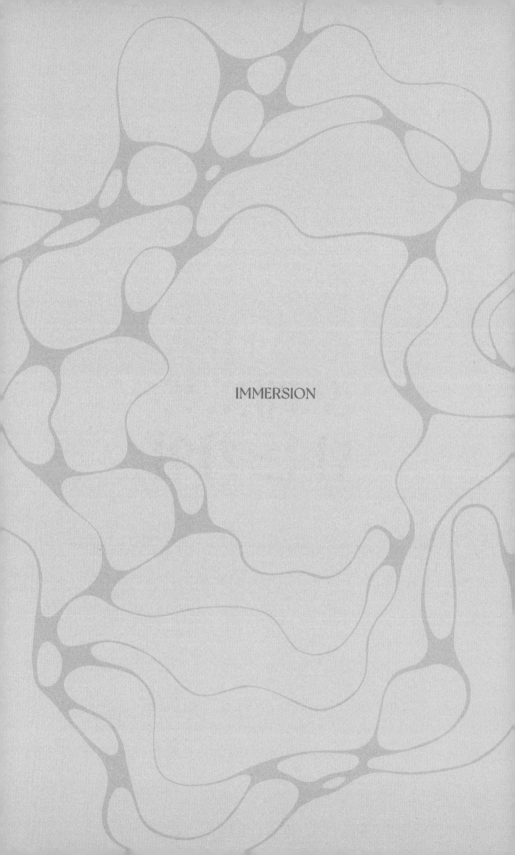

IMMERSION

"좀 맞아도 괜찮겠습니까?"

로페즈 중위가 '적국의 전투원'이 검은색 티셔츠를 입고 있다고 말하자 질문이 완벽하게 이해되었다. 나는 그날 검은색 티셔츠와 군복 바지, 군화를 신고 미군의 전투 훈련에 참여하고 있었다. 아프가니스탄 산악 지대에 군인들을 적응시키기 위해 고안된 훈련에서 적의 역할을 맡은 것이다.

몇 차례 바닥에 내동댕이쳐지고, 한 번은 허벅지에 선인장 가시가 박히기도 했다. 효과적인 훈련 기법을 더 잘 파악하기 위해 애쓰는 따분한 과학자 입장에서 고통스러운 동시에 이상하게 재미있기도 한 경험이었다.

모든 모의 교전이 끝난 후 '3장, 3단' 기법을 이용한 즉각적인 임무

보고를 위해 작전은 중단되었다. 작전에 참여했던 사람들은 물론, 참관한 사람들까지 군인들이 잘한 점 3가지와 개선이 필요한 점 3가지를 찾았다. 몸을 조금 다친 과학자도 참여하라는 독려를 받았다.

임무 보고debrief는 군사 전략가 존 보이드John Boyd 대령이 개발한 OODA 루프에서 빠질 수 없는 부분이다. OODA는 'Observe관찰' 'Orient상황 판단' 'Decide의사 결정' 'Act행동'을 뜻하며, OODA 루프에서는 결정하고 그에 따라 행동하기 전에 '관찰'과 '상황 판단' 부분(상황 판단은 분석을 의미한다)이 여러 번 반복되기도 한다. 작전 후 보고(민간에서 피드백이라고 불리는)는 성과를 개선하는 데 필수다. 보이드의 이론에서 핵심이 되는 것은 OODA 루프가 단축될수록 성과가 좋아진다는 것이다. 이를 위해서는 적절한 데이터가 있어야 한다.

기업 교육에는 ECIA 및 EKIA(적 생포, 적 사살) 같이 군대에서 사용하는 명확한 지표가 거의 없다. 기업에서는 교육의 결과로 생산성, 직원 유지, 매출이 얼마나 높아질지 알아야 한다. 모두 측정할 수 있는 것들이지만 교육 효과를 평가하기 위해서라면 1년은 걸릴 것이다. 조종사에게 교육이 효과가 있었는지 평가를 받기 위해 1년을 기다려야만 한다면 보이드 대령은 속이 터져 죽을지도 모르겠다.

"시간은 가장 중요한 변수다. 상대가 변화한 상황에 대응하는 사이, 가장 짧은 시간 안에 OODA 루프를 거친 조종사가 승리를 얻는다" 제너럴 다이내믹스General Dynamics의 F-16 파이팅 팔콘Fighting Falcon 제트기 수석 디자이너인 해리 힐레이커Harry Hillaker는 이렇게 OODA 루프를 설명한다. 보이드는 F-16 디자인 팀의 일원으로 힐레이커를 설득해서 끊임 없이 실험하고, 데이터를 수집하고, 점진적인

개선을 가하는 OODA 접근법을 디자인에 적용하도록 했다. OODA
는 신기술 개발의 표준이 된 애자일agile 소프트웨어 개발의 토대이기
도 하다. OODA 루프와 애자일의 핵심은 피드백을 빠르게 얻어 그에
대응하는 것이다.

조종사나 군인과 마찬가지로 교사와 트레이너 역시 빠른 피드백
을 받아서 꾸준히 효과를 높일 수 있다. 학생들도 철자 맞추기 대회를
준비할 때나 수학을 공부할 때, 에세이를 쓸 때, 빠른 피드백으로 혜택
을 본다. 교사, 학교 행정가, 교육 설계자는 가르치는 정보가 학습자에
게 '도달'하고 있는지 알고 싶어 한다.

이번 장에서는 OODA 루프의 기초를 교육과 훈련에 적용하되 약
간의 변형을 줄 것이다. 우리 팀은 초중고 교실과 기업 교육 센터에서
몰입도를 측정해서 학습자의 성과를 개선할 수 있는지 알아보기 시작
했다. 우리의 바람은 적절한 피드백으로 학습을 보다 재미있게 만들
고 정보 습득의 속도를 높이는 것이었다.

문제의 규모 ──────────────────

우리는 필수 교육을 그것도 아주 긴 시간 동안 받아야 한다. 너무
길고, 너무 지루하고, 직업 대부분에 쓸모없는 교육을 말이다. 추정에
따르면 직원 교육을 통해 직무 성과가 개선되는 부분은 단 10%에 불
과하다. 미국의 기업들은 보통 직원들에게 연간 34시간의 교육을 받
게 한다. 여기에 직원 1명당 1,300달러의 비용이 들어간다. 교육의 절

반은 강사가 직원들 앞에서 이야기하는 전형적인 교실 수업으로 이루어진다. 이런 교육은 거의 효과가 없다. 교육은 직업 만족도나 고용 유지에도 거의 영향을 주지 못한다. 실제 유용한 교육으로 직원의 생산성을 증진시키지 않는 한 기업 교육은 돈 낭비다. 물론 많은 설문 조사가 교육이 효과적이라는 결과를 내놓지만 이런 '선호' 데이터는 의심할 필요가 있다. 많은 기업이 맛있는 음식과 음료가 나오는 좋은 호텔에서 교육을 진행한다. 이것을 낭비라고 말할 바보가 있을까?

학교 교육은 어떤가? 미 교육부의 자체 분석은 공립학교의 성적이 바닥이라는 것을 보여준다. 4학년, 8학년, 12학년에 의무적으로 치르는 전국교육성취도평가National Assessment of Educational Progress에서 측정하는 9개 교과 중 하나에서라도 중상급proficiency에 이른 학생은 전체의 4분의 1에 불과하다. 예를 들어 고등학교 졸업반 학생 중에 미국사를 적절히 이해하고 있는 사람은 11%뿐이다. 어떤 과목이든 상급advanced proficiency에 이르는 학생은 전국에서 3%일 정도로 아주 드물다. 사립학교의 사정은 조금 나아서 3분의 1에서 2분의 1 정도의 학생이 중상급 수준을 달성하는 반면, 유색 인종 학생의 성적은 더(종종 훨씬 더) 나쁘다.

어떻게 21세기 교육자와 트레이너들의 효율이 이렇게 형편없을 수 있을까? 유망한 부분이 더러 있기는 하다. 한국은 초중고 교육에 있어서 가장 뛰어난 나라로 평가받고 있으며 일본, 싱가포르, 핀란드, 영국이 그 뒤를 따르고 있다. 데이터는 이 국가의 학생들이 교실에서 제시된 자료를 기억하고 몇 주 뒤에 있는 시험을 통과할 정도로 이해하고 있다는 것을 보여준다.

시험 점수가 학습의 유일한 척도는 아니지만, 이들 국가가 뭔가를 제대로 하고 있다는 것만은 분명하다. 효과적인 교육과 훈련을 만드는 것은 학습자들이 배운 것을 받아들이고 기억하게 하는 데에서 출발한다.

기억력을 개선하는 방법

애인을 처음 만난 때. 자녀의 탄생. 9·11 테러로 인한 파괴와 죽음. 이런 일들은 기억에 각인되어 있다.

에릭 캔들Eric Kandel 박사는 뇌가 장기 기억을 형성하는 방법을 찾아내어 2000년 노벨 생리학·의학상을 수상했다. 그는 전화번호, 주소, 사회보장번호 같은 것을 수십 년간 기억하는 이유가 계속 사용하여 뉴런 사이의 연결을 강화하기 때문임을 보여주었다.

감정적 기억은 이런 효과를 심화한다. 감정은 기억의 통화通貨다. 정보에 가치가 있다는 꼬리표를 붙이기 때문이다. 감정의 꼬리표가 붙은 정보는 반복할 필요 없이 뇌에 저장된다. 새로운 정보는 뇌에 있는 축구공으로 생각하면 된다. 뇌는 젖어 있어서 축구공이 미끄러지고 쉽게 잡을 수 없다. 감정은 축구공에 박힌 스파이크, 잡기 좋은 핸들까지 달린 스파이크와 같다. 젖어 있어도 핸들 때문에 쉽게 집을 수 있다. 축구공에 있는 감정의 스파이크가 길수록 뇌에서 기억을 끄집어내기가 쉽다. 몰입은 경험에 감정의 스파이크를 박아 넣는다.

우리는 정보에 대한 기억력을 높이는 요인을 찾기 위해 성인 75

명에게 새로운 정보가 담긴 영상을 보여주는 연구를 진행했다. 실험에서 영상을 사용한 이유는 모든 참가자에게 정보의 전달이 똑같이 이루어지도록 하기 위해서였다. 일반적으로 학습을 평가할 때 사람들에게 프레젠테이션에 대한 '선호도'를 묻는 접근법이 있다. 우리는 분석에 이 질문을 포함시켰고 선호와 정보 기억에서 음의 상관관계(-0.25)를 발견했다. 달리 표현하면 프레젠테이션이 '좋다'고 말한 사람이 많을수록 기억하는 내용은 적었다는 것이다. 몰입과 기억의 관계는 어떨까? 0.60이라는 강한 양의 상관관계가 나타났다. 몰입형 교육은 정보에 감정의 스파이크를 덧붙여서 기억력과 정보의 사용 능력을 높인다.

교사와 트레이너들은 지난 2개의 장에서 얻은 내용에 의지해 몰입도를 높일 수 있다. 위기와 진실한 감정이 있는 인간적인 이야기로 수업을 시작하는 것도 방법이다. 그 후엔 독백을 늘어놓는 대신, 학생들을 대화에 참여시켜 학생들이 학습 과정의 일부가 되도록 해야 한다. 나는 통계학 박사 1년 차 과정 수업을 맡고 있다. 대부분의 강의에는 정리와 증거가 포함되지만 나는 늘 수업에서 배우는 기법을 개발하는 데 도움을 준 무명의 수학자들 이야기로 강의를 시작한다. 이런 서사는 문제를 해결한 사람의 사례를 통해 분석을 맥락과 연결한다. 큰 카드, 플라스틱 룰렛과 같은 소품이나 마술 기법도 사용한다. 건조한 주제를 다루는 내 수업은 늘 높은 평가 점수를 받는다. 사실 일부 학생들은 새로운 지식을 가지고 라스베이거스로 가서 그들의 분석 기술을 시험해 보곤 한다(나의 충고에도 불구하고). 몇몇은 돈을 따오기도 한다.

신경학적 반응은 정보 기억을 개선하기 위해 수정할 수 있는 2가지 측면, 즉 '내용'과 '전달'을 포착한다. 내용을 수정하여 몰입도를 높이느냐, 낮추느냐를 측정하고 개선할 수 있다. 강사는 수업을 위해 학생들에게 할당하는 책, 기사, 영상을 달리하면서 수업의 효과를 결정할 수 있다.

전달 역시 측정하고 개선할 수 있다. 2명 이상의 사람에게 같은 내용을 소개하도록 하면 전달만 분리할 수 있다. 전달의 품질은 수업 1~2주 후 정보에 대한 기억을 평가해 가늠할 수 있다. 이후 가장 기억에 남는 한 강사의 수업을 녹화하여 그 사람이 했던 일 중 어떤 것이 학습자의 성과를 향상시켰는지 확인한다. 예를 들어 이 강사는 더 천천히 이야기했을 수도 있고 학습자를 더 자주 불렀을 수도 있다. OODA 루프에서 설명한 대로 개선에는 측정이 필요하다. 신경 반응을 측정하지 않아도 수업을 녹화해서 기법을 분석할 수 있다. 꾸준히 좋은 결과를 내는 교사나 트레이너가 사용한 접근법은 체계적으로 정리해서 다른 사람들과 공유해야 한다.

내용을 준비하고 전달하는 방법 외에도 효과적인 결과를 내는 데 꼭 필요한 요소가 또 하나 있다. 학습 준비도다.

심리적 안전

학생의 성과에 대한 교사의 기여는 지나치게 과대평가되거나 지나치게 과소평가되기 일쑤다. 이런 문제가 발생하는 데에는 교사가 피드백을 너무 느리게, 또는 너무 적게 받고 피드백의 유형도 잘못되어 있는 것이 한몫한다. 많은 대학에서 하듯이 학생들에게 교수를 평가하게 하는 것은 학생이 받은(혹은 받을 것으로 예상되는) 점수를 고려하지 않는 한 이치에 맞지 않는다. 좋은 점수를 받은 학생들은 거의 언제나 교수가 '훌륭하다'고 말할 것이고 점수가 좋지 않은 학생들은 교수가 '끔찍하다'고 말할 것이다.

천성이 재미있고 가르치는 일에 흥미를 가진 교사가 있는가 하면 그렇지 못한 교사도 있다. 학습할 준비가 된 학생들이 있는가 하면 1시간 동안 가만히 앉아 있는 것도 버거운 학생들이 있다. 학생, 군인, 운동선수들을 대상으로 한 설문은 학습 준비도가 주의력, 감정 통제, 회복력과 연관된다는 것을 보여준다. 하지만 앞서 보았듯이 설문에는 한계가 있다.

나는 어떤 사람이 듣고, 배우고, 참여할 준비가 되었는지 가늠할 수 있는 객관적인 척도를 원했다. 그런 기술이 있다면 교사와 트레이너들에게 실시간 피드백을 제공하여 그들의 학습자들이 시험에 통과하지 못하는 일 없이 성과를 높이는 데 도움을 주도록 할 수 있다.

나는 생리적·심리적 안전*physiologic·psychological safety이라는 학습 준비도 척도를 개발하여 보정했다. 심리적 안전이라는 아이디어는 꽤 오래전부터 존재했던 것으로 보통 설문을 이용하여 측정한다.

---

* 에드먼슨에 따르면, '심리적 안전감'은 아이디어, 질문, 걱정 또는 실수에 관해 말한다고 해도 처벌을 받거나 굴욕을 당하지 않을 것이라는 믿음을 의미한다.

그중 가장 잘 알려진 것은 하버드 경영대학원의 에이미 에드먼슨Amy Edmonson이 개발한 것이다. 생리적·심리적 안전은 불안의 반대로 생각하면 된다. 내가 영웅으로 여기는 경영 사상가 W. 에드워드 데밍W. Edwards Deming은 1982년 이런 글을 남겼다. "공포를 몰아내야 모든 사람이 회사를 위해 효과적으로 일할 수 있다" 이는 교육에도 적용된다. 학습자가 심리적으로 안정되어 있어야 교육 자료에 집중할 수 있는 인지적, 감정적 대역폭이 확보되고 새로운 정보를 쉽게 받아들일 수 있기 때문이다. 내가 측정하는 심리적 안전은 수동적이고 지속적이고 객관적이라는 면에서 혁신적이다. 설문조사는 필요치 않다.

교육 혁신가인 내 친구 플립 플리펜Flip Flippen은 "아이들이 교사의 관심을 끌기 전에 교사가 먼저 아이들의 마음을 사로잡아야 한다"라고 말했다. 그의 회사에서는 교사들이 아이들의 심리적 안전을 평가하고 증진하도록 교육하여 학습 결과를 개선시킨다. 교사가 매일 학생 한 사람 한 사람의 이름을 부르고 손을 잡으며 인사를 할 때 심리적 안전에 대한 평가가 이루어진다. 이러한 사적인 유대는 학생들에게 자신의 가치를 인정받고 있으며 안전하다는 신호를 준다. 이 기법을 훈련 받은 교사의 학생들은 무작위 대조 시험에서 존중, 다른 사람에 대한 배려, 문제 해결을 비롯한 사회성 기술이 40% 높은 것으로 나타났다. 이 학교 학생들은 대조 학교 학생들과 비교했을 때 징계에 회부되는 경우가 22% 낮았다.

심리적 안전을 저해하는 요인은 다양하다. 배고픔과 수면 부족은 목록의 최상위에 있다. 부정적인 사회적 상호작용, 신체적·심리적 트라우마, 불법 약물의 사용도 목록에 포함된다. 우울증이나 우울감이 그렇듯이 유전도 불안에 영향을 미친다. 성인의 경우, 재정적 곤란, 실직, 질병, 이혼, 아끼는 사람의 죽음이 불안을 증폭시킨다. 지나친 카페인 복용도 생리적인 긴장을 유발하여 학습 준비도를 낮출 수 있다.

우선 사람들이 심리적으로 안전이나 불안을 느끼는 생리적 범위를 찾고, 그 후에는 학생들의 성과를 예측하는 면에 얼마나 효과적인지 파악하여 유용성을 확인해야 했다. 이전에 대학원의 내 제자 하나가 첫 직장으로 미국 북동부에 있는 유명 대학에서 경제학을 가르치게 되었다. 그는 중간고사 이전까지 8회의 수업에서 자신이 맡은 23명 학생의 신경 반응을 측정하는 데 동의했다. 8회 수업 전체에서 구한 각 학생의 생리적·심리적 안전의 평균값은 학점과 강한 양의 상관관계가 있는 것이 드러났다. 심리적 안전이 25% 증가할 때마다 중간고사 성적은 D에서 C, C에서 B, B에서 A로 1단계씩 상승했다.

또 분석에 따르면 평균 몰입도와 점수 사이에 상관관계가 드러나지 않았다. 솔직해지자. 경제학 입문 과목은 아무리 훌륭한 교수가 강의하더라도 그리 흥미롭지 않다. 우리 팀은 여러 연구의 데이터를 분석하여 몰입에는 심리적 안전이 선행되어야만 한다는 것을 밝혀냈다. 사람들은 이완된 상태가 아니면 경험에 몰입할 대사 에너지가 부족해진다. 또한 학습 경험이 이루어지는 물리적 공간과 사회적 환경에서도 편안함을 느껴야 한다. 사람들이 반드시 과정을 이수하고 내용에 대해 평가를 받아야만 하는 스트레스 상황이라면 안전한 환경을 만드는 것이 중요하다.

심리적 안전도가 낮으면 짧은 명상, 휴식, 운동 시간을 두어 뇌를 재설정하고 에너지를 연소시켜 학습에 충분한 대역폭을 확보할 수 있다. 소음은 스트레스를 유발하기 때문에 교실에 방음하는 것만으로도 성적에 긍정적인 영향을 줄 수 있다. 충분한 수면도 중요하다. 2019년, 캘리포니아는 등교 시간을 8시 30분으로 늦춘 첫 번째 주州가 되었다. 등교 시간을 1시간 늦춘 학군에서는 학생들의 출석률과 성적이 크게 향상되었다.

심리적 좌절

우리 팀은 신경학적 좌절이 학생의 경제학 입문 중간고사 성적에 미치는 효과를 평가했다. 중간고사 이전 8회 강의에 대한 평균적인 좌절 정도가 점수에 미치는 통계적 영향은 음의 값으로 나타났다. 분당 데이터를 검토하자 좌절 상태가 지속되는 것이 관찰되었다. 학생들이 수업에 대한 집중력을 잃었다는 것이 분명해졌다. 그렇다면 가르치는 사람은 어떻게 신경학적 좌절을 피할 수 있을까?

좌절을 줄이거나 없애는 방법은 여러 가지다. 가장 좋은 방법은 학생들이 교과 과정에 지속적으로 참여할 수 있도록 설계하는 것이다. 설문조사나 단체 프로젝트, 수업 중에 실험 진행을 하면 이런 일이 가능하다. 게으른 두뇌가 몰입을 유지하도록 하려면 활동성과 참신함이 필요하다. 학생들이 하는 일에 변화를 주어 역량을 키우고 학습자들 간의 사회적 상호작용을 격려하여 학습을 촉진할 수 있다. 대면으로 수업하는 강사는 교실을 살펴보고 학생들이 참여하고 있는지 확인하며 자연스럽게 이 일을 한다. 온라인 강의에서는 학생의 참여도를 평가하기가 좀 어렵다. 이 부분에 실시간으로 반응을 측정하는 기술을 적용한다면 강사들이 학생들의 요구에 맞추어 학습 내용과 진도를 조정함으로써 학생들의 성과를 획기적으로 개선할 수 있다.

'거꾸로flipped 교실'은 학생들이 수업 전에 교재를 읽고 강의를 시청하는 혼합 학습 유형이다. 수업 시간에는 문제 해결에 주력하고 교사는 학생들이 배운 것을 적용하는 과정에서 코치의 역할을 한다. 이로써 OODA 루프가 단축되면서 학습 속도가 빨라진다. 플로리다의 메테오르 에듀케이션Meteor Education은 교사들이 능동적 학습 과제를 처리하는 학생들을 보다 효과적으로 코칭할 수 있도록 설계된 특별한 교실을 만든다. 교사가 15~20분마다 학생이 하는 일에 변화를 주자 중·고등학교 학생들이 1시간 동안 몰입을 유지할 수 있다는 것이 데이터를 통해 나타났다.

OODA 과정에는 학생들이 배운 내용에 대해서 깊이 생각하는 작업이 포함된다. 이때 이해도가 가장 높은 학생이 토론을 이끌게 하는 것이 좋다. 수영을 배우고 싶다면 YMCA에서 첫 수업을 받은 아이보다 올림픽 대표 선수에게 묻는 것이 더 낫다. 강사는 거꾸로 교실에서 학생들이 개진하는 의견을 통해 각각의 학생이 교과 내용을 완전히 익혔는지 확인할 수 있다. 가장 몰입도가 높은 학생을 찾는 기술을 이용할 수도 있다. 기술을 이용하면 종종 놀라운 결과가 나온다.

메테오르 에듀케이션은 남부 캘리포니아 저소득층 지역에 있는 한 중학교에 몰입 플랫폼을 도입했다. 나는 5학년 담임인 로드리게즈의 초청으로 그녀 반의 수업을 참관하게 되었다. 그녀는 실시간으로 학생의 몰입 정도를 확인하여 마리아라는 학생이 수학의 슈퍼팬임을 확인했다는 이야기를 전했다. 마리아는 수학 시간에 전혀 질문하지 않았기 때문에 로드리게즈는 마리아가 수학에 관심이 없다고 생각했다. 로드리게즈는 데이터에서 3일 연속으로 마리아가 가장 몰입도가 높은 학생으로 드러나자 수업 후 그녀에게 접근했다고 한다. 마리아는 환한 얼굴로 자신이 가장 좋아하는 과목이 수학이라고 답했다. 로드리게즈의 격려로 마리아는 종종 수학 시간에 토론을 이끌었다. 다른 친구들에게 개념을 가장 효과적으로 설명할 수 있었기 때문이다. 마리아는 자주 앞에 나서게 되면서 자신의 껍데기에서 나와 사회적인 상호작용을 갖게 되었다. 다른 친구들은 상황에 대한 또래의 설명을 들을 수 있는 기회를 얻었다. 토론을 이끄는 사람이 다른 사람에게 설명할 수 있을 정도로 내용을 잘 이해하고 있는 경우에는 OODA 사이클이 짧아진다.

리더보드leaderboard(성적이 좋은 선수들의 이름과 점수를 적은 판-옮긴이)는 여러 상황에서(특히 비디오 게임) 성적 향상의 동기를 부여하기 위해 사용된다. 게임화gamification(게임에서 흔히 경험할 수 있는 재미·보상·경쟁 등의 요소를 다른 분야에 적용하는 기법-옮긴이)의 기반을 만드는 역할도 한다. 리더보드 상위에 오른 사람들은 "대수에 대해서라면 나에게 물어봐" "화학은 내게 맞겨"라고 적힌 물리적 혹은 가상의 배지를 얻는다. 같은 접근법을 직원 교육에도 사용할 수 있다. 휴식 시간 동안 "매출을 2배로 올리는 방법은 제게 물어보세요" 혹은 "회계 혁신이라면 제게 물어보세요"라고 적힌 배지를 단 사람을 본다면 기업 교육 행사가 얼마나 흥미로워질지 생각해 보라. 배지는 주제에 관한 대화의 물꼬를 트고 교육을 강화하여 모든 학습자를 '레벨 업' 할 것이다.

배지를 얻기 위해 노력하는 사람들이 비난 받거나 수치심을 느끼게 해서는 안 된다. 교육 내용이 누군가의 뇌에 안착하지 못하는 데에는 많은 이유가 있다. 우리가 논의했듯이 그 목록의 가장 위에 있는 것이 심리적 안전의 부재다. 신경학적 좌절은 무관심하거나 준비가 부족하거나 지루한 발표자 탓일 수도 있다. 마지막으로 자료가 난해하거나 구조가 좋지 못해 이해하기 어려울 때도 있다. 기술을 사용하여 리더보드 바닥에 있는 사람들을 확인하면 학습자들이 시험에 떨어질 때까지 기다리지 않고 실력 향상을 도울 기회를 마련할 수 있다. 어려움을 겪는 학생에게는 칸 아카데미Khan Academy의 해당 내용에 대한 링크를 주거나 개인 교습을 받게 할 수 있다. 교육에 몰입하지 못하는 성인 학습자에게는 이메일로 추가 자료를 제공하거나 재교육이나 웨비나webinar(인터넷상의 세미나-옮긴이) 참석을 권할 수 있다.

페리스 뷸러 효과

우리가 살고 있는 이런 역동적인 세상에서 하루 종일 교실에 앉아 있는 것은 쉽지 않은 일이다. 앞을 내다보는 기업들은 학습을 강화하는 새로운 정보 제공 방식을 만들어 이런 상황에 대응하고 있다. 우리 팀은 혁신적인 교육 접근법들이 정말 더 나은지 확인하기 위해서 여러 개의 연구를 진행했다.

첫 번째 연구는 로스앤젤레스를 기반으로 하는 스타트업 케이스웍스Caseworx와의 협업으로 진행되었다. 케이스웍스는 출연자들이 상황에 맞는 서사를 드라마화하여 중요한 비즈니스 정보를 알려주는 영상을 제작한다. 영상은 사람들이 배워야 할 내용을 말로 전달하는 것이 아니라 보여준다. 케이스웍스의 첫 번째 영상은 대학 경영학 과정의 가장 권위 있는 출처에서 나온 자료인 하버드 경영대학원 사례 연구의 정보를 묘사했다.

우리는 대학생 1개 교실에서 학생 중 절반이 하버드 경영대학원의 연구 사례를 읽는 동안 몰입도를 측정했다. 다른 절반은 같은 정보를 스토리로 보여주는 케이스웍스의 영상을 시청했다. 데이터는 영상을 시청했을 때가 글을 읽을 때보다 몰입도가 14% 높고, 신경학적 좌절은 75% 감소하고, 몰입 절정은 11% 증가했다는 것을 보여주었다. 더 중요한 점은 몰입도가 상승하며 학생들이 더 나은 성적을 받는 것으로 이어졌다. 케이스웍스의 영상을 시청한 학생들은 글로 읽은 학생들보다 97% 더 많은 정보를 기억할 수 있었다. 또한 학생들은 동영상을 보는 것이 글을 읽는 것보다 59% 재미있었다고 말했다. 이는 자료의 내용뿐 아니라 자료의 제시 방법도 결과의 극적인 향상을 가져올 수 있다는 것을 나타낸다. 이런 결과는 2장에서 이야기했듯이 정보 전달에서 서사가 가지는 우위를 다시 보여준다.

이 데이터는 페리스 뷸러Ferris Bueller 효과까지 확인해 준다. 즉 신경학적 좌절은 정보 유지를 방해하고(상관관계 0.78) 즐거움을 감소시킨다(상관관계 -0.37). 이런 통찰은 케이스웍스의 스토리 기반 영상이 정보를 전달하는 효과적인 방법임을 입증했다. 케이스웍스의 영상을 학생들이 혼자 볼 수도 있지만, 교실에서 보여준 뒤에 그에 이어 퍼실리테이터facilitator(교육·훈련 프로그램을 실행하는 과정에서 중재 및 조정 역할을 담당하는 사람-옮긴이)가 있는 토론을 하면 요점을 강조하고 더 기억에 남도록 할 수 있다. 케이스웍스의 CEO 저스틴 볼스케Justin Wolske는 이렇게 말한다. "학습 효과 측정은 어렵기로 소문난 일입니다. 신경과학 덕분에 교육자와 공감대를 형성할 수 있는 논의의 틀을 마련할 수 있었습니다. 우리가 하는 일이 영향력을 발휘하는 것을 직접 확인할 수 있다는 것도 좋았습니다"

우리에게는 에드 리더십 SIMS_ELS, Ed Leadership SIMS와 협력하여 시뮬레이션이 학습 접근법 측면에서 가지는 효과를 평가할 기회도 있었다. ELS의 플랫폼은 브랜칭branching(분기) 시뮬레이션을 사용해서 교사와 학교 행정가들이 일하는 동안 일어날 수 있는 상황에 대비하도록 한다. 학습자는 시뮬레이션에서 시나리오를 재생해서 어떻게 다른 결정이 다른 결과로 이어지는지 볼 수 있다.

ELS는 행정가들이 아이오와에서 교육에 참여하는 동안 몰입도를 측정했다. 참가자를 2개 그룹으로 나눴다. 첫 번째 그룹은 ELS 시뮬레이션을 이용해 시나리오를 탐구했고, 두 번째 그룹은 글로 된 사례를 읽고 토론했다. 데이터에 따르면 참석자들의 몰입도는 글로 읽은 경우보다 시뮬레이션을 이용한 경우가 10% 더 높았다. 시뮬레이션은 절정의 경험도 12% 증가시켰다. 이 데이터는 능동적 과제가 학습자에게 정보를 전달하는 효과적인 방법임을 보여준다.

이런 결과는 내가 제프 디펜바흐Jeff Dieffenbach를 비롯한 MIT 통합 학습 이니셔티브Intergrated Learning Initiative 동료들과 한 연구에서 확인되었다. 우리는 교육 전문가들을 대상으로 열리는 유명 연례 행사, 메이지 학습 콘퍼런스Masie Learning Conference에서 신경학 데이터를 수집했다. 우리는 개인이나 팀이 사소한 기억력 과제에서 점수를 얻는 동안 몰입도와 생산성을 비교했다. 4명으로 이루어진 팀들의 몰입도 평균은 획득한 점수와 양의 상관관계가 있었지만(상관관계 0.29) 개인의 경우 성과는 몰입도와 관계가 없었다. 혼자인 사람들은 의견 교환에 참여할 대상이 없어서 생산성이 떨어졌다. 사회적 동물인 우리는 다른 사람과 함께 할 때 대부분 항상 더 나은 성과를 낸다. 엘리트 운동선수도 올림픽에서 나라를 대표할 때 최고의 성과를 달성한다. 이것이 직장에서 팀의 생산성 향상이란 결과를 가져온다면, 연 1억 달러 매출을 내는 중간 규모의 기업은 몰입도가 높은 팀을 만들어서 매년 900만 달러를 더 벌게 된다.

이런 결과들은 '당신이 원할 때마다 학습하라'는 접근법에 주의를 기울여야 한다는 것을 암시한다. 개인이 학습에서 충분한 심리적 안전을 느끼는 때를 감지할 수 있으면(대략적으로라도) 실시간이 아닌 교육 모듈을 이용한 효과적인 학습이 가능하다. 하지만 한편으로는 학습의 사회적 측면이 몰입도를 높이고 따라서 정보 유지력을 향상하여 교육 대비 보상을 끌어 올린다. 사회적 동물은 그룹과 정보를 공유하고 다른 사람들이 절정의 성과를 내도록 동기를 부여한다. 팀을 이룬 학습은 트레이너가 심리적 안전감을 조성하고, 그룹이 너무 크지 않고(보통 10명 이하), 학습이 능동적일 때 가장 효과적이다.

그러나 능동적 학습에도 구조가 필요하다.

20-20-20 규칙

    다국적 전문 서비스 기업인 액센츄어는 매년 10억 달러의 비용을 투자해 직원들에게 1500만 시간이 넘는 교육을 제공한다. 그들에게는 재능 있는 학습 설계팀이 있다. 그들은 2만 4,000개의 '미래에도 사용할 수 있는future-proof' 교육 코스를 만들었다. 그들의 교육은 신입 사원의 온보딩onboard('배에 탄다'는 뜻으로 신규 직원이 조직에 수월하게 적응할 수 있도록 업무에 필요한 지식이나 기술 등을 안내·교육하는 과정-옮긴이)부터 시작해서 인원들에게 리더십 기법을 가르치는 데까지 이어진다. 연 매출이 430억 달러인 이 회사는 10억 달러라는 적지 않은 금액을 직원 교육에 투자한다.

    액센츄어의 인재 연구·혁신Talent Research and Innovation 팀은 교육 성과를 높이기 위해 회의의 구조와 정보 제시에 대한 실험을 진행했다. 학습 설계사들은 새롭게 교육 받은 직원의 청구 가능 시간billable hours(전문직 종사자가 고객에게 비용을 청구할 수 있는 시간. 보통 0.1시간 단위로 계산된다.-옮긴이)이 늘어나는지 확인하기 위해 6~12개월을 기다린다. 인재 연구·혁신 팀은 '추측과 검증' 방법을 사용했다. '교육하는 일정은 하루로 해야 할까, 이틀로 해야 할까?' '수업 시간은 40분으로 해야 할까? 아니면 60분? 92분?' '교육하면서 식사를 해야 할까, 식사와 함께 휴식 시간을 주어야 할까?' 그들은 수없이 많은 변화를 실험한 뒤 무슨 일이 일어나는지 보기 위해 기다린다. 작용하는 변수가 너무나 많아서 코스의 설계 변화를 교육 이후에 성과 지표와 연관시키는 것이 거의 불가능했다. 이 회사에 필요한 것은 교육 효과를 실시간으로 측정해서 교육의 결과를 예측하는 것이었다. 이를 위해서는 나와의 협력이 필요했고 그 결과 수천 시간 분의 신경학 데이터를 통한 식견을 얻을 수 있었다.

데이터는 참여가 없는 1시간짜리 수업은 몰입을 박살 낸다는 것을 보여주었다. 강사가 아무리 흥미롭고, 매력적이고, 재미있고, 감동적이고, 재능이 있어도 무대에 있는 시간이 길어지면 청중의 몰입도는 떨어졌다. 액센츄어는 학습자들의 참여 기회를 만들어서 몰입도의 악화를 역전시킬 수 있다는 사실을 발견했다. 강사가 청중에게 전달된 내용을 다시 생각해 보라고 요구하는 경우 몰입도는 올라간다. 강사가 학습자에게 동료들과 새로운 자료에 대해 논의하라고 요구하면 몰입도는 더 올라간다. 강사가 학습자에게 문제를 해결을 요구하거나 새로운 정보로 뭔가를 만들어 내 보라고 요구할 때 몰입도는 가장 많이 상승한다.

액센츄어는 식사(특히 고위 관리자들과의 대화가 포함된)를 하며 진행하는 교육은 신경의 피로를 낳는다는 것도 발견했다. 휴식 시간 없이 식사 중에도 교육을 받으면 식사 후의 첫 시간까지 몰입도가 떨어진다. 사람은 인지적, 감정적인 회복의 시간을 가져야 뇌가 다시 주의를 기울이고 학습을 할 수 있게 된다. 식사는 학습자가 에너지를 다시 충전할 기회를 준다. 사교를 위한 시간도 마찬가지다. 현재 액센츄어는 수업 시간 사이에 많은 휴식 시간을 포함시켜 학습자들이 교육에 온전히 몰입할 수 있게 한다. 10분이라는 짧은 시간으로도 회복할 수 있다. 따라서 휴식은 짧더라도 자주 배치되어야 한다.

또한 액센츄어팀은 거의 모든 만남에 포함되는 '특정한 일'이 시간 낭비라는 것을 발견했다. 바로 소개다. 데이터는 말하는 사람 이외의 모든 사람이 발표가 이루어지는 동안 신경학적인 좌절 상태에 있다는 것을 보여주었다. 액센츄어는 소개 대신 참석자 앞에 종이 명패를 두고 이름을 써 놓는다. 명패를 사용하면 자신의 직업, 커리어, 개인적인 목표, 취미, 자녀, 키우는 개까지 이르는 지나치게 자세한 소개를 피할 수 있다. 휴식 시간이 잦다면 사람들은 공식적인 소개 없이도 사람을 사귈 수 있다.

액센츄어는 데이터를 기반으로 내가 20-20-20 규칙20-20-20 rule이라고 부르는 것을 만들었다. 정보를 제시하는 20분의 시간 뒤에 사람들이 배운 내용을 보고하는 20분을 두는 것이다. 심리적 안전감을 높이기 위한 20분의 휴식을 취한 뒤 이 규칙을 반복한다.

액센츄어는 대면 교육 시간과 온라인 교육 시간을 영상에 담았다. 그리고 영상에 몰입 데이터를 덧입혀 내용과 전달을 최적화할 방법을 결정했다. 이런 접근법을 이용하면 가장 중요한 정보를 몰입 절정에 제시해서 기억에 남게 할 수 있다. 기승전결의 서사 구조를 이용하고, 매체 유형을 정기적으로 변화시키고, 참여 과제를 포함하여 정보를 제시하면 몰입 절정의 순간을 만들 수 있다.

또한 액센츄어는 실시간 신경 반응을 이용해 영업 교육의 OODA 루프를 획기적으로 단축했다. 영업 교육 시간에는 참가자들이 동료들 앞에서 구매 권유를 하는 동안 실시간으로 청중의 몰입도를 공개한다. 즉각적인 피드백을 전달하는 것이다. 몰입 추세가 오르면 효과적인 구매 권유라는 것을 알 수 있고, 몰입도가 떨어지면 방향 전환이 필요한 시간이라는 것을 확인할 수 있다. 이는 눈으로 바로 확인

할 수 있는 객관적인 데이터다. 학습 전문가들 사이에서는 RTF_{real-}
time feedback, 실시간 피드백 혹은 FML_{feedback microlearning, 피드백 마이크로}
러닝으로 알려져 있으며 빠르게 성과를 개선하는 가장 효과적인 방법
이다. 액센츄어 인재 혁신 수석 책임자인 밥 제라드_{Bob Gerard}의 말에
따르면 학습 접근법의 변화를 뒷받침하는 신경 데이터 덕분에 교육
이 개선되었고 이러한 변화가 회사의 가치 창출에 이바지하고 있다
며 이해 관계자들을 설득하는 일이 보다 쉬워졌다고 한다.

학습 설계자는 내용, 전달, 준비의 3가지 측면에서 측정을 통해
결과를 개선할 수 있다. 더 나은 측정은 더 나은 결과를 만들어 내며,
더 빠른 측정은 결과를 더 빠르게 개선한다.

강렬한 순간을 만들다 ──────────

프레젠테이션 기술을 향상한 대표적인 사례는 TED 콘퍼런스의
큐레이터들이다. 기업, 학교, 정부도 18분 TED 발표 방식을 채택하고
있다. TED는 최선의 관행을 보강하기 위해 발표자들에게 'TED 계명
TED Commandments'을 보낸다. 여기에는 '호기심과 열정을 드러내라'
'솔직하라' '스토리를 들려주어라' 등이 포함되어 있다. 이런 계명들
은 모든 강사에게 귀중한 조언이다.

나는 2011년에 TED 글로벌_{TED Global}에서 연설했다. 스코틀랜드
에든버러 무대에 서기까지 준비하고, 워크숍을 갖고, 강연을 수정할
시간이 8개월 주어졌다. 성공적인 TED 강연에 대한 내 지표는 현장

에서 기립 박수를 받고 온라인으로 수백만 명이 영상을 시청하는 것이었다. 다른 많은 사람이 그랬듯이 나는 2개의 이정표를 모두 달성했다.

수백 개의 TED 강연을 시청한 후, 나는 뛰어난 프레젠테이션의 핵심 원칙들을 확인했다. 분명히 해 둘 것이 있다. 대중 앞에서 연설하는 것은 상당히 힘든 일이다. TED 글로벌 리허설 동안 나는 너무 긴장해서 말을 하는 동시에 슬라이드를 넘길 수가 없었다. 내 강연을 자세히 본다면 내가 손에 리모컨을 들고 있지 않다는 것을 알 수 있을 것이다. 무대 감독이 대본을 보면서 나 대신 화면을 바꿔야 했다.

실시간 행사에서 몰입 데이터를 수집하기 시작한 우리 팀은 많은 TED 계명이 몰입도를 높인다는 것을 발견했다. 첫 번째로 우리가 발견한 것은 액센츄어가 그랬던 것처럼 거의 모든 경우 연설은 짧을수록 좋다는 점이다. 프레젠테이션에 주의를 기울이고 감정적으로 공감을 지속하기에 1시간은 긴 시간이다. TED 콘퍼런스는 최근 5분 강연을 도입했다. 짧은 강연도 얼마든지 좋은 효과를 낼 수 있다. 단, 청중이 몰입을 유지할 수 있는 구조를 갖춰야 한다.

강연이 5분이든, 18분이든, 60분이든 도발적인 진술을 사용한 강렬한 시작이 필요하다. 코미디언 제리 사인펠드Jerry Seinfeld도 코미디에 대해서 같은 말을 한 적이 있다. "코미디언이 절대 하지 말아야 할 일이 있다면 '안녕하세요!'라는 말로 공연을 시작하는 것이다" 이런 시작은 공연을 기다리는 동안 부풀 대로 부푼 기대감을 단번에 박살 낸다. 강연자는 시시한 인사 따위가 아니라 청중의 에너지를 끌어들이는 진술로 강연을 시작하여 기대감이 가진 힘을 활용해야 한다. 나는 무대에 뛰어 올라감으로써 강연장 안의 에너지를 더 끌어올린다. 이런 행동은 내 흥분을 조금이나마 가라앉히는 역할도 한다.

강연은 처음, 중간, 끝이 있는 명확한 서사 구조를 중심으로 구성하여 암기하고, 연습해야 한다. 많은 강연자가 강연의 핵심을 뒤로 미루고 이야기를 빙빙 돌리면서 청중의 에너지를 낭비한다. '처음에는 이렇게 하고, 다음에는 저렇게 하고' 하는 식의 연대기적 접근법으로 강연을 구성했을 때 이런 일이 벌어진다. "이런 발견을 했습니다"나 "저는 이런 일을 할 수 있습니다"라는 요점을 앞세워야 한다. 거기에 감정을 덧붙이고 에너지를 쏟아 넣으면 몰입도가 급등한다. 그런 다음 다시 뒤로 돌아가서 어떻게 그런 발견에 이르렀는지, 어떻게 목표를 달성했는지를 이야기한다.

청중의 에너지를 집약시키지만, 강연자에게는 가장 어려운 책략이 하나 있다. '침묵'이다. 우리 연구는 2초 이상 말을 멈추었다가 다시 시작할 때 거의 예외 없이 몰입 절정이 나타난다는 것을 보여주었다. 침묵은 청중이 제시된 정보를 보다 효과적으로 처리할 수 있게 하며 청중의 기억력과 이해도까지 높인다. 전략적인 중단을 만드는 쉬운 방법은 질문을 던지고 청중들이 답을 생각하는 동안 기다리는 것이다. 질문을 한 후 적절한 시간의 침묵을 유지하려면 머릿속으로 셋까지 천천히 헤아리고 다시 말을 시작한다. 노련한 강연자들은 무대에 올라 몇 박자 기다리면서 기대감을 높인 후에 이야기를 시작한다. 영화감독들 역시 침묵의 힘을 알고 있다. 마틴 스코세이지는 고요함의 대가다. 「분노의 주먹Raging Bull」이나 「좋은 친구들Goodfellas」에서 침묵이 장면에 대한 기대감을 어떻게 높이는지 눈여겨보라.

현장 행사에서의 몰입 데이터는 혼합 매체가 몰입도를 높인다는 것을 증명했다. 긴 이야기일 때는 특히 더 그렇다. 강연자가 그림이나 영상을 보여줄 경우, 신경학적 단조로움이 중단된다. 우리 연구는 영상이 특히 몰입도가 높다는 것을 보여주었다. 하지만 이를 지나치게 이용해서는 안 된다. 내 경험에 따르면, 1시간 발표에 4~5개의 짧은 영상이면 적당하다. 나는 TED를 통해 정적이든 동적이든 사용하는 모든 매체에는 설명하는 말이 거의 혹은 전혀 없어야 한다는 것을 배웠다. 보여주는 것에 대해서는 반드시 강연자가 설명해야 한다.

조언을 하나 해볼까 한다. 우리 연구소의 여러 연구에서는 조직적인 움직임(춤, 노래, 행진)이 몰입도를 높인다는 것을 보여주었다. 우리는 교회 예배, 민속 무용, 군인들의 행진, 심지어 파푸아뉴기니 원주민의 춤이 진행되는 동안 몰입도를 측정했다. 모든 곳에서 움직임과 몰입도 사이에 상관관계가 나타났다. 운동선수들이 경기 전에 무엇을 하는지 생각해 보라. 준비 운동이다. 움직임을 통해 콘퍼런스 참석자들이 인지적, 감정적 준비 운동을 하도록 할 수 있다. 작은 의자에 1시간 동안 앉아 있는 것은 불편한 일이다. 사람들이 일어나서 움직일 이유를 만들어 주자. 리듬에 맞춰 손뼉을 치는 것과 같은 간단한 일만으로도 족하다. 내가 코펜하겐 그룹M 허들GroupM Huddle에서 본 한 강연자는 사람들에게 서로 포옹을 하라는 말로 강연을 시작했다. 나는 데이터를 수집하고 있었는데 아니나 다를까 강연장에서 약간은 불안한 웃음이 터져 나오면서도 몰입도가 급상승했다.

강연장이 크지 않다면, 청중의 참여를 통해 몰입도를 높일 수 있다. 나는 질의응답 시간에 청중 사이로 들어가 사람들과 소통하거나 용감하게 질문을 한 사람에게는 스트레스 볼을 던져 주기도 한다. 발표 길이가 긴 경우라면 청중들에게 소그룹으로 과제를 맡기는 것도 좋다. 이들 중 일부는 몰입의 슈퍼팬이 될 것이고 자기 그룹에서 발견한 것들을 자진해서 이야기할 것이다. 이들에게 이목을 집중시키고 그들이 배운 것을 이야기하게 하는 것도 좋다.

좋은 강연에서 훌륭한 강연으로 목표를 높여 보자. 어떻게 하면 강연이 입소문을 타게 할 수 있을까? 이를 알아내기 위해 우리 팀은 TED 온라인 목록에서 최고의 강연과 최악의 강연을 선택했다. 가장 많이 본 TED 강연은 브레네 브라운Brené Brown의 영상으로 조회수가 3800만 회가 넘었다. 조회수가 가장 낮은(5,000회 이하) 영상은 어느 비영리조직 임원의 강연이었다. 내 강연은 포함시키지 않았다. 우리는 캘리포니아 클레어몬트에서 연구를 진행했고 그곳의 참가자 중에는 내 강연을 본 사람이 많았기 때문이다.

현장 행사에서 수집한 데이터와 마찬가지로 TED 강연 중의 높은 몰입도는 높은 조회수의 예측 변수였다(상관관계 0.37). 몰입도가 10% 상승하면 강연 온라인 조회수는 16% 상승으로 이어졌다. 2,500개 이상 TED 강연의 조회수 중앙값은 110만이었다. 강연자가 몰입도를 10%씩 높일 수 있다면 온라인 조회수가 176,000회 늘어나게 되는 것이다. 엄청난 효과가 아닌가!

우리는 신경학적 좌절과 조회수 사이의 음의 상관관계도 발견했다(상관관계 -0.21). 좌절은 TED 강연을 즐기지 못하게 하는 데 그치지 않는다. 엔터테인먼트에 관해 3장에서 논의했듯이 좌절은 시청 중단을 유발할 수 있다. TED 재단은 '조회수'로 집계되는 시청 시간이 어느 정도 길이인지 밝히지 않았지만, 유튜브의 경우에는 '약 30초'가 기준이다. TED의 조회수 집계에 최소 시청 시간 조건이 있다면, 보고된 많은 강연의 조회수는 신경학적 좌절 때문에 시청을 중단한 사람들로 인하여 실제보다 더 낮을 것이다.

우리는 일부 TED 강연을 특출나게 만드는 것이 무엇인지 파악하기 위해 몰입 절정이 가장 높고 가장 긴 순간들을 조사했다. 데이터에 따르면 몰입 절정이 24초 이상 이어지는 경우가 18번 있었다. 몰입 절정에 이를 때 뇌로 인해 생체 에너지가 큰 대가를 치른다는 것을 생각하면 24초간의 몰입 절정은 이례적이다. 이런 긴 몰입 절정은 브레네 브라운 강연에서 1번, 토니 로빈스Tony Robbins 강연에서 5번까지 다양했다. 몰입 절정은 강연자들이 개인적인 이야기를 할 때, 전혀 예상치 못한 일을 할 때(때로 짧은 영상을 보여주거나, 시연을 하는 식으로 매체를 달리할 때), 청중들에게 삶을 개선하기 위해 할 수 있는 일을 촉구할 때 강력한 순간을 만들 수 있다는 것을 보여주었다.

가상 회의

이번 장은 코로나19 팬데믹 동안 쓰였다. 회의 기획자들은 원격 회의를 진행하는 것이 대면 회의를 진행하는 것과 다르다는 것을 바로 알아차렸다. 가상 회의는 한 자리에 모여 있다는 사회적 압박감을 받지 않는 동안에도 사람들이 몰입을 유지하도록 구성해야 한다. 나는 코로나19 이후에 몰입 데이터를 자세히 살폈고 원격 회의를 진행하는 최선의 관행을 찾아냈다. 데이터가 알려준 것은 다음과 같다.

- 모든 참석자는 카메라를 켠다.
- 언제 토론하는지, 어떻게 그룹 작업이 이루어지는지를 포함한 회의의 기본 규칙을 요약한다.
- 참석자의 이름을 부른다.
- 짧은 명상이나 호흡 훈련으로 심리적 안전을 유도한다.
- 발표는 15분을 넘겨서는 안 되며 발표 후에는 참석자들의 피드백을 받는다.
- 다양한 유형의 매체를 사용한다.
- 정적인 슬라이드를 보여주는 대신 가상의 화이트보드에 활발하게 요점을 적는다.
- 참석자가 소그룹으로 새로운 지식을 적용할 수 있는 가상의 방을 만든다.
- 새로운 정보를 완전히 익혀서 동료들과의 토론에서 퍼실리테이터 역할을 잘 해낼 수 있는 사람을 찾는다.
- 몰입도가 높은 참석자에게 가상의 배지 주는 방식으로 회의를 게임화한다.
- 회의는 짧게 자주한다(예를 들면 1일 1회 1시간 회의보다 1일 2회 30분의 회의).
- 설문조사를 사용하여 보다 큰 그룹으로부터 피드백을 받는다.
- 참석자에게 다음날까지 과제를 부과하여 자는 동안 일어나는 정보 공고화를 이용한다.

원격 근무는 사라지지 않을 것이다. 이제는 가상 회의와 대면 회의의 혼합이 표준이 되었다. 이런 새로운 세상에서는 가상 회의의 효과를 높이는 것이 필수적이다. 내용, 전달, 준비가 교육, 회의의 몰입과 효과에 영향을 미친다는 것을 기억하라.

Key Point

1. 내용, 전달, 준비 3가지 측면이 정보가 얼마나 효과적으로 전달되는지를 결정한다.
2. 학습할 준비가 되기 위해서는 심리적 안전을 확보해야 한다. 마음 챙김 명상이나 휴식은 효과적인 두뇌 재설정 방법이다.
3. 20-20-20 규칙을 활용하여 몰입을 유지하고 정보의 기억력을 높인다.
4. 가장 중요한 정보는 몰입 절정 동안 제시해야 한다.
5. 팀과 함께하는 학습자가 혼자인 학습자보다 좋은 성과를 낸다.

5장

테마파크와
소매의 종말

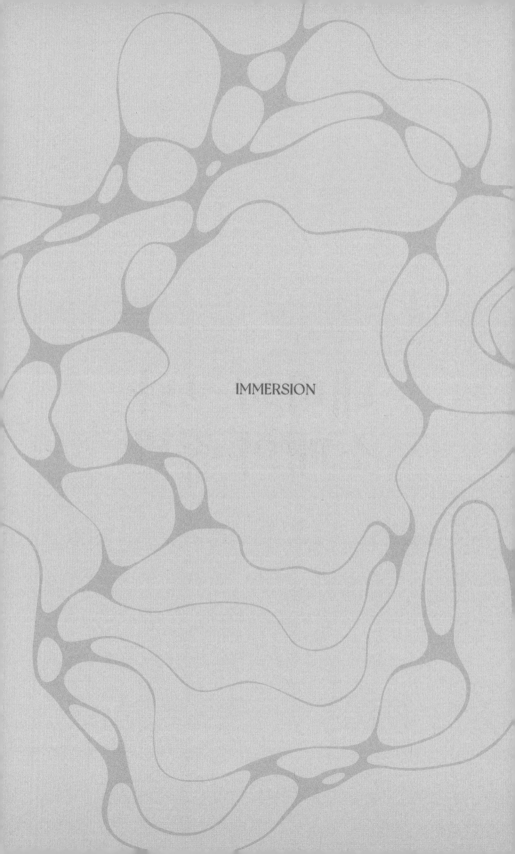

IMMERSION

캐리비안의 해적! 나는 캐리비안의 해적이 최고라는 데 한 치의 의심도 없다.

디즈니랜드에서 가장 재미있는 놀이기구는 무엇인가? 이것은 남부 캘리포니아 사람들 사이에서 영원히 결론이 나지 않을 논쟁거리다. 디즈니랜드 근처에 사는 사람들은 어렸을 때는 물론이고 어른이 되어서도 아이들을 데리고 지상에서 가장 재미있는 곳이라며 '여기'에 방문하곤 한다. 디즈니랜드에는 평일이나 겨울 같은 비수기에 방문할 수 있는 사람들에게 할인을 제공하는 서던 캘리포니아 연간 회원권이 있어서 지역 주민들은 대부분 디즈니랜드에 여러 번 가본 경험이 있다. 과연 과학을 이용해서 어떤 놀이기구가 최고인지 알아낼 수 있을까?

월트 디즈니와 이매지니어_{imagineer}(놀이공원 기획자-옮긴이)들이 일구어낸 혁신 중 하나는 스토리 중심으로 놀이기구를 만든 것이다. 디즈니 이매지니어는 이런 유형의 엔터테인먼트를 '서사 경험_{narrative experience}'이라고 부른다. 어둠 속에서 타는 롤러코스터, 스페이스 마운틴_{Space Mountain}에는 우주 정거장에 들어가서 임무에 대한 설명을 듣고 빠르게 움직이는 트랙에서 특수 효과를 보는 우주여행의 서사가 덧입혀져 있다. 중요한 점은 놀이기구를 타는 것만 서사 경험이 아니다. 놀이기구에 들어가기 위한 대기줄에도 기다림을 덜 힘들게 만들고 모험에 대한 기대감을 높이는 스토리 요소가 있다.

나는 우리 팀과 디즈니랜드에 가서 휴대 전화의 애플리케이션을 이용해 몰입도를 포착했다. 우리는 평일에 그곳을 찾았고 정비 문제로 모든 놀이기구를 테스트할 수는 없었다. 연구 팀은 2명의 여성과 2명의 남성, 이렇게 4명뿐이었기 때문에 철저한 과학적 연구라고는 할 수 없었다.

모든 놀이기구가 몰입도를 측정했던 수천 가지 다른 현장 경험 중에서도 백분위수 98 이상을 기록했다. 디즈니 이매지니어는 가히 전문가였다. 내 기대와 달리 가장 몰입도가 높은 놀이기구는 캐리비안의 해적이 아닌 스페이스 마운틴이었고 2위는 스플래시 마운틴_{Splash Mountain}이었다. 1946년 작 디즈니 영화 「남부의 노래_{Song of the South}」('집어디두다_{Zip-a-Dee-Doo-Dah}'(행복할 때 외치는 소리-옮긴이)가 주제곡)의 등장인물과 노래를 기반으로 하는 플룸라이드_{Flume Ride}(보트를 타고 물이 흐르는 트랙을 따라 이동하는 놀이기구, 벌목한 통나무를 운송하는 길고 작은 수로_{log flume}의 이름을 따 플룸라이드라고 부른다.-옮긴이)다. 스플래시 마운틴은 약 15.2미터에서 떨어지는 낙하로 마무리되는데 탑승객은 이 부분에서 물에 흠뻑 젖게 된다. 앞자리에 앉았던 나는 속옷까지 다 젖었다. 신나는 경험이었다.

캐리비안의 해적은 몇 위였을까? 우리 그룹의 경우에는 꼴찌였다. 몰입도는 스페이스 마운틴보다 19% 낮았다. 키 183센티미터 이하만 탈 수 있는 미스터 토드의 와일드 라이드Mr. Toad's Wild Ride보다도 몰입도가 10% 낮았다. 캐리비안의 해적의 몰입도가 낮은 것은 몰입 절정의 순간이 몇 번 되지 않았기 때문이다. 이것은 데이터가 직관에 반한다는 것을 또 한 번 보여주었다.

데이터에 따르면 놀이기구를 타기 위해 줄을 서는 것도 백분위수 90의 몰입도를 만들었다. 이는 서사가 주도하는 월트 디즈니의 디자인을 더 분명하게 보여준다. 우리가 탄 모든 놀이기구의 평균을 내면 입장하는 동안의 몰입도가 놀이기구를 타는 동안의 몰입도와 같았다. 오랜 역사의 롤러코스터 선더 마운틴 레일로드Thunder Mountain Railroad를 타기 위해 기다리는 것은 롤러코스터를 타는 것 자체보다 몰입도가 높았다.

모든 이들이 온라인으로 무제한 엔터테인먼트를 즐길 수 있는 21세기에, 사람들이 여전히 집을 나서는 이유는 무엇일까?

경험의 경제는 실제 경험을 할 때 가장 가치가 높기 때문이다. 이 장에서는 80% 이상의 소매 판매가 여전히 오프라인 매장에서 일어나는 이유를 진단하고 고객에게 특별한 경험을 선사하는 방법을 알아볼 것이다. 또한 디즈니랜드와 같은 훌륭한 고객 경험을 만드는 방법, 즉 몰입도를 절정에 이르게 함으로써 사람들이 특별한 것에 기꺼이 시간과 돈을 쓰도록 하는 방법을 설명할 것이다.

쇼핑에도 서사가 필요하다 ─────────

환경 심리학은 사람들이 계획된 환경 안에서 어떤 상호작용을 하는지 면밀하게 조사한다. 1970년대 저명한 환경 심리학자 파코 언더힐Paco Underhill은 소매 매장의 디자인이 사람들이 쇼핑하는 방식과 구매량에 어떤 영향을 미치는지 측정했다. 이런 연구들 때문에 모든 슈퍼마켓이 우유를 매장 가장 안쪽에 배치하는 것이다. 사람들은 주기적으로 우유를 구매하고 이런 디자인 때문에 그들은 매장을 방문할 때마다 상당한 거리를 걸어야 한다. 이동하는 도중에 사람들은 필요하거나 원하는 것보다 더 많은 물건을 보게 될 가능성이 크다. 이런 디자인 기술을 '바구니 키우기basket building'라고 부른다.

미국의 한 대형 통신업체는 환경 심리학을 받아들여 '쇼핑 인류학자'들에게 소매 매장의 고객들을 관찰하게 했다. 그들은 사람들이 가장 많은 시간을 보내는 구역을 확인하여 구역을 선형적으로 배치함으로써 고객들의 매장 이동 속도를 늦췄다. '우유를 매장 안쪽에 두는' 디자인을 단순하게 응용한 것이다. 고객들이 새로운 배치에 심취할 것이란 경영진의 확신이 어찌나 강했는지 판매원을 3분의 1로 줄였을 정도였다.

즉각적으로 역효과가 나타났다. 새 휴대 전화를 구입하고 요금제를 변경하는 데 도움을 받을 사람이 없자 고객들은 분노했다. 회사는 우리에게 무엇이 잘못되었는지 알아내 달라는 의뢰를 했다.

우리는 고객들을 초청하여 그들이 캘리포니아 샌프란시스코와 텍사스 오스틴 매장에서 쇼핑하도록 하고 그동안 신경학 데이터와 시각 데이터를 수집했다. 시선을 추적하는 안경을 이용해 시선 고정 자료를 모았다. 안경에는 2대의 카메라가 있었는데, 하나는 안경을 쓴 사람의 눈을 다른 하나는 밖을 향하고 있었다. 이로써 각자가 무엇을 보고 있고 얼마나 오래 보고 있는지를 정확하게 확인할 수 있었다. 우리가 사용한 시선 추적 안경은 가격이 3만 달러에 달했다. 200 달러짜리 고프로 카메라와 10달러짜리 머리띠를 구매하면 거의 비슷한 품질의 데이터를 얻을 수 있다. 쇼핑 인류학자들의 관찰과 마찬가지로 시선 추적 데이터만으로는 상품이나 진열에 시선을 두고 있는 것이 신경학적으로 흥미로워서인지 좌절했기 때문인지 구분할 수가 없다. 신경학 데이터가 없다면 '호감'의 시선 고정과 '비호감'의 시선 고정을 구별 지을 수 없는 것이다.

매장 경험에서 몰입도가 가장 높은 부분은 사람들이 신상품, 특히 휴대 전화와 헤드폰을 볼 때였다. 대부분 몰입도가 높은 상품에 대해 시선 고정이 일어났지만 신경학적인 좌절 상태에서 일어나는 경우도 더러 있었다. 경험에서 가장 좌절이 심했던 부분은 휴대 전화 케이스를 찾을 때와 인터넷과 휴대 전화 패키지 요금제를 평가할 때였다.

환경 심리학자들은 각 구역에 사람들이 머무는 시간만을 측정했기 때문에 몰입과 좌절을 구분할 수 없었다. 따라서 매장 디자인에 실패하고 고객의 불만을 낳은 것이다. 회사는 우리의 연구 결과를 이용해 매장을 다시 재편했다. 우리는 핵심 구매 유형별 디스플레이 배치도를 만들어 매장을 이동하는 고객들의 몰입도를 높이는 디스플레이로 서사 경험을 형성했다. 디스플레이에 대한 몰입은 고객들의 발걸음을 늦추며 구매로 이어지는 핵심 단계를 이룬다.

서사를 통해 고객을 이끄는 시각적 계층 구조가 존재하면 고객은 매장 내에서 혼자 길을 찾아갈 수 있다. 고객의 여정은 휴대 전화, 고속 데이터 통신망 묶음 요금제, 라우터router(네트워크에서 데이터 전달을 촉진하는 중계 장치)라는 여러 길로 나뉘며 각각의 길은 제품이 사용자의 삶을 향상하는 방식을 분명히 보여주어야 한다. 서사는 인간적이어야 하며, 통신 서비스가 수준 이하일 때 치르게 될 감정적 손실을 보여주고 고객을 해법으로 안내해야 한다. 비영리 조직에게도 고객을 끌어들일 서사 여정이 필요하다. 매사추세츠 피보디 에식스 박물관Peabody Essex Museum은 2017년, 전임專任 신경학자를 고용하여 방문자들을 위한 몰입형 여정을 만들었다.

서사가 주도하는 고객 여정의 종점은 수익률이 높은 상품에 대한 몰입도를 높여줄 디스플레이여야 한다. 이 지점에서 판매원이 고객에게 접근해 판매를 완성해야 한다. 우리의 분석에 따르면 그런 매장 디자인은 고객의 불만을 줄이고 고객의 매장 체류 시간을 몇 분 더 연장했다. 이는 보다 즐거운 고객 경험과 매출 상승으로 이어진다.

이런 서사 경험 접근법을 통해 소매는 양量 중심에서 발견의 경험으로 변신한다. 애플의 타운 스퀘어Town Square 매장은 편안하게 앉을 곳, 거대한 스크린, 나무가 늘어선 지니어스 바Genius Bar를 마련하여 이런 일을 한다. 노드스트롬의 소형 지역 매장에는 구매할 상품이 없다. 대신 스타일리스트가 경험을 개인화해서 쇼핑객이 온라인으로 물건을 구매하도록 안내한다. 서사 소매narrative retail 매장은 물건을 사려는 사람이든 아니든 찾고 싶은 장소가 되었다. 이런 매장으로 가장 돋보이는 곳이 배스 프로 숍Bass Pro Shop(대형 아웃도어 용품점-옮긴이)이다. 나는 점심을 먹거나 경험을 즐기기 위해 자주 그곳에 가는데, 갈 때마다 거의 항상 물건을 구매하게 된다. 아직 배까지 사는 지경에 이르지는 않았지만 쇼핑이 너무 재미있어서 꼭 많은 돈을 쓰게 된다. 배스 프로 숍은 서사를 이용해서 단순히 즐기기 위해 방문했던 쇼핑객도 그곳과 정서적 유대를 구축하게 만든다.

선택의 역설

쇼핑할 곳을 이미 선택한 사람에게는 어떻게 해야 특별한 고객 경험을 만들어 줄 수 있을까? 먼저 전형적인 쇼핑 여행에서 몰입도가 높은 부분을 찾아야 한다. 우리는 한 유명 소매점에서 쇼핑할 사람을 모집하고 휴대 전화 카메라로 자신의 여정을 기록해 달라고 요청했다. 3장에서 논의했듯이 장기간에 걸쳐 수집한 데이터는 몰입도가 평균값 근처에 머물게 된다. 따라서 우리 분석은 몰입도를 급등시키거나 급락시킨 것에 집중했다.

우리는 쇼핑에서 가장 몰입도가 높은 부분이 주류酒類라는 것을 발견했다.

많은 쇼핑객이 술을 보고 즐거운 경험을 떠올린다는 것을 생각하면 그리 놀라운 일은 아니다. 그런데 몰입에는 후광 효과가 있다. 그러므로 주류를 매장 전면에 배치하면 쇼핑객의 기분을 끌어올려 돈을 거리낌 없이 쓰게 할 수 있다. 무알코올 음료 쇼핑도 몰입 절정을 유도했다. 몰입도는 알코올의 경우보다 낮았지만 말이다. 우리 표본은 나이 든 사람들보다 술을 많이 마시는 경향이 있는 젊은 쇼핑객에 편중되어 있었지만 이런 결과는 모든 연령대에서 관찰할 수 있었다.

화장·미용 코너에서는 의견이 나뉘었다. 몰입 절정의 순간과 심한 좌절이 모두 등장했다. 이 코너에서 가장 많은 시간을 보낸 여성들의 경우가 특히 심했다. 두 딸의 아버지인 나는 미용 및 위생용품 쇼핑이 즐거움과 좌절 사이의 극심한 변동을 유발한다는 것을 잘 알고 있다. 화장·미용 코너의 지나치게 많은 물건은 심리학자 배리 슈워츠Barry Schwartz가 말한 '선택의 역설paradox of choice'로 이어진다. 지나치게 많은 선택지가 불안을 가져온다는 것이다. 우리 데이터도 이를 뒷받침했다.

옳은 통로를 찾을 수 없고 원하는 제품이 없을 때 좌절을 느낀다. 당연한 이야기다. 가장 좌절이 커지는 순간은 계산대 앞에서 기다릴 때였다. 안내판을 더 잘 배치하고 계산원이나 셀프 계산대를 더 만들고 물건을 잘 채워 놓는다면 좌절을 줄이고 쇼핑 경험을 개선할 수 있을 것이다.

우리가 아직 손대지 않은 부분은 쇼핑 중에 일어나는 인적 상호작용의 역할이었다. 다음 연구는 그 부분을 조사했다.

명품을 사는 뇌과학적 이유 ————————

소매 판매는 고객 서비스의 중요성을 가장 잘 느낄 수 있는 부분이다. 현재 오프라인 소매는 고전을 면치 못하고 있다. 미국의 경우, 백화점 매장 수는 2011년 8,625개로 고점을 찍고 2021년에는 6,000개로 감소했으며 하락 추세는 계속 이어질 전망이다. 2020년부터 2021년까지 코로나19 봉쇄로 쇼핑몰이 모두 문을 닫으면서 J. C. 페니JCPenney, 니만 마커스Neiman Marcus, 스테인 마트Stein Mart, 로드 앤드 테일러Lord & Taylor를 비롯한 대형 소매업체들이 파산으로 내몰리는 소매의 종말이 가속되었다. 하지만 마켓 트랙Market Track(판촉, 광고 및 전자 상거래 솔루션을 제공하는 업체-옮긴이)은 사람들 대부분이 온라인보다는 매장에서 쇼핑하는 것을 선호한다고 말한다. 매장에서 받는 서비스 때문이다. 소매 매장은 온라인 및 오프라인 경쟁업체들과의 차별화, 충성 고객 확보를 위해 뛰어난 고객 경험을 만들어야 한다.

솔직히 가끔, 한 번씩은 뛰어난 판매원 때문에 계획보다 많은 돈을 쓰게 되는 때가 있지 않은가? 당신만 그런 것이 아니다. 54%의 고객은 뛰어난 경험 때문에 예정보다 많은 제품이나 서비스를 구매한다. 반면에 나쁜 서비스 때문에 절대 그곳에 가지 않겠다고 마음먹을 때도 있다. 좋지 못한 경험을 한 고객의 58%는 부당한 대우를 받은 매장에서의 쇼핑을 중단한다. 판매원이 단골과 정서적 유대를 구축하는 가장 효과적인 방법은 고객의 이름을 기억하는 것이다.

우리 팀은 뛰어난 고객 경험을 만드는 것이 무엇이며 이것이 어떻게 매출을 높이는지 파악하고자 했다. 특별한 전화 서비스로 유명한 자포스Zappos는 이를 PECPersonal Emotional Connection(개인화된 정서적 유대)를 만든다고 말한다. 사람들이 쇼핑하는 동안 PEC를 포착할 수 있을까? 신경학적 몰입이 사람들의 구매 여부를 예측할 수 있을까? 우리는 2개의 명품 의류 매장에서 이를 알아보는 연구를 진행했다.

몰입은 사회적으로 가치 있는 일에서 나타나기 때문에 전염성이 있다. 당신이 나와 내가 하는 일에 몰입한다면, 나는 당신과 당신이 하는 일에 몰입하게 된다. 우리는 판매원과 고객 사이에도 이렇게 몰입이 전염된다는 가설을 세웠다. 판매원이 사람들을 돕는 것을 좋아하면 고객들은 판매원의 몰입에 동화된다. 그 반대로 마찬가지다. '몰입 전염' 덕분에 우리는 고객에게 감지기를 부착해 달라는 요청을 하지 않고도 신경학적 반응을 측정할 수 있었다. 우리 연구는 판매원들에게 고객에 응대하는 동안 몰입도 애플리케이션이 깔린 애플워치를 착용하게 했다. 쇼핑 경험은 각각이 모두 다르기에 신경학적 데이터가 매출을 예측할 수 있을지는 전혀 알 수 없는 상황이었다.

우리는 고객들이 고급 남성 의류 매장이나 상류층 대상의 인근 여성 의류 매장에서 쇼핑하는 동안 몰입 데이터를 수집했다. 두 매장을 소유한 회사가 데이터 수집을 허락했다. 우리는 고객의 여정 중 몰입 절정이 나타나는 부분을 파악하기 위해 고객들의 상호작용을 촬영해서 그 영상에 몰입 데이터를 덧입혔다.

고객이 매장에서 사용한 시간은 평균 23분 23초였다. 가장 긴 체류 시간은 한 여성 고객이 2,711달러 상당의 여성 의류를 구매하면서 보낸 2시간 11분이었다. 64%의 고객이 구매했고 평균 사용액은 328달러였다. 두 매장의 평균 몰입도는 현장 경험 벤치마크보다 16% 높았다. 몰입 절정도 높아서 벤치마크의 2배에 가까웠다. 고객들이 대단히 좋은 쇼핑 경험을 하고 있다는 것을 처음으로 알았다.

우리는 구매할 고객을 예측하기 위해 통계 모형을 만들었다. 이 모형은 각 고객을 응대하는 동안 판매원의 평균 몰입도를 사용해 누가 구매를 할지 69%의 정확도로 예측했다. 고객이 매장에 머무는 시간을 추가하자 모형의 예측 정확도는 84%로 상승했다. 모두가 고객에게 만족도를 질문하는 번거로움 없이 얻은 정보다.

더 중요한 발견은 고객들이 쓰는 돈이 판매원의 몰입도에 따라 선형적으로 증가한다는 것이다. 즉 고객과 판매원 사이의 경험이 PEC를 만들 때 매출이 상승한다는 자포스의 판매법이 옳다는 것이 확인되었다. 모형은 일반적인 고객의 경우 몰입도가 50% 상승하면 구매액이 43달러 상승으로 이어진다는 것을 보여주었다. 이것이 진정한 정서적 유대의 힘이다.

우리는 특별한 고객 경험 중에 어떤 일이 일어나는지 확인하기 위해 영상에서 몰입 절정이 나타나는 부분을 잘라 냈다. 판매원이 제품의 서사를 이야기하거나 제품을 추천하거나 개인적인 조언을 줄 때, 또 다과를 제공하고 쇼핑백을 들어주며 고객을 놀라게 했을 때 몰입 절정이 나타났다. 정서적인 측면에서 고객과 유대를 형성하기 위해서는 측정과 실행을 통해 판매 과정 각 부분의 몰입도를 높여야 한다. 단순히 구매를 완료하기만 하는 것이 아니라 매장을 다시 찾게 하는 욕구를 만드는 몰입형 고객 경험을 제공하도록 판매원을 교육시킨다면 소매 종말이 계속되더라도 거기에 맞설 수 있을 것이다.

쇼핑과 광고판

지금까지는 매장 내 쇼핑 경험에 대해 살펴봤다. 그렇다면 매장에 도착하기까지 고객의 여정은 어떨까? 2021년, 세계적으로 기업들이 옥외 광고에 쓴 돈은 320억 달러에 이르며 지출액은 매년 10억 달러씩 증가하고 있다. 보통의 기업은 옥외 홍보에 마케팅 예산의 약 10%를 사용한다. 어디에서나 광고판(포스터와 디지털 광고판)을 볼 수 있다. 그렇다면 광고판은 얼마나 효과적일까?

세계적인 옥외 광고 기업인 JC데코JCDecaux는 우리 팀에 자신들의 광고가 쇼핑객의 뇌까지 얼마나 효과적으로 이르는지 측정해 달라는 의뢰를 했다. 우리는 연구가 자극의 경쟁이 상당히 많은, 바쁜 도심 지대에서 이루어져야 한다고 생각했다. 우리는 코펜하겐으로 날아가 쇼핑으로 가장 번화한 지구 중 하나인 뇌레포트Nørreport에서 연구를 시작했다.

옥외 광고의 영향력은 보통 광고가 노출되는 횟수로 평가한다. 노출수는 차를 이용하거나 걸어 다니면서 광고를 볼 것으로 추정되는 사람이 얼마나 많은가에 좌우된다. 우리는 실제로 광고를 보는 사람이 얼마나 많은지, 광고를 보는 시간이 얼마나 되는지, 그 정보에 대한 뇌의 몰입도는 어느 정도인지를 직접 측정해서 옥외 광고의 영향력을 측정하고 싶었다. 통신 소매업체 연구에서와 마찬가지로 우리는 몰입도를 측정하는 착용형 감지기와 시선 추적 안경을 함께 이용했다. 참가자들은 뇌레포트의 특정 경로를 걸으면서 눈에 들어오는 광고가 있는지 관심을 기울이라는 지시를 받았다. 걷는 시간은 3분

정도였다.

분석은 옥외 광고 1개당 2번의 시선을 받고 시선이 고정되는 시간이 평균 약 2.5초라는 것을 보여주었다. 짧은 시간 동안에도 몰입 급등이 일어날 수 있었다. 뇌레포트에 있는 모든 JC데코의 광고판은 디지털이며 평균 신경 몰입도는 광고 벤치마크보다 21% 높았다. 몰입도와 정보 기억이 양의 상관관계에 있는 것으로 나타나 옥외 광고의 가치를 입증했다.

데이터는 유동 인구가 보통일 때 광고판에 대한 몰입도가 가장 높다는 것을 보여주었다. 이는 '노출수'가 유동 인구에 따라 선형적으로 증가한다는 추정과 반대되는 결과다. 우리 연구는 유동 인구가 적어 사람들이 빨리 걷느라 광고판이 있는 주변을 보지 않는 경우 몰입도가 낮다는 것을 발견했다. 반대로 행인이 많은 구역이나 시간대에는 광고보다는 다른 사람을 피하는 데 시각적 주의가 집중되기 때문에 광고판이 눈에 들어오지 않았다. 이러한 '골디락스 효과 Goldilocks effect'(여러 가지 선택지가 있을 때 많은 사람은 평균적인 것을 선택하게 된다는 원리-옮긴이)는 걷는 속도가 주변을 살필 수 있게 될 정도로는 사람이 있되, 정보가 밀려나지 않을 정도로 사람이 많지 않을 때 몰입도가 가장 높다는 것을 의미한다.

소매업자들은 이런 발견을 활용해서 고객들을 매장으로 끌어들일 수 있다. 연구는 적당한 수의 행인이 있을 때 가게 간판의 효과가 가장 높다는 것을 보여주었다. 유동 인구가 너무 적거나 너무 많으면, 사람들은 목적지를 향해 앞만 보고 가거나 부딪히지 않기 위해 다른 사람만 보게 된다. 이런 시간대에는 매장 앞에 판매원이 서서

웃는 얼굴로 고객을 맞이해야 한다. 사회적 동물인 우리는 다른 사람에게 시선을 고정하게 되어 있다. 이로써 사람들이 매장에 시각적으로 주의를 기울이게 하고 매장에 들어가서 쇼핑하도록 만들 수 있다. 유동인구가 적절할 때에는 이런 전략이 중요치 않다. 사람들이 주변을 훑으면서 간판을 볼 수 있기 때문이다.

충성도가 곧 돈이다 ────────────

충성도는 돈으로 연결된다. 엑스페리안Experian(미국-아일랜드의 다국적 데이터 분석 및 소비자 신용 보고 회사-옮긴이)의 연구에 따르면 미국의 고객 로열티 프로그램loyalty program(고객 유지를 목적으로 반복 구매한 고객에게 선물이나 기타 인센티브를 전달하는 프로그램-옮긴이) 4개 중 3개가 투자 수익을 낸다고 한다. 하지만 같은 연구는 기업의 64%에 고객 경험을 개선하기 위해 더 나은 데이터가 필요하다는 것도 발견했다. 이러한 단절은 로열티 프로그램이 시행되는 방법 때문인 경우가 많다.

2015년, 아메리칸 익스프레스American Express는 보상 프로그램 뉴스 제공 웹사이트, 플렌티Plenti를 만들었다. 플렌티 회원들은 엑슨 모빌ExxonMobil, 라이트 에이드Rite Aid, 월마트, 메이시스와 같은 소매업체에서 구매하면 포인트를 얻는다. 아메리칸 익스프레스를 사용하든 아니든 말이다. 적립 포인트는 가맹점에서 돈으로 통용된다. 독자적인 로열티 프로그램을 운영하는 비용을 절약하려는 소매업체들이 가입하면서 고객들은 더 많은 선택지를 얻게 되었다.

플렌티는 기름이나 식료품과 같은 필수품을 구입해서 얻은 포인트로 새 스웨터나 바지를 살 수 있다는 멋진 아이디어를 기반으로 했다. 유럽 출시는 예상치 못한 보상을 받는 것이 플렌티 경험의 핵심이라는 것을 보여주었다. 회원사 계산원들은 쇼핑객에게 포인트가 얼마나 있는지 알려주고 고객이 포인트를 사용하도록 유도하라는 지시를 받았다. 아메리칸 익스프레스는 플렌티 회원들이 다양한 플렌티 프로그램 소매업체에서 적립한 많은 포인트를 발견하고 즐거운 놀라움을 느낄 것이라고 예상했다. 계산원들이 구매액의 몇십 달러를 공제받을 수 있다는 뜻밖의 소식으로 고객들에게 기쁨을 선사할 것이라고 말이다. 아메리칸 익스프레스는 플렌티 출시 이전에 프로그램이 고객에게 사랑받을 수 있을지 확인하기 위해서 예기치 못한 보상의 신경과학적 효과를 파악하고 싶다고 내게 도움을 요청했다.

예기치 못했던 절약 효과가 충성도를 높인다는 아메리칸 익스프레스의 아이디어는 옳았다. 2012년 J. C. 페니에 CEO로 영입된 론 존슨Ron Johnson은 쿠폰을 없애고 '공정하고 정직한' 정찰제를 선언하면서 전통적인 소매업체의 가격 전략을 전면 개편했다. 존슨은 애플의 매장을 설계하고 지니어스 바를 발명했던 애플 임원으로 유명하다. 애플에 합류하기 전에는 타겟의 상품 기획 책임자 자리에서 젊고 트렌디한 분위기의 매장을 디자인했다. 존슨은 2008년 200억 달러에 육박하던 연매출이, 2021년 67억 달러로 3분의 2 이상 감소한 J. C. 페니의 방향 전환을 이끌 것으로 기대를 모았다.

존슨은 쿠폰 정책의 딜레마에 직면했다. 미국에서만 3억 달러 상당의 실물 쿠폰이 배포되지만 사용되는 것은 1%에도 미치지 못했다.

쿠폰을 인쇄해 발송하는 일을 중단하면 J. C. 페니는 수백만 달러를 절약할 수 있었다. 존슨을 이렇게 말했다. "저는 사람들이 쿠폰 같은 것에 신물이 나 있다고 생각합니다" 투자자들도 의견을 같이했다. 존슨이 계획하고 있는 변화에 대해 발표하자 J. C. 페니의 주가는 24% 급등했다.

쿠폰을 없애자 바로 역효과가 났다. 고객들은 쿠폰을 되돌리라며 J. C. 페니 불매 운동을 벌였고 매출은 급감했다. J. C. 페니의 핵심 고객을 완전히 잘못 파악한 존슨은 14개월 후 해고되었다. 설문조사에 따르면 J. C. 페니의 쇼핑객들은 영수증에 '오늘 절약한 금액'이라고 찍힌 글씨를 보는 것을 좋아했다. 《타임Time》은 존슨이 "기존 고객들이 이 체인에 가진 믿음을 단번에 구겨서 그들의 면전에 내던졌다"라는 평을 내놓았다.

이전에도 쿠폰을 없애려는 몇몇 움직임에 기존 고객이 강한 반발을 보인 적이 있었다. 1995년 제너럴 밀스General Mills는 아침 식사용 시리얼에 쿠폰을 발매하는 대신 '상시 최저가' 정책을 도입했다. 그러나 다른 제조업체가 뒤를 따르지 않자 재빨리 쿠폰 발행을 재개했다. 다음 해 세계 최대의 광고주인 프록터 앤드 갬블과 다른 9개 소비재 제조업체들이 쿠폰 발행 중단을 결정했다. 사용되는 쿠폰이 너무 적기 때문에 쿠폰을 없애는 것이 비용 절감으로 이어지리라고 생각한 것이다. 프록터 앤드 갬블의 대변인 엘리자베스 무어Elizabeth Moore는 "실패률이 98%인 시스템은 효과가 없다"라고 말했다. 그러나 소비자들의 생각은 달랐다. 그들은 프록터 앤드 갬블의 제품 불매 운동에 나섰고 곧 프록터 앤드 갬블의 쿠폰이 부활했다.

발행되는 쿠폰 중 사용되는 쿠폰의 비율이 낮다고 해도 쿠폰 사용, 특히 디지털 쿠폰 사용 자체는 계속 늘어나고 있다. 미국 성인의 절반 이상인 1억 명이 디지털 쿠폰을 사용해 본 경험이 있다. 사람들이 단순히 돈을 절약하기 위해 쿠폰을 사용하는 것이라면, 지난 몇십 년 동안 증가한 가구 소득으로 인해 쿠폰 사용은 감소했어야 한다. 쿠폰을 찾고 따로 보관하거나 인쇄하는 데 시간이 걸리기 때문이다. 하지만 데이터는 다른 그림을 보여준다. 우리 팀은 플렌티 프로그램을 연구하기 전 좀 더 작은 규모로 쿠폰이 뇌에 어떤 작용을 하는지 실험했다.

우리는 90명의 사람에게 70달러를 주고 우리 연구소에서 온라인 쇼핑을 하도록 했다. 참가자의 절반에게는 쇼핑하는 동안 예상치 못하게 10달러짜리 팝업 쿠폰이 발행되었지만 다른 절반에게는 쿠폰이 발행되지 않았다. 연구를 진행할 때는 무선 장치를 이용하여 신경학적 몰입을 측정하는 기술이 발명되지 않아서 쇼핑 전후의 혈액 표본을 채취해서 몰입을 형성하는 신경화학적 신호를 측정했다.

우리는 쿠폰을 받은 사람들의 옥시토신이 14% 증가하고 주의의 정도를 나타내는 지표인 ACTH가 8% 감소한 것을 발견했다. 이로 인해 쇼핑하는 동안 참가자의 심박수는 4% 감소하고 미주 신경의 활동성은 90% 증가했다. 쿠폰을 받지 못한 통제 집단 참가자의 뇌는 이런 생리적 반응을 보이지 않았다.

옥시토신의 증가가 특히 흥미로웠다. 이것은 두뇌가 예기치 못한 보상을 돈을 받을 때와 비슷하게 처리한다는 것을 나타낸다. 옥시토신의 증가는 사람을 이완시키고 행복하게 만든다. 실제로 참가자가 쇼핑 후 느끼는 행복감은 옥시토신의 변화와 정확하게 같이 움직였다. 참가자의 뇌가 분비하는 옥시토신이 많을수록 그 사람은 쇼핑 경험을 즐겁게 생각했다. 쿠폰 사용에는 돈을 절약하는 효과만 있는 것이 아니다. 쿠폰은 쇼핑을 더 즐겁게 만들어 준다.

우리는 아메리칸 익스프레스의 플렌티 프로그램이 쇼핑객의 뇌에 어떤 작용을 하는지 알아보기 위해 비슷한 접근법을 사용했다. 우리는 연구소에 개인 위생용품, 청소용품, 팝타르트Pop Tarts(과자 사이에 잼을 넣은 형태의 과자 브랜드-옮긴이), 파스타, 도리토스Toritos(나초 브랜드-옮긴이) 등 일상 용품을 갖춘 매장을 만들었다. 항상 명랑한 대학원생 아드리아나가 계산원을 맡았고, 103명의 참가자를 모집하여 30달러짜리 아메리칸 익스프레스 상품권을 주고 장바구니를 채우도록 했다. 우리는 쇼핑 전과 후에 채혈을 하는 방법으로 옥시토신과 주의의 정도를 측정했다. 참가자들은 기준 조건과 보상 조건에 무작위로 배정되었다. 기준 조건에 배정된 사람들은 찾아 주어서 감사하다는 아드리아나의 인사를 받으며 계산을 마치고 매장을 나갔고, 보상 조건에 배정된 사람들은 예상치 않게 아드리아나로부터 플렌티 보상을 사용할 수 있다는 이야기를 들었다. 아메리칸 익스프레스가 보통의 플렌티 고객이 받게 될 것으로 추정한 보상액이 연간 40달러였기 때문에 보상 조건의 참가자가 계산 중에 받게 되는 돈도 40달러로 설정했다.

분석에 따르면 플렌티 보상은 옥시토신이 67% 급등, ACTH가 3% 감소로 이어졌다. 이전의 연구와 마찬가지로 보상이 없는 조건에서는 2가지 생리적 지표 모두 변화가 없었다. 이전 실험과 비슷하게 플렌티 보상을 받은 참가자의 행복감은 쇼핑 전 평균 기준에 비해 14% 상승하는 결과를 낳았다. 보상을 받지 못한 참가자의 행복감에는 변화가 없었다. '감정적 경험은 떠올리기 쉽다'는 것을 기반하여 예상한 대로, 쇼핑 일주일 뒤 질문을 받은 참가자들은 쇼핑 후에 행복감이 20% 높아졌다고 답했다. 하지만 플렌티 보상을 받은 경우에 한정되었다. 보상을 받은 쇼핑객들은 그렇지 않은 사람들에 비해 매장에 대한 충성도를 발전시킬 가능성이 19% 높았고, 채혈을 하더라도 또 다른 쇼핑 연구를 위해서 연구소를 다시 찾고 싶다고 말했다. 이런 충성 효과는 지속적이었다. 일주일 후의 연구에서도 보상을 받은 참가자들은 같은 정도의 충성도를 보였다. 보상을 받지 못한 집단은 우리에게 다시 고문당하는 일에 관심을 보이지 않았다.

이런 결과가 나온 것은 주로 여성들의 반응 때문이었다. 보상을 받은 여성의 옥시토신 변화는 남성과 비교했을 때 100%가 높았다. 결과적으로 보상을 받은 여성이 쇼핑 후 보고한 행복감은 남성과 비교하여 거의 400%가 높았다. 이는 여성들이 연간 쇼핑에 쓰는 시간이 남성들보다 100시간 더 많은 이유를 설명해 준다. 우리는 '쇼핑 요법'을 근거 없는 이론으로 치부하지만, 이 연구는 예상치 못한 보상이 따르는 쇼핑이라면 실제로 건강에 좋은 생리적 효과를 낳는다는 것을 입증했다. 충성에 대한 보상과 쿠폰은 쇼핑 경험을 크게 향상시킨다.

론 존슨은 J. C. 페니의 고객 대부분이 여성이라는 것을 보여주는 데이터를 분명히 보았을 텐데도 무시했다. 플렌티 보상과 마찬가지로, 쿠폰에 관한 연구 결과도 주로 여성의 반응으로 인한 것이었다.

존슨은 J. C. 페니에서 쿠폰을 없애며 가장 많이 쇼핑을 즐기는 사람들의 즐거움을 빼앗았다.

이야기는 안타까운 결말을 맞는다. 2018년 7월, 아메리칸 익스프레스는 플렌티 프로그램을 중단했다. 나는 플렌티 프로그램의 성공에 지분이 있다는 생각으로 라이트 에이드와 메이시스를 비롯한 플렌티 컨소시엄의 소매업체에서 정기적으로 쇼핑을 했다. 그러나 2년간 플렌티 프로그램의 회원으로 있으면서 계산원으로부터 "플렌티 포인트가 있는데 사용하시겠습니까?"라는 이야기를 단 1번도 들은 적이 없다. 로열티 프로그램에서는 보상에 대한 설명이 필수적이다.

캐주얼 레스토랑casual restaurant(편안하고 가족 친화적인 분위기에서 저렴한 메뉴를 제공하는 식당-옮긴이) 체인 파네라 브레드Panera Bread는 내 마음에 쏙 드는 로열티 프로그램을 운영하고 있다. 나는 파네라 브레드를 자주 이용하는데 거의 매번 계산원이 무료 음료나 쿠키 상품을 받을 수 있다고 안내해 준다. 그 시점에 나는 예기치 않은 옥시토신 급등을 경험한다. 나는 파네라 브레드의 충성 고객이다. 그 식당에서 제공하는 음식을 좋아하기도 하지만 매장에서 보상을 받기 때문이기도 하다. 아메리칸 익스프레스는 플렌티 프로그램에 속한 다수의 소매업체에 예상치 못한 보상에 관해 안내하고, 보상을 신경학적인 가치가 있는 것으로 만들 수 있다는 점을 교육하여 실천에 옮기도록 동기를 부여했어야 했다. 로열티 프로그램은 계산원이 보상에 대해 언급해야 더 큰 효과를 볼 수 있다. 이 일을 열정적으로 할 아드리아나 같은 직원을 고용한다면 효과를 강화할 수 있을 것이다.

가치관의 중요성 ─────────────────────

어디서 쇼핑을 할지 어떻게 선택하는가? 대부분은 편의성을 필수로 고려한다. 가격, 다양성, 서비스도 고려 대상이다. 이들 중에도 고객 충성도에 가장 중요한 것은 서비스다. 하지만 기업이 어떤 것을 지지하는지, 이해관계자를 어떻게 대하는지와 같은 문제들도 점점 중요해지고 있다. 젊은 세대는 자신들이 애용하는 기업의 가치관에 대단히 신경을 쓰는 것으로 알려져 있다. 밀레니엄 세대의 70%가 구매 전에 회사의 가치관을 고려한다고 말하고 있을 정도다. 전 연령대 소비자의 거의 절반이 회사의 가치관이 쇼핑할 곳을 결정하는 데 영향을 미친다고 보고하고 있다. 가치관에 반하는 행동은 기업이 어렵게 유지하고 있는 고객 충성도를 약화시킬 수 있다. 기업 경영진은 사과를 통해 이런 행동을 만회하려고 노력한다.

2007년, 페이스북은 비콘Beacon이라는 기능을 내놓았다. 페이스북은 비콘을 통해 회원들의 인터넷 사용 내역을 상시로 추적할 수 있었다. 회원들이 명시적인 거부를 선택하지 않는 한 말이다. 도를 넘는 비콘의 기능 때문에 페이스북 사용자는 물론 비사용자들 사이에서까지 빠르고 맹렬한 반발이 일어났다. 사람들은 페이스북이 회원들을 염탐해서 페이스북 이외의 온라인 활동을 수익화하려 한다고 주장했다. '페이스북 탈퇴 운동'이 추진력을 얻자 페이스북의 창립자이자 CEO인 마크 저커버그Mark Zuckerberg는 사과문을 발표했다. "우리는 이 기능을 만들면서 많은 실수를 저질렀습니다. 하지만 우리는 비콘에 큰 기대를 걸고 있습니다. 사람들이 공유하고자 하는 많은 정보가 페이스북 밖에 있다고 생각하기 때문입니다" 저커버그의 사과는 별 효과가 없었다. 비난의 소리가 점점 커졌고 결국 비콘은 사라졌다. 소동이 진정되자 페이스북의 주가와 매출은 반등했다.

론 존슨은 J. C. 페니의 CEO 자리에서 물러나면서 이사회에서 이렇게 말했다. "과거의 사업 모델로 돌아가고 싶다면 빨리하는 게 좋다" 이 말은 자신의 전략적 실패에 대한 사과가 아니었다. 그것은 「심슨네 가족들」의 고약한 일진, 넬슨 먼츠가 친구들과 헤어질 때 "스멜 유 레이터Smell you later"(넬슨은 다시 보자는 '시 유 레이터See you later'를 항상 이렇게 말한다. 존슨이 사과한 것이 아니라 단순히 인사를 달리 말한 것에 불과하다는 의미-옮긴이)라고 말하는 것과 다를 바가 없다.

브리티시 퍼트롤리엄British Petroleum(이하 'BP')이 저지른 실수는 아주 다른 결과를 낳았다. 2010년, BP 소속의 시추선, 딥워터 호라이즌Deepwater Horizon이 폭발하면서 멕시코만에 엄청난 규모의 원유가 유출되었다. BP의 CEO, 토리 헤이워드Tony Hayward는 사고 직후 사과문을 발표했다. "큰 혼란을 가져온 점, 유감스럽게 생각합니다. … 저보다 이 일이 빨리 수습되기를 바라는 사람은 없을 것입니다. 일상으로 빨리 돌아갈 수 있기를 바랍니다" 사고로 11명이 목숨을 잃었다. 어머니는 아들을 잃고 아이들은 아버지를 잃은 상황에서 그의 이기적인 발언을 대중들이 너그럽게 받아들일 리 없었다. 헤이워드는 유출 사고의 책임을 인정하고 손실을 복구하겠다고 약속했지만 논평가와 대중들은 그의 사과에 진정성과 후회가 담겨있다고 생각하지 않았다. 헤이워드는 이런 허술한 사과로 인해 사고 몇 주 후 사임할 수밖에 없었다. 원유 유출 1개월 후 BP의 시가 총액은 1105억 달러가 떨어져 절반이 되었다.

기업 가치관에 반하는 행동에 대한 사과에는 이런 문제가 있다. 깊이 후회하는 것처럼 보이며 많은 CEO가 사과하지만 사실 그들은 실수가 시정될 수 없거나 바로 시정되지 않으리란 것을 알고 있다. 어쨌든 그들은 사과를 통해 시정하겠다고 약속한다. 그렇다면 소비자들은 사과에 진정성이 있는지 어떻게 알 수 있을까? 자신이 받은 인상과 뉴스에서 전해지는 보다 많은 정보에 입각한 의견들을 비롯해 다른 사람들의 견해와 같은 불완전한 측정 기술에 의지해 판단을 내려야 한다. 뉴스 매체의 균열에 따라 탐사 보도는 쇠퇴했고 소비자들은 점점 기업에 대한 의견을 스스로 발달시켜야 하는 입장이 되었다. 뉴스에서 접하는 것들의 대부분은 정보 조작을 거치며 홍보 전문가들의 손을 타는 경우도 많다.

그렇다면 재난에 직면한 기업은 어떻게 해야 고객 충성도를 유지할 수 있을까?

우리는 이를 알아내기 위해서 연구에 참여한 사람들에게 대중의 이목을 끌었던 기업 CEO의 사과 영상을 보여주었다. 여기에는 유나이티드항공(콘티넨털항공Continental airlines 인수 후 서비스 통합 실패), 소니(플레이스테이션PlayStation 네트워크 중단), 도미노피자(음식에 더러운 재료를 넣는 직원의 영상), 바릴라 파스타Barilla pasta(CEO의 동성애혐오 발언), 유로스타Eurostar(계속된 열차 고장), 홀푸드Whole Foods(과다한 가격 책정), 도요타(예상치 못한 엔진 서지surge(전류나 전압이 순간적으로 급격히 높아지는 것-옮긴이)), 폭스바겐(디젤 엔진 배출 가스 데이터 조작) 등의 기업이 포함되었다. 문제의 절반은 사과 후 1년 이내에 고쳐졌지만(유나이티드항공, 소니,

도미노피자, 바릴라 파스타), 나머지 기업의 문제는 시정되지 않았다(유로 스타, 홀푸드, 도요타, 폭스바겐).

연구 참가자들은 영상을 볼 때마다 3달러를 받았다. 시청이 끝난 직후에는 번 돈의 전부 혹은 일부를 실수가 해결되었는지에 걸 수 있었다. 답을 맞추면 돈은 2배가 되고 틀리면 건 돈을 잃게 했다. 이런 접근법은 참가자들이 사과 영상에 주의를 기울이게 만들고 기업의 사과를 분석해서 CEO가 진심인지 거짓말을 하고 있는지 나타내는 단서를 찾게 만든다. 우리 팀은 사과 이후의 행동에 대한 신문 보도를 확인해서 가치관을 어긴 행동이 고쳐졌는지를 판단했다. 따라서 우리의 분석은 통계판 경마라고 할 수 있었다. 사람들의 의식적인 인상과 내기가 정확할까, 아니면 무의식적인 두뇌 활동이 정확할까?

문제를 해결한 회사를 알아내는 문제에서 직관을 사용하는 것은 우연보다 나을 것이 없었다. 의식적으로 선택한 내기도 마찬가지였다. 내기는 어떤 CEO에게 진정성이 있는지 예측하지 못했다. 이렇듯 진심 어린 사과를 찾아내지 못하는 것은 홍보 회사가 사과문을 쓰고 CEO에게 예행연습을 시켜서 진정성 있게 보이도록 만든 탓도 있다. 우리는 기업이 이러한 준비를 했을 때조차도 뇌는 어떤 문제가 시정되었는지 알아낼 수 있다는 가설을 세웠다.

그리고 가설은 입증되었다. 몰입과 관련된 신경학적 신호들의 조합은 61.3%의 정확도로 진정성이 있는 사과를 찾아냈다. 무작위적인 추측에서 얻을 수 있는 50%의 정확도보다 통계적으로 훨씬 큰 수치다. 실제로 문제를 바로 잡은 회사의 CEO는 진정성이 없는 CEO보다 시청자들로부터 더 높은 몰입을 이끌어 냈다. 사과에 대한 사람들의 무의식적인 감정 반응은 유용한 정보였던 반면, 사과에 대한 의식적인 평가는 그렇지 못했다.

신경학적 데이터는 무엇이 사과를 믿을 만하게 만드는지 드러내 주었다. 우선 CEO가 청중 앞에서 직접 사과를 해야 하고, 서두에서 문제를 인정해야 한다. 둘째, 구체적인 어휘를 이용해서 회사가 문제를 어떻게 고칠지 설명해야 한다. 마지막으로, 진정한 사과에서는 회사가 피해를 어떻게 최소화할 것인지 명확하게 진술하고 있다. 눈속임이라는 느낌이 드는 진술보다는 분명하고, 구체적이고, 실행 가능한 진술이 큰 정서적 공명을 만들어 낸다.

데이터는 진심 어린 사과에서 몰입도가 높은 것이, CEO에게 문제를 바로 잡고 있다는 확신이 있기 때문이라는 것을 보여준다. 물론 꾸며낼 수 있는 CEO도 있다. 하지만 모두는 진실을 알아보는 '단서'를 갖고 있다. 이 경우에는 무의식적으로 인식되긴 하지만 어쨌든 단서는 존재한다. CEO의 입장에서는 진정성을 꾸며낼 수 있기를 바라기보다 며칠 기다렸다가 문제를 평가하고 바로 잡을 계획을 세운 후에 카메라 앞에 서는 편이 나을 것이다. CEO가 진정성 있는 사과를 하는 가장 좋은 방법은 실제로 문제를 해결하는 것이다. 철저하게 말이다! 이것이 나쁜 일이 벌어진 상황에서 CEO 자리를 지키고 고객 충성도를 지키는 방법이다.

어떤 특별한 경험 ————————

막내딸 엘케와 나는 세계를 두루 여행했다. 매년 봄이면 딸이 선택한 여행지로 가서 일주일 동안 모험을 즐겼다. 우리는 일본, 브라질, 영국, 이탈리아, 미국 전역을 돌아다녔다. 스톤헨지Stonehenge(고대 거석 기념물-옮긴이)를 보기 위해 런던에서 솔즈베리로 기차를 타고 가는 동안 우리는 먹을 것에 관한 이야기를 시작했다. 암스테르담의 오세아나Oceana, 코펜하겐의 스터드온Stud!o과 회스트Høst, 뉴욕의 더 램즈 클럽The Lambs Club, 런던의 더 울슬리The Wolseley, 카르타헤나의 카사 페스타구아Casa Pestagua 등 내가 좋아하는 많은 식당을 떠올렸다. 내가 이런 이국적인 장소에 어떻게 가게 되었는지 누구와 먹었는지 이야기하자 딸이 말했다. "아빠가 그곳들을 기억하는 건 단순히 음식 때문만이 아닐 것 같아요. 아마 사람과 장소 때문일 거예요." 똑똑하기도 해라. 내가 그 식당과 그곳의 음식을 좋아하는 데 영향을 주는 것이 배경이라는 딸아이의 말이 맞을 것이다. 나는 아이의 가설을 시험해 보기로 했다.

당시 엘케는 16살이었고 나와 2곳의 식당에서 저녁을 먹는 동안 몰입도 애플리케이션이 깔린 피트니스 센서를 착용하고 있었다. 첫 번째 식사는 기준선을 마련하기 위해서였다. 우리 가족이 즐겨 찾는 파네라 브레드가 첫 번째 식당이 되었다. 엘케와 나는 파네라 브레드에 45분간 머물면서 음식과 서비스를 즐겼다. 식사하는 동안의 평균 몰입도는 현장 경험 벤치마크보다 9% 높았다. 몰입 절정은 벤치마크보다 100% 이상 높았고 좌절은 벤치마크보다 34% 높았다. 파네라 브레드는 음식이 맛있고 서비스도 좋았으며 우리에게 긍정적인 경험을 만들어 주었다. 데이터는 파네라 브레드에서 식사를 하는 동안 엘케가 나보다 몰입도가 9% 높았다는 것을 보여주었다. 장소를 선택한 사람이 엘케였다. 아이의 데이터는 그 사실을 반영하고 있었다.

비교 대상은 '어둠 속의 식사'로 유명한 캘리포니아 산타모니카, 오페이크Opaque에서의 경험이었다. 시각장애인인 스위스의 목사 호르헤 슈필만Jorge Spielmann이 암흑 속에서 식사하는 식당이란 아이디어를 냈다. 슈필만은 그의 집에서 눈가리개를 하고 식사를 했던 친구들이 음식을 더 잘 즐길 수 있었다고 말하는 것을 듣고 1999년 취리히에 블린데쿠Blindekuh(눈먼 자의 허세)라는 식당을 열었다. 오페이크는 블린데쿠의 식사 경험을 미국에서 구현한 식당으로 특별히 몰입도를 높이도록 설계된 곳이었다. 그리고 정말 깜깜했다.

떠 있는 느낌. 빛이 한 점도 없는 곳에 앉자 떠 있는 느낌이 들었다. 손에는 테이블이, 다리에는 의자가 느껴지긴 했다. 하지만 시각장애인 서버, 라파엘이 엘케와 내 어깨에 손을 얹고 경험해본 적이 없는 칠흑 같은 어둠 속으로 우리를 인도한 뒤부터는 방향 감각이 사라졌다.

라파엘은 시계를 풀어 달라고 부탁했다. 시계의 유리가 빛나서였다. 가끔 반짝이는 작은 불빛이 보여서 우리를 어리둥절하게 만들었다. 엘케는 그 불빛이 음식을 찾느라 검은 식탁보 위를 움직이는 우리 손에서 일어난 정전기라는 것을 발견했다.

내 경우, 오페이크에서 식사하는 것은 두 번째였고 엘케는 처음이었다. 엘케는 완전히 어두운 환경에 있는 것을 불안해했다. 스트레스는 몰입을 방해한다. 나는 데이터를 검토할 때 엘케의 심리적 안전에 대해 분석해 보아야겠다고 마음에 새겨 두었다. 음식은 아뮤즈 부슈 amuse-bouche(전채 요리), 애피타이저, 입가심 음식, 주요리, 디저트 등 5가지로 이루어져 있었다. 음식 하나하나가 놀라웠다. 식사를 마친 후에 라파엘은 우리가 먹은 것이 무엇이라 생각하는지 물었다. 우리의 추측은 거의 다 틀렸다. 답을 들은 후 라파엘은 우리가 진짜로 무엇을 먹었는지 이야기해 주었다. 모든 코스는 예상을 뛰어넘는 재료로 복잡하게 조리된 것이었다.

데이터는 어둠 속에서의 식사가 몰입도가 높다는 슈필만 목사의 관찰이 옳았음을 확인시켜 주었다. 우리는 오페이크에 1시간 45분 동안 머물렀고(어둠 속에서는 시간이 천천히 간다) 엘케의 평균 몰입도는 몰입도 벤치마크보다 표준편차 +3에 있었다. 엘케의 몰입 절정과 좌절은 파네라 브레드에 있을 때와 거의 같았고, 대부분의 좌절은 경험의 첫 20분 동안 발생했다. 심리적 안전감에 대한 데이터는 그녀가 암흑 속에 있는 것에 대한 두려움을 빠르게 극복했음을 보여주었다. 전체적으로 엘케의 몰입도는 파네라 브레드보다 오페이크에서 단 3% 높은 데 그쳤다.

나의 오페이크 방문(두 번째)은 엘케와 달랐다. 평균 몰입도는 벤치마크에 가까웠다. 좋은 경험이었지만 엘케의 몰입도에 미치지 못했다. 오페이크에서 식사할 때는 엘케와 마찬가지로 몰입 절정이 벤치마크의 2배였고 벤치마크보다 33% 많은 좌절을 경험했다. 식사에 대한 몰입도는 대단히 높았고 나머지는 괜찮은 수준이었다. 오페이크에는 1인당 99달러인 정식 메뉴가 있어서 우리 2명의 식대는 팁을 포함하여 240달러였다. 엘케와 내 몰입도의 평균을 계산하면 오페이크에서의 식사는 파네라 브레드에서의 식사보다 몰입도가 2% 높았고, 파네라 브레드에서 2명의 식대는 단 40달러였다. 오페이크에서 내가 몰입도 한 단위를 얻는 데는 30달러를 내야 했던 반면 파네라 브레드에서 한 단위는 5달러에 불과했다. 몰입도가 높은 식사 경험을 보다 가성비가 좋은 방법으로 즐길 수 있다는 점에서 파네라 브레드가 이겼다. 반면에 엘케는 2시간 동안 오페이크에서 식사하며 매우 드물게 긴 몰입 절정을 경험했다.

작은 연구 결과를 통해 내가 추천하는 방법은 가끔은 큰맘 먹고 오페이크와 같은 특별한 경험을 즐기고 나머지는 파네라 브레드에서 식사하라는 것이다. 뇌는 깊은 몰입에 큰 가치를 두기 때문에 가끔 특별한 경험이 필요하다. 오페이크처럼 여러 감각이 관여하는 경험을 만들 수 있는 소매업체는 감정적 반응을 끌어낼 기회를 더 많이 제공한다. 오페이크의 라파엘은 그의 삶과 우리가 먹고 있던 뛰어난 음식에 관해 이야기들을 들려주었다. 서사적 소매도 이와 같은 일을 할 수 있다. 고객의 여정을 강화하는 감정을 자극하는 스토리를 구축하는 것이다. 스토리는 휴대 전화 매장처럼 시각적이어만 하는 것은 아니다. 독점적인 어떤 것을 추가하는 브랜딩도 가능하다. 예를 들어 포시즌스 호텔Four Seasons Hotel과 아베크롬비 앤드 피치Abercrombie & Fitch는 특유의 향기로 고객 경험을 브랜드화했다. 향기로 인한 신경학적 몰입만으로도 정서적 유대를 효과적으로 활성화시킬 수 있다. 서브웨이Subway 앞을 지나면서 샌드위치 빵 굽는 냄새를 맡을 때 얼마나 행복해지는지 생각해 보라. 디즈니랜드의 팝콘 카트도 고객을 끌어들이기 위해 냄새를 풍긴다. 소매업체들은 신나는 음악과 촉감을 자극하는 많은 물건을 추가하여 오감을 사로잡을 수 있다.

미국의 한 SUV 제조사는 자격을 갖춘 구매자에게 전문 드라이버의 코칭을 받으면서 오프로드 코스를 주행할 기회를 선사했다. 운전자는 스마트워치를 착용했다. 이로써 몰입도를 측정하는 모바일 애플리케이션을 통해 클라우드 서버에 데이터가 전송되었다. 이렇게 얻은 데이터는 사람들이 코스의 가장 어려운 부분에서 깊이 몰입했다는 것을 보여주었다.

이런 경험 마케팅은 시범적인 경험이 몰입 절정에서 끝날 때 가장 효과적이다. 이때 직원이 판매를 성사해야 한다. 스카이다이빙이나 고카트 레이싱 같이 아드레날린을 높이는 경험을 제공한 직후에 구독을 권하는 이유가 바로 이런 '와우 팩터wow factor'(사람을 사로잡는 요소-옮긴이)에 있다. 판매는 여러 사람 앞에서 마무리되어야 한다. 다른 사람들의 구매를 보는 것이 제품이나 서비스가 가치가 있다는 사회적 증거가 되기 때문이다.

고객이 쇼핑하는 동안 커피나 향이 나는 음료를 제공하는 것도 감각을 이끌어 내는 좋은 방법이다. 내 딸 알렉스와 나는 그리스 파르나소스 산 기슭에 자리한 역사 깊은 작은 마을, 델피에서 이것을 직접 경험했다. 우리는 눈과 추위를 피해 오래된 러그와 향냄새가 나는 골동품점에 들어갔다. 그리스 전통 음악이 흘러나오는 가운데 가게 주인이 감초 향이 나는 '우조ouzo'라는 음료를 내주었다. 우리는 이야기를 나누면서 쇼핑을 시작했고 나는 그리스 정교회의 성화를 구입했다. 그 성상은 내 사무실에 걸려 있다. 그림을 볼 때마다 기분이 매우 좋아진다. 그림을 샀을 때의 경험이 나의 모든 감각을 활성화하기 때문이다.

큰돈을 위한 조건

큰돈이 필요한 소비는 부부(나 커플) 사이에 갈등을 유발할 수 있다. 자동차, 집, 휴가도 스트레스의 원인이 된다. 질로우~Zillow~(온라인 부동산 플랫폼 업체-옮긴이)의 설문은 집을 사거나 판 후에 커플의 70%가 다툰다는 것을 발견했다. 나는 커플의 몰입을 측정하여 자신들의 기호는 물론 상대의 기호에 대한 객관적인 데이터를 제공함으로써 큰돈이 필요한 소비를 할 때 갈등을 줄일 수 있을지가 궁금해졌다. 어느 TV 프로그램 제작사는 집을 구하는 과정에 신경과학을 접목해 흥미로운 프로그램을 만들 수 있지 않을까 하는 아이디어를 떠올렸고 파일럿~pilot~(시험용 방송 프로그램-옮긴이) 촬영에 자금을 댔다.

프로그램은 그렉과 에이미 부부가 덴버에서 집을 구하는 여정을 따라갔다. 카메라가 그들을 촬영하는 동안 나는 노트북으로 그들의 몰입 데이터를 지켜봤다. 방문한 첫 번째 집의 모든 방에서 에이미의 몰입도는 평균을 상회했고 지속적으로 절정이 나타났다. 계속된 높은 몰입도는 에이미가 공감력이 뛰어나고 수용적이라는 것을 보여주었다. 다른 사람에게 맞추는 성격 때문에 에이미는 집을 구하면서 그렉에게 자신의 기호를 말하지 못했다. 에이미를 지켜본 나 또한 그렉은 외향적인 반면 에이미는 내향적이라는 것을 알 수 있었다.

세 집 중 첫 번째 집을 둘러본 에이미와 그렉 둘 다 집이 마음에 들고 계약을 고려해보겠다고 말했다. 첫 번째 집은 오래되어서 대대적인 리모델링이 필요했다. 방에 대한 두 사람의 몰입 데이터에는 차이가 있었다. 데이터는 갈등이 잠재하고 있다는 것을 나타냈다. 그렉은 에이미가 집에서 마음에 들어 한 부분을 신경 쓰지 않았고 그 반대도 마찬가지였다. 에이미는 가족실을 좋아한 반면 그렉은 차고를 좋아했다. 그렉은 넓은 마당을 좋아했지만 에이미는 아이들의 놀이방을 좋아했다.

두 번째 집에 대한 신경학적 반응은 반대 패턴을 보였다. 에이미와 그렉의 몰입 데이터가 동시에 급등했다. 더 좋은 부분은 이 집에 대한 평균 몰입도가 첫 번째 집보다 높았다는 점이다. 몰입 데이터가 같이 움직인다는 것은 갈등의 완화를 의미하기 때문에 이 집은 첫 번째 집보다 나은 선택이 된다.

그러나 세 번째 집의 데이터를 보자 에이미와 그렉에게 어떤 집을 사라고 조언해야 할지 판단하기가 어려워졌다. 이 집에 대한 에이미와 그렉의 평균 몰입도는 다른 집에서보다 높았기 때문이다. 데이터를 자세히 살핀 나는 평균이 상승한 이유가 그렉 때문임을 발견했다. 그는 이 집을 무척 좋아했다. 안타깝게도 이 집에 대한 에이미의 몰입도는 세 집 중 가장 낮았다. 이렇게 나뉘는 의견을 종합하면 집을 보는 동안 부부의 몰입도가 서로 일치하지 않는다는 것을 알 수 있었다. 이는 두 사람이 상대가 가치를 두는 점에 관심이 없음을 뜻한다.

그렉과 에이미에게 측정 결과를 알려줄 시간이 왔다. 카메라가 돌고 있는 가운데 나는 에이미에게 첫 번째 집에서 깊은 인상을 받은 이유가 무엇인지 물었다. 당황스럽게도 그녀는 눈물을 터뜨렸다. 에이미는 그 집이 자신이 자란 집을 떠올리게 한다고 말했다. 그녀의 아버지가 막 매물로 내놓은 집을 말이다. 아버지가 집을 팔려는 것은 어머니가 2주 전 세상을 떠났기 때문이었다. 데이터는 에이미가 강력한 감정적 반응을 보인다는 것을 나타냈다. 에이미는 그 집을 보는 동안 자신의 감정적 반응을 그렉에게 보여주지 않았지만 데이터에는 그녀의 진짜 감정이 드러나 있었다. 나는 에이미에게 감정을 자극해서 미안하다고 사과하고 감독에게 카메라를 꺼 달라고 부탁했다. 나는 그녀를 안아주었고 우리는 그녀가 마음을 추스르는 동안 5분 정도 휴식 시간을 가졌다.

다시 카메라가 돌아가기 시작하자 나는 두 번째 집이 평균 몰입도가 높았고 갈등을 유발할 가능성이 적다고 설명했다. 두 사람은 집의 같은 부분을 좋아했다. 두 사람 모두 마음에 들지 않는 부분은 리모델링을 하면 될 일이었다. 에이미와 그렉은 두 번째 집이 낫겠다며 계약할 준비가 되었다고 말했다. 나는 결정을 내리기 전에 잠을 충분히 자는 것이 좋겠다고 조언했다. 뇌는 자는 동안 연계를 형성하여 정보를 공고화한다. 감정이 고조된 에이미의 상태는 중요한 재정적 결정을 하기에 적합하지 않았다.

명품 소매업자, 투자 자문 등 큰 재정적 결정을 요청하는 사람들은 필요한 부분을 충족시키는 영역만이 아니라 구매가 커플 사이에 갈등을 가져올 수 있는지도 살펴야 한다. 판매원이 결정에 관련된 모든 사람과 감정적 유대를 형성하면 갈등은 완화된다. 표정이나 몸짓을 통해 스트레스를 받았는지, 마음에 들지 않는지 살피고 직접 문제를 해결해야 한다. 거래 상대 중 한 사람이 이야기하지 않는다면 그 사람의 의견을 물어야 한다. 만족하지 못한 사람이 구매에 함께 참여하도록 도울 '감미료'를 생각해 보라. 구매 결정이 구매자들 사이에서 갈등을 가져온다면 판매가 성사되지 못할 가능성이 높다. 따라서 판매원은 갈등이 곪아 터지지 전에 미리 옵션을 제시해야 한다.

가장 완벽한 경험 경제

몇 년 전, 얼굴 한 번 본 적 없는 남자가 디즈니랜드에 함께 가자는 제안을 했다. 이 남자는 찰스 몽고메리Charles Montgomery라는 저널리스트로 행복에 관한 책을 쓰고 있었다. 디즈니랜드가 그런 몰입감을 선사하는 이유를 내가 현장에서 설명해 주길 원했던 것이다. 찰스는 캐나다인이었고 디즈니랜드에 가본 적이 없었다.

우리는 디즈니랜드에서 진행할 여러 가지 실험을 고안했다. 예를 들어, 찰스는 빈 지갑을 가져왔고 나는 지갑을 실수로 떨어뜨리는 척했다. 지갑을 떨어뜨릴 때마다 누군가가 나를 쫓아와서 지갑을 돌려줬다. 내가 아무리 빨리 걷고 있어도 말이다. 나는 일부러 사람들과 부딪쳤고 부딪힌 사람들 모두가 내게 사과를 했다. 특별한 경험을 할 때면 사람들은 그 시간을 한껏 즐길 뿐 아니라 다른 사람을 너그럽게 대하고 마음껏 돈을 쓴다. 이것이야 말로 완벽한 몰입형 경험 경제다.

고객 경험 디자이너는 고객 여정의 모든 측면을 계획하고, 시연하고, 개선해야 한다. 대부분의 디자이너는 물리적인 경험에 초점을 맞추지만 나는 알프레드 히치콕Alfred Hitchcock 감독이 사용한 접근법으로 이를 강화해야 한다고 조언하고 싶다. 그가 감독한 모든 영화에는 푸른색과 녹색, 이렇게 대본이 2개씩 있었다. 푸른색 대본에는 배우들의 대사와 배경에 대한 지시가 있었고 녹색 대본에는 청중이 느끼길 바라는 감정이 명시되어 있었다. 푸른색 대본은 이미 소매업체들이 사용하고 있다. 경험 경제에서 고객들이 계속 다시 찾게 되는 몰입도가 높고 즐거운 경험을 만들기 위해서 녹색 대본으로 푸른색 대본을 보강할 필요가 있다.

직원들은 뛰어난 경험을 만드는 사람들이다. 다음 장에서는 이들에 대해 논의할 것이다.

Key Point

1. 고객을 위한 다중 감각 서사를 만든다.
2. 고객의 여정 중에 몰입도를 치솟게 하는 기분 좋은 놀라움을 계획한다.
3. 고객이 여정 중에 수익성이 높은 상품을 구매로 전환하게 만든다.
4. 정보 기술을 이용해서 경험을 각 고객에 맞춤화한다.
5. 새로운 제품이나 서비스를 도입할 때는 사회적 증거를 보여준다.

IMMERSION

6장

고성능 조직을
위한 뇌과학

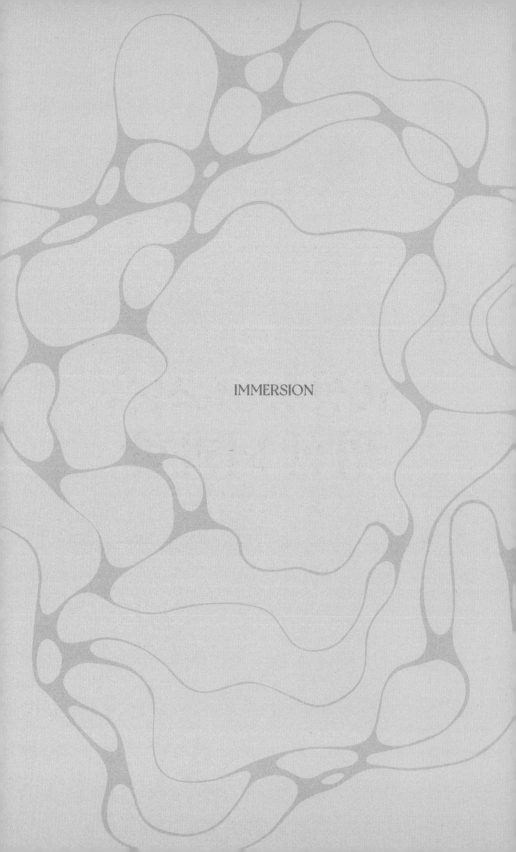

IMMERSION

거절할 수밖에 없었다. 나는 약 193센티미터 키에 91킬로그램쯤 나간다. 링에 올라가기 위해 줄을 선 마른 사람들을 짓밟을까 봐 무서웠다. 스모 선수 모습을 한 푹신한 풍선 옷이 있어도 말이다. 이것은 자포스가 라스베이거스 본사 직원들을 위해 마련한 이벤트였다.

모든 직장이 일을 모험으로 만드는 노력을 기울이지 않는 이유는 무엇일까? 솔직히 사람들은 대개 일을 싫어한다. 경제학에서는 꼴도 보기 싫은 일을 점잖게 노동은 '비효용disutility'을 낳는다고 표현한다. 이 개념은 플라톤과 아리스토텔레스 사상에 뿌리를 두고 있다. 두 사상가는 노예들이 육체노동을 하고 진보한 남성(그리고 소수의 여성)은 산책하며 철학적 사색을 즐기던 경제 환경에서 살았다. '노동labor'이라는 단어는 그 자체로 피로를 유발하고 여전히 지구상의 많은 사람이 하는 일, 또는 육체적 노력을 생각나게 한다. 그렇다면 이런 의문을 가질 수밖에 없다. 왜 직업은 우리를 행복하게 만들지 못할까?

이 글을 쓰고 있는 현재 미국의 실업률은 50년 만에 최저인 3.6%에 달했다. 1억 5500만 명의 미국인이 일하고 있다. 미국에 사는 모든 남성, 여성, 어린이의 44%다. 노동력이 부족하면 생산에 장애가 생긴다. 기업은 이런 문제를 극복하기 위해 은퇴한 직원을 다시 불러들이는 등 노력을 기울이고 있다. 골드만삭스Goldman Sachs는 '리턴십 returnship'이라는 프로그램을 마련했다. 10주간의 교육과 멘토링 프로그램을 통해 퇴직자들이 적절한 기술을 가지고 직장에 다시 들어올 수 있도록 돕는다.

경제 성장과 저출산이 계속되는 선진국도, 개발도상국도 노동력 부족이 심각해지고 있다. 스위스의 실업률은 2.3%, 일본은 2.4%, 체코는 2.6%, 독일은 3.2%, 덴마크는 3.7%, 영국은 3.8%, 멕시코는 3.5%다. 허먼 밀러 혁신 연구소Herman Miller Innovation Lab 소장 크리스토퍼 비숍Christopher Bishop은 "인재 전쟁은 인재들의 승리로 끝났다"고 말했을 정도다.

기업들은 사무실과 공장을 계속 돌려야 하는 딜레마에 직면하고 있다. 이제는 문제를 다르게 생각해 보면 어떨까? 높은 성과를 올린 인재들이 다른 곳으로 가는 것을 막을 방법을 고민하는 것이다.

돈은 지나치게 간단한 해법이다. 인력 부족을 겪고 있는 노동 시장 때문에 임금은 상승했다. 하지만 사람들은 높은 수입에 곧 익숙해지고 더 조건을 높여 새로운 회사로 떠난다. 사람들이 자신의 노력과 전문성을 어디에, 어떻게 쏟을지 선택하는 데 영향을 미칠 다른 목록은 없을까? 사실 조직의 목표 합치, 동료들 사이의 신뢰 등 그런 차이를 만드는 사항들이 여럿 있다.

직장 문화는 생산성에 상당한 영향을 미친다. 우리 연구소를 비롯해 다른 연구소의 연구는 사람들이 일이 즐거울 때 더 큰 노력을 기울인다는 결과를 보여준다. 잡 크래프팅job crafting은 직원의 관심사와 강점에 맞게 직무를 설계하는 기술을 말한다. 하지만 이 과정에서 우리는 또 똑같은 문제를 마주한다. 직장에서 가장 즐겁게 하는 일이 무엇인지 사람들에게 물어야 하는 것이다. 나는 일에서 가장 즐겁게 여기는 부분이 무엇인지 파악하기 위해 막 사회생활을 시작한 신입사원부터 경력이 많은 임원까지 직원들과 이야기를 나누면서 많은 시간을 보냈다. 사람들은 솔직한 답을 내놓지 않았다. 나는 기업 가치가 수십억 달러에 이르는 소프트웨어 회사의 고위 임원과 대화를 한 적이 있다. 그녀는 승진에 대비하여 코칭을 받은 후 승진하기보다는 다른 사람을 코칭하는 것이 낫겠다는 깨달음을 얻었다. 그녀는 회사를 떠나 그 일을 하는 쪽으로 경력을 전환했다. 그녀는 자신이 코칭하는 일을 좋아하는지 모르고 있었다. 경험한 적이 없었기 때문이다. 영화나 광고가 얼마나 마음에 드는지 '선호'를 질문하여 결과를 예측하기 힘든 것처럼 직무의 어떤 부분이 만족스러운지도 그런 식으로는 평가하기가 힘들다.

나는 이전 저서 『트러스트 팩터: 성과 높은 기업을 만드는 과학 Trust Factor: The Science of Creating High-Performance Companies』에서 직장 문화를 위한 신경과학과 그것을 측정하고 개선하는 방법을 이야기했다. 신뢰를 구축하고 목표에 부합하는 조직을 만드는 데 사용할 수 있는 소프트웨어도 개발했다. 이 장에서는 몰입의 렌즈를 통해 고성과high-performance 문화를 구축하는 방법으로 이전의 내 발견들을 보충할 것이다.

신경학적 잡 크래프팅

사람들이 일하는 동안 심리적 안전과 몰입을 측정하는 것은 성과를 높이는 환경, 강점이 직무에 부합하는 환경을 만드는 가장 직접적인 방법이다. 나는 이것을 '신경학적 잡 크래프팅neural job crafting'이라고 부른다. 직장에서 뇌의 몰입을 끌어내는 것이 무엇이고 좌절을 낳는 것은 무엇인지 측정하여 직원 개개인이 좋아하는 직무와 연결한다면 최고의 성과를 보장할 수 있다. 신경학적 잡 크래프팅은 스포츠와 비슷하다. 야구선수를 9개 포지션 모두에 세워 보면 코치는 어느 포지션에서 선수가 성과를 내는지 평가할 수 있다. 스포츠는 일보다 평가가 쉽다. 선수가 몇 가지 과제를 수행하는 것만으로도 생산성을 확인할 수 있기 때문이다. 사람들 대부분은 직장에서 수많은 과업을 처리하기 때문에 그들의 생산성을 평가하기가 어렵다. 그러므로 신경 활동을 측정하는 기술을 직무에 적용하는 방법이 더 유용하다. 사람들은 즐기는 업무에 더 큰 노력을 쏟는다. 이것은 본성이다.

우리 팀은 업무 도중 몰입이나 좌절의 임곗값에 도달한 직원들에게 문자 메시지를 보내는 애플리케이션을 만들었다. 직원들은 하루에 5~6번 문자를 받았고 드롭다운 메뉴drop-down menu(소프트웨어 사용자를 위한 메뉴 구성 방식의 한 종류. 계층화된 구조로 설계하고 필요에 따라 하위 메뉴를 표시한 것-옮긴이)를 이용해서 어떤 일을 하는 중이었는지 밝혔다. '기타' 공간에 하고 있는 일을 적을 수도 있었다. 1개월여 동안, 이 기법으로 직원 각각이 '좋아하는 일'과 '하고 싶지 않은 일'에 대한 객관적 포트폴리오가 만들어졌다. 데이터를 활용하면 직원과 상사의 대화 내용은 직원이 반드시 해야 하는 일에서 그 사람이 가장 잘하는 일로 바뀐다.

내 접근법은 동료 미하이 칙센트미하이Mihaly Csikszentmihalyi가 1970년대에 개발한 경험 표집법ESM, experience sampling method과 비슷하다. 칙센트미하이와 동료들은 무선 호출기를 가진 사람들에게 무작위로 메시지를 보내서 무슨 일을 하고 있는지 보고하고 자신의 기분을 평가하게 했다. 그는 이 자료를 사용해 사람들이 하는 일과 그들이 느끼는 기분의 관계를 파악했다. 기분 변화와 '몰입flow'(과제에 완전히 정신이 팔린 느낌)의 대부분은 그 사람의 성격보다는 과제 자체로 인한 것임이 드러났다.

무작위 메시지가 아닌 신경학적 자극을 사용하는 나의 접근법은 사람들의 일과에서 가장 중요한 부분으로부터 데이터를 얻고 자기 보고의 편향도 피할 수 있다. 이 부분은 조직 개발의 개척지다. 우리 팀은 아직 신경학적 잡 크래프팅이 직업 만족도와 조직성과를 개선한다는 것을 입증할 만큼 충분한 데이터를 모으지 못했다. 하지만 믿을 만한 여러 연구에서 좋아하는 일을 자율적으로 할 수 있는 권한이 있을 때 직원의 만족도와 성과가 훨씬 높아진다는 것을 보여주고 있다. 또 중요한 점은 직원의 자율성을 격려하는 조직이 수익성도 좋다는 것이다.

자포스의 문화는 동지애, 유대, 자율성의 균형을 효과적으로 유지한다. 자포스 직원들은 원하는 만큼, 얼마든지 많은 시간을 고객과의 통화에 사용할 수 있으며 심지어 고객의 요청을 더 잘 충족할 수 있는 다른 회사와 접촉할 수도 있다. 가장 긴 통화 기록은 11시간에 가깝다. 긴 시간의 고객 통화 서비스를 제공하는 목적은 더 많은 제품을 팔기 위함이 아니라 진정성 있는 PEC(개인화된 정서적 유대)를 구축하는 것이다. 자포스의 주력 상품은 구두나 옷이 아닌 고객 서비스다.

PEC의 신경학적 기질은 몰입이며, 5장에서 논의했듯이 몰입에는 전염성이 있다. 몰입은 고객 서비스 직원으로부터 전화를 통해 고객으로 이동한다. 몰입도 높은 스토리에 설득력이 있는 것과 마찬가지로, 몰입의 전염에도 강한 설득력이 있다. 11시간의 통화는 가치가 있었을까? 자포스의 고객 생애가치Customer Lifetime Value(소비자가 일생 동안 가져다주는 이익을 돈으로 환산한 것-옮긴이)는 보기 드물게 높다. 자포스 고객의 절반은 다시 돌아와서 제품을 구매한다. 자포스 매출의 75%는 재구매고객이 담당하고 있다. 이는 자포스 직원들에게 고객을 쇼핑 경험에 몰입시키려는 의욕과 자율성이 있을 때라야 가능한 일이다. 자포스 직원의 82%는 자포스가 일하기 좋은 직장이라고 말한다. 보통의 미국 기업에서 이 비율은 59%다. 이직률이 낮고 스모 링 안팎에서 행복감이 손에 만져질 듯하다.

강점의 발견

직무 적합성을 평가하는 가장 흔한 방법은 잘하는 일을 찾는 것이다. 이 방법이 합리적인 이유는 뇌는 잘하는 과제를 수행할 때 더 많은 가치를 창출하기 때문이다. 여러 설문조사가 직무에 성격을 연관시키고 장점을 평가하려 한다. 이러한 설문이나 관련 도서는 오랫동안 인기를 누렸다. 사람들을 적절한 직업과 연결시키는데 도움이 되기 때문이다. 일에는 물리적, 인지적 노력뿐 아니라 감정적 노동도 필요하다. 직무가 타고난 강점과 학습한 강점에 부합하는 경우에는 적은 노력으로도 최고의 성과를 만들 수 있다.

성격 강점에 대한 분석은 1990년대 시작한 긍정 심리학 운동에 뿌리를 두고 있다. 크리스 피터슨Chris Peterson 교수와 마틴 셀리그먼 Martin Seligman 교수의 연구는 지혜, 용기, 인류애, 정의, 절제, 초월성의 6가지 주요 성격에 강점이 있다는 것을 보여주었다. 각각의 주요 강점은 하위 강점으로 나눌 수 있어서 설문 대상자에게 그들이 알지 못했을 수도 있는 인식을 제공한다. 갤럽Gallup은 발상, 경쟁, 집중력 등 34가지 성격 강점을 측정하는 강점 발굴 설문을 배포한다. 갤럽 어바인 본사에는 사무실마다 직원의 상위 강점 2개를 보여주는 포스터가 붙어 있다. 직원이 가장 관심 갖는 측면이 어떤 것인지 알려주는 이 방법은 커뮤니케이션과 팀워크를 증진하는 데 효과적이다.

직장에서 자신의 강점을 발휘할 수 있는 사람들은 직업 만족도가 높고 생산성도 높다. 동료들에게도 협조적이다. 직장에 대한 만족감은 전반적으로 삶 자체의 만족도를 높인다. 그렇다면 수백만 명의 사람이 성격 강점 설문을 거치고도 직장에 만족하지 못하고 생산성이 낮은 이유는 무엇일까?

자발적 퇴사를 피하는 법

사람의 강점과 직무의 부합이 중요한 것은 분명하다. 하지만 그것은 생산성이 높고 행복한 직원을 만드는 데 필요한 일부에 불과하다. 왜 사람들이 직장을 그만두는지 분석하여 이 부분을 자세히 살펴보기로 하자. 매년 자발적으로 퇴사하는 사람의 절반은 근속 시간이 12개월도 되지 않는다. 돈도 중요하고 승진도 중요하다. 인력 부족에 시달리는 고용 시장에서는 특히 더 그렇다. 하지만 대부분의 연구는 조직 내 마찰, 특히 상사와의 마찰이 사람들이 직장을 떠나는 주된 이유라는 것을 말해 준다. 결국 '짜증스러운 일'의 문제로 되돌아온 것이다. 이에 대한 우리의 해법은 4장에서 논의한 기법들을 이용해 팀원과 관리자에게 대인 관계 기술을 교육하는 것이다.

짐작하겠지만 기업들은 관리자들이 팀워크에 어떤 영향을 미치는지 파악하는 데 엄청난 돈을 들인다. 구글의 프로젝트 옥시전Project Oxygen은 관리자들이 팀 생산성에 상당한 영향을 미친다는 것을 발견했다. 뛰어난 관리자들은 직원들을 세세하게 관리하는 대신 성공을 향한 방향으로 코칭하는 섬김의 리더servant leader(섬기는 자세로 부하 직원의 성장과 발전을 돕고 조직의 목표 달성에 기여하도록 신뢰와 믿음을 형성하는 리더-옮긴이)였다. 이들은 계획에 대해 명확하게 소통하며 경청에도 능숙하다. 내 연구에 따르면 요구 대신 '부탁'한다고 말하는 리더, 동료들이 한 노력에 대해 감사를 잊지 않는 리더가 생산성과 직업 만족도가 높은 팀을 만들었다. 친절함이 중요하다. 존중받는 것을 원치 않는 사람은 없기 때문이다. 구글은 프로젝트 옥시전에서 한 단계 더 나아간 프로젝트 아리스토텔레스Project Aristotle를 통해 가장 효과적인 팀은 자기 보고 설문에 근거한 심리적 안전감이 높은 팀이라는 것을 발견했다. 심리적 안전감이 높은 팀은 서로에 대한 묵시적인 신뢰를 갖고 있으며 초유기체나 재즈 앙상블처럼 효과적으로 일을 했다.

구글의 연구는 관리자가 심리적으로 안전한 환경에서 목표를 향해 나아가도록 동료들을 코칭하는 기업들이 뛰어난 성과를 낸다는 것을 확인해 주었다. 하지만 아는 것과 실천하는 것은 완전히 다른 문제다. 직원을 대상으로 얼마나 자주 설문조사를 해야 신뢰할 수 있는 데이터를 수집할 수 있을까? 설문조사에서 자신의 감정적 상태를 보고하는 일에 조건이 다른 직원들이 각기 다른 반응을 보이지는 않을까? 내가 설문조사 대안으로 개발한 심리적 안전 애플리케이션에는 이런 문제가 없다. 관리자들이 직원의 업무를 방해하지 않고 객관적인 데이터를 수집함으로써 효과적인 팀워크를 위한 환경을 조성하는 데 도움을 준다. 이런 인식을 실천에 옮기는 것은 원격 근무를 하는 팀이 많은 현재에 특히 중요하다.

한 해 8만 건의 회의를 진행하던 세계적 규모의 어느 기술 기업은 코로나19로 2년에 걸쳐 봉쇄하는 동안 팀워크가 저하될 것을 염려했다. 그들은 감정적 상태를 정확하게 보고할 수도 아닐 수도 있는 설문 작성을 요구하는 대신, 원격 회의가 이루어지는 동안 심리적 안전을 수동적으로 측정하는 몰입 플랫폼을 사용했다. 1시간의 팀 회의에서 초 단위 데이터를 통해 효율적인 관리자는 심리적 안전감을 높였고, 비효율적인 관리자는 심리적 안전감을 낮춘다는 것이 드러났다. 4장에서 논의했듯이 심리적 안전은 뇌에서 사용할 수 있는 대역폭처럼 생각하면 된다. 심리적 안전감이 높으면 사람들은 회의에 적극적으로 참여하고 들은 내용을 잘 기억한다. 심리적 안전감이 낮은 회의는 공포감을 유발하기 때문에 직원들은 참여하기보다는 탈출하기를 원한다.

대면, 원격, 하이브리드 등 회의가 어떤 방식으로 진행되더라도 사람들에게 서로 접촉하고 대화하는 시간을 주면 심리적 안전감을 높일 수 있다. 회의 정보에 집중할 수 있도록 2분 정도 눈을 감고 긴장을 푸는 방법도 있다. 리더는 회의 속도를 조정해서 참석자들이 질문하고 논평할 시간을 마련해야 한다. 6가지 안건을 다루어서 아무도 기억하지 못하는 것보다는 3가지 안건을 다루어서 모두가 이해하고 기억하는 편이 낫다. 교육과 마찬가지로 프레젠테이션의 길이는 20분 이하로 제한해야 한다. 데이터는 회의 중에 시선을 맞추는 것도 관심과 유대를 드러내는 효과적인 방법임을 보여주었다.

타운홀 미팅town hall meeting(영국 식민지 시절부터 공동체의 문제를 자율적으로 해결했던 미국식 공개토론방식. 오늘날에는 토론의 한 형식을 일컫는 일반 명사로 사용된다.-옮긴이)에서 얻은 데이터는 피로가 심리적 안전을 해친다는 것을 보여주었다. 8시간의 행사에서 CEO를 비롯한 고위 경영진이 발표를 이어갔다. 초반 2시간은 심리적 안전감이 높았고 몰입도도 높았다. 사람들은 정보를 잘 받아들이고 경험을 즐기고 있었다. 오전 10시가 되자 심리적 안전감이 낮아지기 시작했고 점심시간이 가까워지자 상당히 낮아졌다. 점심시간은 심리적 안전을 약간 자극했지만, 오후 2시가 되자 20분마다 다시 떨어졌다. 타운홀 미팅 마지막 시간에는 경영진에게 질문하는 시간이 예정되어 있었다. 그때쯤 직원들은 스트레스와 짜증이 심해진 상태였고 질문은 이런 상황을 반영했다.

교육과 마찬가지로 회의는 짧을수록 좋다. 하루 8시간이 아니라 일주일 동안 매일 1시간씩 열렸다면 타운홀 미팅은 더 효과적이었을 것이다. 우리는 성인이기 때문에 몇 시간 동안 회의에 집중할 수 있다고 생각한다. 하지만 데이터는 뇌에 휴식과 회복이 필요하다고 말하고 있다. 그렇지 않으면 참석자들에게 효과적으로 전달되는 정보는 극히 일부에 그친다. 정보가 중요하면 회의는 아주 짧아야 한다. 그래야 사람들이 온전히 몰입할 수 있기 때문이다. 서두도, 농담도 없어야 한다. 심리적 안전을 확보한 뒤에 바로 중요한 내용으로 들어가야 한다. 사람들이 알아야 하는 것을 이야기하고, 무엇을 들었는지 상기시키고, 행동을 촉구하는 말과 함께 해산시켜서 정보를 잊지 않도록 한다.

파티션의 쓸모

언제 어디서 일할지 선택할 수 있는 자유가 늘어나고 있다. 우리는 효과적인 팀워크를 위해 심리적 안전감이 필요하다는 것을 알고 있다. 그렇다면 업무 중의 몰입도는 어떨까? 나는 사무실 디자이너와 손을 잡고 물리적인 사무실 배치가 몰입도에 영향을 주는지 알아보기로 했다.

미국 중서부에 있는 한 제조업체 직원들에게 배치가 다른 사무실에서 팀별로 일을 하도록 했다. 우리가 실험한 첫 번째 장소는 약 92센티미터 높이의 곡선형 칸막이가 낮은 테이블과 의자를 둘러싸고 있어 개방감이 가장 낮았다. 두 번째 장소는 칸막이가 낮고 테이블과 의자가 높아서 부분적으로 개방감이 느껴졌다. 세 번째 장소는 테이블이 높고 바 스툴 형태의 높은 의자가 있으며 칸막이가 없어서 개방감이 가장 큰 커피 바 근처의 공간이었다. 4명으로 이루어진 그룹이 시간 제약 속에서 이전에 본 적 없는 과제에 대한 창의적인 해법을 찾는 동안 우리는 신경 생리를 측정했다.

가장 개방감이 큰 장소에서 생산성이 가장 높았고, 사무 공간에 벽이 있을 때 생산성이 떨어졌다. 거기에는 2가지 이유가 있다. 첫째, 심리적 안전은 개방적인 공간에서 가장 높다. 이로써 아이디어 창출을 위한 신경적 자원이 확보된다. 심리적 안전감이 1% 상승하면 동료들에 대한 친밀감을 1% 높인다. 이는 심리적 안전을 통해 사람들이 서로 공감할 수 있다는 것을 보여준다. 개방감이 가장 큰 공간은 다른 2곳보다 소음 수준이 30% 높았는데도 불구하고 공감을 유발할 가능성이 컸다. 둘째, 직원들이 신경학적으로 일에 더 몰입하기 때문이다. 팀의 생산성은 몰입도와 함께 선형적으로 증가했고 몰입도가 높은 직원들은 과제에 더 큰 노력을 기울였다. 가장 몰입도가 높은 참가자들은 우리가 준 어려운 과제를 즐겁게 받아들였다.

개방된 사무실 배치는 직원들이 가장 선호하는 환경이기도 했으며 직원들은 그런 배치에서 프라이버시가 가장 잘 보장된다고 느꼈다. 자기 일에 바빠서 다른 사람을 엿보는 것이 불가능하기 때문이다. 우리의 분석으로 좋은 조명과 공기 흐름, 쾌적한 온도, 아름다운 가구 등 바람직한 사무실을 만드는 요소들이 드러났다. 디자인은 중요하다. 심미적으로만 중요한 것이 아니라 몰입, 생산성, 직업 만족도에도 중요하다.

공간의 가치

코로나19의 기세가 약해지고 직원들이 사무실로 복귀하면서 이 기업은 하이브리드 회의에서도 심리적 안전을 계속 측정했다. 직접 회의에 참석한 사람들의 데이터를 분리하여 원격으로 참석한 사람들의 데이터와 비교해 보니, 사무실에서 회의에 참석한 직원들의 심리적 안전이 더 높았다. 불안의 기준은 사람마다 상당한 차이가 있다. 따라서 코로나 바이러스 감염이 걱정되는 사람들은 불안감이 덜한 사람들보다 재택근무를 오래 했을 수도 있다. 하지만 다른 기업들의 데이터를 확인한 결과 같은 패턴이 발견되었다. 평균적으로 사무실에 있는 직원들이 집에서 일하는 직원들보다 객관적인 심리적 안전이 높았다. 심리적 안전을 측정하고 관리하는 일에는 직원들이 시간을 보내고 싶어 하는 매력적인 사무실 환경 조성에 적극적으로 임하는 리더의 자세가 대단히 중요하다. 혁신과 팀워크는 사람들이 직접 얼굴을 보고 힘을 합칠 때 더 효과적이다. 그러나 이미 많은 사람이 원격 근무에 익숙해진 상황에서 매일 사무실에 출근하라고 직원들을 압박하고 싶은 기업은 없을 것이다.

인간에게는 다른 사람들과 어울리는 사회화가 필요하다. 원숭이가 그 이유를 말해 준다. 우리 연구소는 꼬리감는원숭이 1쌍의 비강에 옥시토신을 투여하는 실험을 진행했다. 얼굴, 어깨, 팔에 흰색 털이 있고 정수리에 검은색 모자를 쓴 것처럼 보이는 이 영장류 종은 대단히 사교적이고 지능이 높다. 옥시토신을 투여한 원숭이들은 위약 스프레이를 투여한 원숭이들에 비해 이완된 상태였고 평소처럼 다른 원숭이와 가까이 모일 필요를 느끼지 않았다. 옥시토신을 투여한 원숭이들은 느긋하게 자기 일을 했고 다른 원숭이가 자신이 떨어뜨린 음식을 가져가도 강하게 저항하지 않았다. 옥시토신 투여는 꼬리감는원숭이와 인간을 비롯한 사회적 동물들이 다른 사람과 가까이 있을 때 느끼는 유대감을 모방한다.

원숭이 연구는 동료들이 배려하며 친절하게 서로를 대한다면 사무실이 사회-정서적 허브의 역할을 할 수 있다는 점을 보여준다. 이런 근무 환경이라면 사람들이 원격 근무보다는 현장에서 더 많은 시간을 보내도록 유도할 수 있다. 사무실을 매력적으로 느끼게 할 첫 단계는 통근에서 오는 스트레스와 다른 사람들이 가까이 앉아 있는 데에서 오는 스트레스를 적극적으로 줄이는 것이다. 리더들은 이 문제에 천천히 접근해야 한다. 직원들에게 일주일에 2~3일 사무실에 출근하도록 권유하되 강요하지 말아야 한다. 고위 관리자는 사무실에 출근을 하며 모범을 보여야 한다. 출장 이후라도 말이다. 사무실

출근에서 오는 스트레스는 명상, 요가, 운동 수업을 비롯한 건강 프로그램을 제공하여 완화해야 한다. 중간 단계에서는 직원들이 통근에 대한 걱정을 줄이면서도 소규모로 모이는 데 사용할 수 있는 공유 업무 공간을 예약하는 것이 좋은 해법이 될 수 있다.

사무실을 매력적으로 만드는 또 다른 방법은 음식이나 알코올을 제공하는 것이다. 이 2가지는(후자는 적당량) 옥시토신 분비를 자극해서 유대를 강화한다. 길지 않은 시간을 정해 점심 식사를 제공하면 사람들이 함께 식사하면서 이야기를 나눌 수 있다. 야외 파티용 긴 테이블을 사용해서 서로를 잘 알지 못하는 사람들도 쉽게 대화를 나눌 수 있도록 한다. 금요일 밤에 사무실이나 가까운 식당에서 피자와 맥주를 먹는 자리를 마련해 재미를 주는 것도 좋다. 좋은 일이 있을 때는 작은 일이라도 소홀히 하지 말고 정기적으로 음식과 파티로 축하하는 자리를 갖도록 한다.

하버드 경영대학원의 연구는 실리콘 밸리 엔지니어 중 직장에서 사교 활동을 가장 많이 하는 사람들이 생산성 면에서도 가장 우수하다는 것을 보여주었다. 이런 연결자connector들은 다른 사람들을 돕고 조언을 주면서 필요할 때 어디에서 도움을 받을 수 있는지도 배운다. 친밀감은 소통을 늘리고, 소통은 협력으로 이어진다. 큰 이해관계가 걸려 있는 때에도 말이다. 우리 연구소의 연구는 혼자 결정을 내리면 500달러를 독점할 수 있는 상황에서도 실험에서 알게 된 낯선 사람과 협력하는 경우가 전체의 70%에 이른다는 것을 보여주었다. 더구나 신경학적 데이터는 상대를 속이는 30%의 사람들을 미리 정확하게 찾아냈다. 그들은 자신이 말하는 것이 거짓이라는 것을 알고 있어서 생리적으로 스트레스를 받았다. 신뢰를 배반하는 행동은 직장 내 인간관계를 해치며 사람들이 직접 대면할 때보다 원격으로 상호작용을 할 때 더 자주 발생한다.

우리 연구소의 연구에 따르면 사람들이 집단적인 의식儀式에 참여할 때 옥시토신이 분비되고 유대 형성과 협력이 뒤따른다. 효과는 그리 세밀하지 못해서 뇌가 그룹 밖에 있는 사람까지 협력할 가치가 있는 사람으로 인식할 정도다. 의식은 신입 사원 집단이나 발언권이 약한 직원 집단을 팀 전체와 빠르게 연결한다. 계약을 성사했을 때 종을 울리는 것처럼 간단한 것도 기업의 전통이 될 수 있다. 디자인 기업 아이디오IDEO는 수요일 오후에 갓 구운 페이스트리와 차를 마련하여 모든 직원을 사무실에서 나오게 만든다. 스웨덴 사람들은 '피카fika'라는 전통을 갖고 있다. 피카를 위한 전용 공간에서 오전이나 오후 중 커피를 마시고 간식을 먹으면서 휴식을 취하는 것이다. 스웨덴의 데이터는 일의 속도를 늦추는 것이 효율과 질을 높인다는 것을 보여준다. 나는 새로운 아이디어를 촉진하는 의식으로 매달 걷기 회의를 진행한다. 사람들을 다른 방식으로 움직이고 이야기하게 만드는 것이다. 5일 연속 사무실에 출근한 직원들만이 참여할 수 있는 추첨을 매주 진행해서 출근하고 싶도록 의욕을 불어넣는 방법도 있다. 우리 연구소는 옥시토신이 다른 사람을 향한 감사의 마음을 강화시켜서 노력 의지를 자극하고 직업 만족도를 높인다는 것도 입증했다.

일이 끝난 후 동료들과 술을 마시는 데는 장단점이 있다. 퇴근 후 팀원들과 술을 마시는 직원들은 다른 모든 조건이 같을 때 술을 마시지 않는 사람들보다 소득이 10% 높다. 이 효과는 남자들에게 특히 강하게 나타난다. 한 달에 1번 이상 술집에 가는 남자 직원들은 10%의 알코올 프리미엄에 추가로 7%를 더 번다. 현대 심리학의 아버지인 윌리엄 제임스William James는 "알코올은 남성들의 예스 기능을 가장 강하게 자극하는 요소다"라고 말했다.

하지만 술값이 사무실로 청구되는 경우라면 반드시 제한을 두어야 한다. 우리 연구소의 연구는 혈중 알코올 농도가 0.05% 상승할 때 알코올이 함유되지 않은 음료를 마신 사람들에 비해 이기심이 32% 증가한다는 것을 밝혔다. 실제로 사람들의 알코올 소비가 늘어날수록 이기적인 행동이 선형적으로 증가했다. 연구는 알코올이 심리적 안전을 저하하고 기분의 악화를 유발한다는 것을 보여주었다. 퇴근 후 1~2잔의 술은 문제가 없다. 하지만 그 이상의 음주는 사람들을 불행하고, 비협조적이고, 불안하게 만든다. 술집에 가본 사람이라면 다 알 것이다. 직원이 함께하는 술자리에서 부적절한 행동은 관계를 망치며 이는 복구하기가 어렵다. 리더 역할을 하는 사람이라면 특히 더 그렇다.

사회적인 동물들은 자연스럽게 리더를 따르고 자신들이 대우 받는 그대로 남을 대한다. 리더들은 진심으로 동료들과 유대를 형성함으로써 심리적 안전감을 만들 수 있다. 대화 도중에 "내가 도울 수 있는 일은 없을까?"라고 물어보는 간단한 행동으로도 심리적 안전감을 줄 수 있다. 시간이 흐르면 이를 계기로 동료들 사이에서 서로를 돕는 행동이 연쇄적으로 일어날 것이다. 심리적 안전을 높이는데 효과적인 또 다른 리더십 관행은 도움을 준 사람들에게 '감사'를 전하며 회의를 시작하는 것이다. 성공한 많은 리더는 보기 드문 노력을 기울인 사람들에게 손으로 직접 쓴 감사 카드를 준다. 커리어 코치를 고용해 직원의 성장을 돕는 것도 사무실을 매력적으로 만드는 방법이다. 자포스 같은 기업은 라이프 코치를 고용하여 젊은 직원들 사이의 근속률을 높게 유지하고 있다.

개와 고양이의 시간

직원들이 애완동물, 특히 개를 직장에 데려오는 것을 허용하고 심지어 장려하는 회사들도 많다. 나는 직장에서 반려견이 몰입과 생산성에 영향을 주는지, 주의를 산만하게 만들지는 않는지 알아보는 실험을 진행했다. 1장에서 논의했듯이 신경과학의 핵심 문제는 비교를 위한 적절한 기준선을 정하는 것이다. 개가 없는 것이 적절한 기준일까, 혹은 다른 동물이 적절한 기준일까. 짐작했겠지만 우리는 개와 고양이의 경우를 비교하는 연구를 했다(그리고 2가지 경우를 동물이 없는 경우와 또 비교했다).

연구를 위해서 내가 가르치는 대학원생 3명이 개(사납지 않은)를 데려왔고 다른 3명은 고양이를 데려왔다. 우리는 실험 참가자 141명이 개나 고양이와 놀거나 조용히 10분 동안 앉아 있는 동안 신경생리학 데이터를 수집했다. 좋은 연구 설계는 효과를 찾는 쪽으로 실험을 편향시킨다. 우리는 사람들에게 이미 유대를 형성하고 있는 동물뿐만 아니라 친숙하지 못한 동물과 상호작용을 통해서 직장에서 개나 고양이와의 상호작용 효과를 확인하려 했다. 애완동물과 상호작용 후

4명씩 그룹을 이루고 과제에 참여했다. 함께 일을 하고 다른 사람들과 돈을 나눌 수도, 아니면 혼자 일해서 더 많은 돈을 가지고 연구소를 나설 수도 있는 과제였다.

실험은 재미있다. 무엇을 발견하게 될지 모르는 일이지만 예상한 것을 찾는 경우가 많다. 개나 고양이와 노는 것은 몰입에 완전히 다른 영향을 미쳤다(단, 평생 4마리 이상의 애완동물과 살았던 참가자는 예외). 동물을 좋아하는 사람들은 개와 놀았을 때 경험에 몰입했고 몰입은 계속 이어져서 협력에 긍정적인 영향을 주었다. 개는 차별 없는 친화성으로 우리에게 협력하는 법을 가르치고 있는지도 모르겠다. 모든 일에는 협력이 필요하다. 혁신적인 기업들이 직장에 개를 데려오도록 허용하는 이유가 여기에 있다.

고양이 주인들은 어떨까? 우리의 데이터는 고양이를 많이 키울수록 몰입도가 낮아지고 협력을 덜 한다는 것을 보여주었다. 고양이는 자기 영역을 만들고 그 안에서 혼자 있는 것을 좋아하며 내가 보기에 완전히 길들게 되는 법이 없다. 사람이 집에 왔을 때 문가로 달려 나와 꼬리를 흔드는 고양이는 찾아보기 힘들다. 직장에 고양이를 데려온다? 그건 그만두는 편이 좋다.

원격 근무의 장점

코로나19 이후에는 팀 대부분에 사무실에서 일하는 직원과 원격으로 일하는 직원이 혼재할 것이다. 앞서 원격 근무의 단점을 논의했으니 장점도 살펴봐야 한다. 가장 큰 장점은 직원에게 직장 생활에 대한 자율권이 주어진다는 것이다. 자율성은 생산성 및 직업 만족도와 밀접한 관련이 있다. 또한 자율성은 잡 크래프팅을 촉진하여 직원들이 자신의 장점을 기반으로 삼아 작업 과제를 완전히 능숙하게 처리할 수도 있다.

숙련된mastery 일을 할 때는 의식적인 반응이 감소하고 자동성을 조절하는 뇌 영역의 활동성이 증가하는 등의 특징이 나타난다. 한 신경과학 팀은 이런 상태를 '집중적이고 차분한' 뇌 활동이라고 묘사했다. 골프, 테니스 볼링 등에서 좋은 성적을 올린 뒤 왜 이렇게 잘하고 있는지를 의식적으로 생각하기 시작하고서 정반대의 상황이 되는 것을 경험한 적이 있을 것이다. 불가피하게 성과는 저하된다. 과제에 숙련된 사람들은 적은 노력을 들여 일하고 일을 보다 즐겁게 여기며 꾸준히 높은 성과를 낸다.

우리 연구소에서 이루어진 실험은 자율권을 가진 참가자가 일하는 동안 보이는 몰입이 세세하게 관리를 받는 참가자보다 훨씬 높다는 것을 보여주었다. 목표가 명확하게 설정되어 있다면 혼자 일을 하는 경우든 팀의 일부로써 일을 하는 경우든 마찬가지였다. 우리는 자율성-생산성 관계를 정량화시켰다. 자율성을 보장 받은 사람들은 근무 시간당 생산성이 10% 높았다. 2019년 평균 시급을 이용하여 계산하면, 직원 100명을 고용하고 있는 회사는 자율적인 문화를 만들 때 연 매출을 34만 3,000달러 높일 수 있다. 언제 어떻게 일할지 선택할 자유는 사람들이 원격으로 일을 할 때 더 커진다.

우리 팀의 연구는 자율성이 주는 두 번째 혜택을 발견했다. 사람들은 자율성이 주어졌을 때 더 큰 노력을 쏟을 뿐만 아니라 업무 전 기준선에 비해 행복감이 31%나 상승했다. 사람들에게 일은 더 이상 짜증을 돋우는 무엇이 아니었다. 연구에서 자율성이 없는 조건의 사람들은 행복감에 전혀 변화가 없었다. 실험의 결과는 미국 성인 노동자의 전국 표본을 이용하여 확인을 거쳤다. 데이터에는 자율권이 큰 직원이 더 열심히 일하고 더 행복하며 다음 해에도 직장을 유지할 가능성이 크다고 나타났다. 직장에서 즐거움이 커지고 자율적인 직원은 성격적 강점에 의지하여 숙련의 경지에 빠르게 이른다. 숙련에 빠르게 이르기 위해서는 과제에 투자하는 시간이 더 많아야 한다. 원격 근무는 통근 시간, 방해, 긴 점심시간을 없애고 불필요한 회의를 제거한다. 집에서 일하는 사람들은 평균적으로 하루 동안 일에 투자하는 시간이 더 많다는 결과를 보여준다.

숙련에 이르면 뇌는 정말로 흥미로운 일을 벌인다. 뇌는 참신함을 추구한다. 숙련된 과제에는 자원이 많이 소모되지 않기 때문에 뇌에는 과제를 다른 방식으로 상상하고 실험할 자원이 남아 있다. 자율성은 혁신의 토대가 된다. 원격 근무를 하는 직원들은 이런 막대한 힘을 이용할 수 있다. 창고에서 홀로 일하면서 애플의 토대를 마련한 스티브 잡스와 스티브 워즈니악을 생각해 보라. 두 사람은 자신들이 생각한 대로 컴퓨터를 디자인할 자유를 갖고 있었다. 자율성과 일하는 동안의 몰입이 짝을 이루면, 직원들은 스스로 아이디어를 내고 실험하고 개선한다. 혁신적인 기업이 계속 이윤을 내고 매출 성장을 이어가는 방법이다. 단, 원격 근무 직원들과 직무에 대한 것뿐 아니라 사적인 이야기도 나누면서 유대감을 형성할 시간을 반드시 확보해야 한다. 원격으로 근무하는 직원이라도 팀원 및 고객과 중요한 회의를 할 때는 사무실에 나와야 한다. 한 달에 2일 정도 사무실에 나오는 것만으로도 원격 근무를 하는 직원들이 팀워크를 강화하고 일을 즐길 수 있는 신경학적 유대를 유지하는 데 충분하다. 스모 선수 풍선옷 행사라면 그들을 사무실로 불러들일 수 있을지도 모른다.

그렇다면 직원과 고객에게 영향을 주기 위해 노력하는 것이 윤리적인 일일까? 다음 장은 주변 사람들에게 윤리적으로 영향을 미치는 방법을 설명할 것이다.

⌐ Key Point •

1. 사무실은 커뮤니케이션과 팀워크를 증진하는 사회적-정서적 허브의 역할을 한다.
2. 개방감이 큰 사무실 배치는 폐쇄적인 사무실보다 심리적 안전감과 몰입도를 높인다.
3. 자율성은 숙련과 직업 만족도의 신경학적 토대다.
4. 신경학적 잡 크래프팅은 직원을 가장 몰입도가 높은 과제와 연결한다.
5. 개는 직장에서 협동심과 행복감을 높이는 데 도움을 준다.

7장

선호의 변화

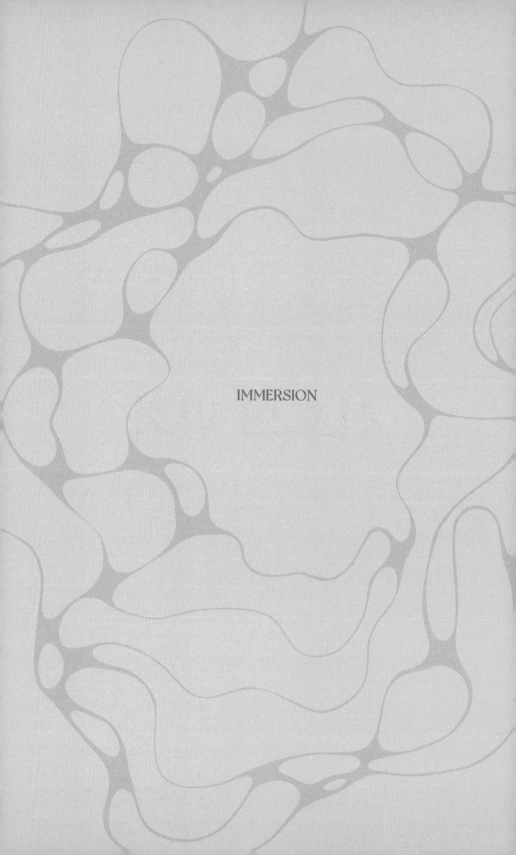

IMMERSION

✴ 욕망의 뇌과학 ✴

2016년, 미국 대통령 선거는 몹시 치열했다. 좋든 싫든 도널드 트럼프는 대통령 선거 운동의 방식을 바꾸어 놓았다. 선거 직전까지 거의 모든 여론 조사에서 힐러리 클린턴의 압도적인 승리를 점쳤다. 이렇게 해서 설문과 자신들이 하려는 일에 대한 사람들의 자기 보고가 갖는 문제가 다시 등장했다. 나는 정치에 관심이 없기 때문에 트럼프와 클린턴의 대결에도 관심이 없었다. 하지만 행동과학자로서 선거 전에 나타난 열정과 적의에 매료되었다. 따라서 나는 트럼프 현상을 해독解讀하는 몇 가지 실험을 진행했다.

첫 번째 연구로 2016년 1월 14일, 공화당 토론회에서 실시간으로 몰입도를 측정했다. 참가자들은 대통령 예비 선거에서 투표할 것이라고 말한 자칭 공화당원들이었다. 연구는 캘리포니아에 있는 우리 연구소에서 진행되었다. 캘리포니아의 많은 공화당원은 리노RINO다.

'이름만 공화당원'Republican in Name Only'이라는 의미다. 시오도어 루스벨트 대통령을 폄하할 목적으로 처음 등장한 이 용어는 당 강령 중 일부만 지지하고, 충실한 지지자들에 비해 진보적인 성향이 강한 '이념성 낮은 공화당원'을 말한다. 이들은 소속 정당에서 출마했다는 이유로 후보를 지지할 가능성이 작기 때문에 연구 대상으로서 흥미로운 집단이다.

1월은 선거전 초반이었다. 토론회에는 도널드 트럼프, 벤 카슨Ben Carson 박사, 마코 루비오Marco Rubio 플로리다 상원의원, 젭 부시Jeb Bush 전 플로리다 주지사, 테드 크루즈Ted Cruz 텍사스 상원의원, 존 케이식John Kasich 오하이오 주지사, 크리스 크리스티Chris Christie 뉴저지 주지사 이렇게 7명의 후보가 참여했다. 신경학적 데이터는 이 자리에 모인 공화당원들 사이에서 트럼프에 대한 몰입도가 가장 높다는 것을 보여주었다. 트럼프에 대한 몰입도는 몰입도가 두 번째로 높은 후보였던 루비오보다 평균 7%, 케이식보다 15%, 크리스티보다 32% 높았다. 측정은 총선 10개월 전에 이루어졌으며 당시《블룸버그Bloomberg》여론 조사에서는 공화당 내 지지율이 트럼프는 43%, 루비오는 14%, 크루즈는 12%라고 보도하여 몰입 데이터와 일치했다. 다른 사람들에 대한 지지율은 한 자릿수였다.

하지만 나는 그 데이터에 회의적인 입장이었다. 트럼프는 토론 규칙을 따르지 않고 계속 다른 후보를 방해했기 때문에 데이터는 단순히 그의 터무니없는 행동을 반영하고 있는 것일 수도 있었다. 우리는 1월 28일, 또 다른 공화당 토론회에서 데이터의 질을 확인해 볼 두 번째 기회를 얻었다. 하지만 트럼프는 불참을 선언했다. 몰입 데이터는 루비오가 이전 연구와 마찬가지로 유권자들과 가장 강한 유대를 형성했다는 것을 보여주었다. 실제로 루비오는 2주 전 트럼프보다 16% 몰입도가 높았다. 이전과 마찬가지로 케이식이 몰입도에서 2위를 차지했다. 몰입의 일관성으로 데이터가 유효하다는 것을 알 수 있었다.

물론 후보들은 다시 부딪힐 수밖에 없었다. 4월이 되자 트럼프, 크루즈, 루비오를 제외한 모든 후보가 경선에서 탈락했고 결국 트럼프가 대통령으로 당선되었다.

대통령 후보 토론회를 개최하는 데는 400만~600만 달러의 비용이 든다. 그렇다면 토론으로 마음이 바뀐 사람이 있을까? 우리는 두 연구의 참가자들에게 토론 전후에 선호하는 후보의 순위를 매겨 달라고 요청했다. 두 토론 모두 사람들의 순위를 바꾸지 못했다.

이 장은 특별한 경험에 대한 핵심적인 의문에 답한다. "특별한 경험은 실제로 사람들의 선호도를 바꿀까?" "그렇다면 어떻게 그런 일이 가능할까?" "어떻게 하면 그 일을 더 잘 할 수 있을까?" 여기에서 윤리적인 문제도 부상한다. "마케터, 교육자, 영화 제작자에게 사람들의 선호도를 바꿀 수 있는 능력이 있어도 괜찮은 것일까?"

설득하는 뇌

1장에서 이야기했듯이 뇌의 비용-편익 계산 능력은 온전하지 못하다. 사람이 지치거나 스트레스를 받거나 배가 고프거나 화가 나거나 아름다운 사람 옆에 서 있는 경우, 뇌는 정보 처리를 다르게 하기 때문이다. 선택을 할 때 사회적 영향이 특히 강하게 작용한다. 식당에 가서 메뉴를 보고 닭요리를 주문해 놓고는 다른 사람이 스테이크를 주문하면 갑자기 마음이 바뀐 적이 얼마나 많았는지 생각해 보라.

많은 무의식적 요소가 행동에 영향을 미친다. 심리학자 제프리 밀러Geoffrey Miller와 그의 동료들이 진행했던 유명한 연구에서는 스트립 댄서들이 랩 댄스lap dance(스트립 댄서가 관객의 무릎에 앉아 추는 선정적인 춤-옮긴이)로 버는 돈이 배란기에 더 많아진다는 것을 보여주었다.

피임약을 사용하지 않은 여성들만 추가 수입을 올렸기 때문에 정확한 배란 상태는 자신들도 모르고 있었다. 물론 고객도 배란에 대해서 알지 못했다. 배란기의 주된 신경화학물질인 에스트로겐과 프로게스테론이 무의식적으로 춤이 섹시하게 보이도록 영향을 준 것으로 보인다. 다른 연구는 자연 주기를 가진 여성이 배란기에 목소리가 높아져서 무의식적으로 잠재적 짝에게 자신이 번식이 가능할 만큼 충분히 젊다는 신호를 보낸다는 것을 보여주었다.

신경과학에는 숨기고 싶은 비밀이 있다. 평균이 큰 의미가 없다는 것이다. 지난 20년 동안 내가 진행한 거의 모든 실험에서 신경 활동은 평균 주변으로 엄청난 변동을 보였다. 이런 신경학적 다양성에는 하나의 신경과학 측정 장비로는 감히 포착할 수 없는 두뇌 영역 간 엄청난 수의 피드백 루프가 한몫을 한다. 이런 문제를 제거하기 위해 우리 연구소는 동시에 10여 가지 신경 신호를 측정한다. 다중 측정 접근법은 같은 경험이라도 다른 사람이 할 경우, 뇌와 말초신경계의 다른 부분이 다른 시간에 다른 강도로 활성화된다는 것을 보여준다. 실험에서 뇌 활동을 측정하기 위해 뇌전도EEG나 기능적 자기공명영상$_{fMRI}$ 등 하나의 기법만을 사용한다면 병렬 처리되는 활동과 피드백 루프는 포착하지 못할 가능성이 크다. 이런 다양성의 원천 중 하나는 뇌를 적시는 200가지 신경화학물질이다. 배란기에 행동이 변하는 댄서와 마찬가지로 신경화학물질은 뇌가 내외부 환경의 작은 변화들에 적응하게 해준다. 이런 급속한 적응은 뇌가 비용-편익 계산에서 불완전한 주된 이유이며 앞으로 보게 될 것처럼 설득이 효과를 발휘할 수 있는 주된 이유이기도 하다.

4번의 부정과 1번의 긍정

사람들에게 새로운 기술을 사용하도록 영향을 주는 것은 쉬운 일이 아니다. 얼리어답터$_{early\ adopter}$(제품이 출시되면 가장 먼저 구입하고 평가한 뒤 주변에 제품 정보를 알려주는 성향의 소비자군-옮긴이)는 새로운 일을 시도하는 것을 좋아한다. 하지만 우리 연구소가 궁금해한 대상은 얼리어답터가 아닌 평범한 사람들이었다. 어떻게 그들을 설득해서 새로운 소프트웨어 제품을 구입하도록 만들 수 있을까?

우리는 컴퓨터로 미로를 만들고 그 안을 탐색하는 사람들의 신경 반응을 측정하는 실험을 설계했다. 1분 내로 미로의 끝에 도달하면 돈을 벌 수 있었지만, 대부분의 미로는 오리무중이었고 사람들은 현재 위치에서 2번쯤 앞의 움직임만 볼 수 있었다. 참가자들은 조언을 제공하지만 완벽하지는 않은 조력 알고리즘을 구매할 수 있었고 혼자 길을 찾을 수도 있었다. 알고리즘 구매에 영향을 주는 것이 무엇인지 확인하기 위해서 참가자들이 받는 조력 알고리즘 정보에 관한 내용을 달리 설정했다. 어떤 사람은 정확도에 대해 들었고, 어떤 사람은 돈을 내고 알고리즘을 사용한 이전 참가자의 비율을 들었다.

사회적 증거(이전 참가자의 54%가 알고리즘을 이용했다)는 품질이 낮음에도 불구하고 알고리즘 정확도 정보보다 강한 설득력을 발휘했다. 신경학적 데이터는 알고리즘에 관한 정보는 없고 정확도를 알고 있을 때, 사람들은 단순하게 효과가 있을 것이라 가정했다. 이렇듯 '알고리즘 감시algorithmovigilance'가 없는 사람은 운전 보조 소프트웨어를 모니터링 할 필요가 없다고 생각하는 운전자처럼 위험할 수 있다. 반대로 사회적 증거의 영향을 받은 경우, 사람들은 알고리즘을 주의 깊게 모니터했고, 그 결과 미로를 빠져나오는 경우가 더 많았다. 우리는 예상치 못한 보너스도 발견했다. 알고리즘의 도움으로 미로를 완주한 사람들은 혼자 미로에서 길을 찾느라 고생한 사람들보다 과제가 쉽다고 생각했다. 알고리즘이 즐거운 경험을 전달한 것이다.

이 데이터를 활용하여 우리는 설득이 쉬운 사람들의 특징을 찾을 수 있었다. 일반적으로 타인을 신뢰할 만한 사람이라고 생각하는 참가자들은 사회적 증거에 상당한 영향을 받았고 알고리즘을 구매할 가능성이 2배 이상 높았다. 우리는 여성은 알고리즘의 정확도보다 사회적 증거의 영향을 많이 받고 남성들보다 알고리즘을 2배 많이 구매한다는 것도 발견했다.

연구는 설득에 대한 몇 가지 단서를 주었다. 이전 연구에서처럼 사회적 증거는 영향을 미치는 가장 효과적인 방법이다. 사회적 증거는 정보가 믿을 만한 출처에서 비롯되었을 때만 효과적인 것이 아니다. 비교 집단과의 유사성을 확인할 때도 신뢰가 구축된다. 이것은 '우리 같은 사람들' 접근법으로 더 익숙하다. 우리와 같은 사람들이 이런 일을 하고 있다면, 나도 해야 한다. 반대로 출처가 신뢰할 수 없다고 인식될 때 사람들은 메시지를 무시한다.

우리는 작은 발걸음이 큰 승리로 이어질 수 있다는 것도 발견했다. 알고리즘을 활용한 참가자들은 미로를 완주하고 돈을 버는 게 쉽다고 생각했다. 그들은 다음 실험에서도 알고리즘을 선택할 가능성이 컸다. 처음에 몇 번만 알고리즘을 사용하면 미로 완주 확률이 100%가 되도록 연구를 조작해서 참가자들이 알고리즘을 더 사용하도록 영향을 줄 수도 있었다. 이런 '승자 효과'는 스트레스 호르몬을 억제하고 사람들을 설득해서 하고 있는 일을 계속하게 만든다. 작은 승리는 영향력의 효과를 확장한다.

설득이 어려운 또 다른 주제, 기후 변화에 대해 생각해 보자. 행동이 말보다 중요하다는 내 좌우명에 따라 우리 팀과 나는 환경 보호를 위한 행동을 취하도록 사람들을 설득할 수 있는지 확인하는 연구를 기획했다. 우리는 참가자들에게 비영리 조직에서 만든 환경 파괴에 대한 여러 동영상을 보여주었다. 영상의 절반은 사실을 기반으로 했고, 다른 절반은 스토리를 기반으로 했다. 참가자들은 각 영상을 볼 때마다 돈을 벌었고 원한다면 번 돈을 영상에 등장하는 비영리 단체에 기부할 수 있었지만 의무는 아니었다. 보상은 얼마 되지 않았고 참가자들은 몸통과 손가락에 전극을 부착하는 불편함을 감수해야 했다. 이것이 기부라는 결정을 의미 있게 만들었다.

기후 변화에 대한 스토리가 사실로 채워진 영상에 비해 2배 많은 기부를 유도했다는 것은 그리 놀랍지 않을 것이다. 사람들은 사실보다 스토리에 더 몰입한다. 이런 신경학적 반응은 그들의 몰입을 예측했다. 우리가 그들의 선호도를 변화시켰는지 시험하기 위해 참가자들에게 그린피스Greenpeace 뉴스레터를 구독하고 2주 후에 후속 설문에 참여하기로 약속할 기회를 주었다. '스토리 그룹'이 2가지 제안에 동의할 확률은 '사실 그룹'보다 2배 높았다. 우리는 또 다른 행동 측정도 포함시켰다. 환경에 대한 스토리를 시청한 사람들은 사실만 시청한 사람에 비해 서면 지시에 따라 책상을 치우는 비율이 2배 높았다. 우리는 정보가 영상이 아닌 책자로 제시되었을 때 결과가 유지되는지도 시험했다. 결과는 같았다.

행동 데이터에 따르면 우리가 만든 선호도 변화가 최소 몇 주 동안 이어진 것으로 나타났다. 사람들은 몇 주간 메시지를 강화하는 여러 행동을 취했다. 다음 몇 주, 몇 개월 동안 환경 보호를 위한 행동을 계속 취해 달라고 요청하는 추가적인 정보를 보낸다면 참가자들의 영구적인 선호도의 변화도 끌어낼 수 있는 것이다.

4장에서 이야기했던 것처럼 반복은 사람들이 정보를 기억하는 데 도움을 줄 뿐 아니라 뇌에서 정보를 공고히 함으로써 선호도의 변화로 이어지게 할 수 있다. 이를 기술적으로는 장기 상승 작용LTP, long-term potentiation이라고 한다. 회로 속의 뉴런이 강하게 활성화되고 과정이 계속 반복될 때 일어난다. LTP는 '함께 발화하는 뉴런은 서로 결합한다'라는 말로 설명할 수 있다. 반복적인 활성화가 신경 회로의 연결을 강화시켜 장래에 활성화될 가능성을 높인다는 뜻이다. 스포츠에 능숙해지는 것이 바로 이런 방식을 따른다. 처음에는 어렵지만 충분한 연습을 거치면 즐길 수 있게 된다.

환경이든 다른 어떤 것이든 선호도를 바꾸려면 뇌가 받아들이는 정보는 몰입도가 높아야 하고 반복적이어야 한다. 다시 말해 콘텐츠 제작자는 사람들이 다시 찾고 싶은 경험을 만들어야만 한다는 의미다. 영업도 마찬가지다. 계약을 성사시키려면 영업사원은 잠재 고객과 여러 번 이야기를 나눠야 한다. 기업 간 영업에 있어서는 바로 구매할 의도를 가진 잠재 고객이 3%에 불과하다. 마이크로소프트 연구에 따르면 영업(판매)의 80%가 잠재 고객에게 '예스'라는 답을 듣기까지 평균적으로 4번의 '노'를 들어야 했다. 반복은 영업의 기본이다. 스토리텔링과 사회적 증거에 반복까지 추가하면 계약 성사의 가능성은 수직 상승한다.

정치적 선호는 변화할 수 있을까?

참가자에게 약을 투여하는 실험을 진행할 때면 우리는 약효가 있는 동안 가능한 많은 데이터를 수집해서 해당 물질에 노출되는 사람의 수를 줄이기 위해 노력한다. 2007년 미국 대통령 선거 운동 기간에 나는 옥시토신 투여 연구를 진행했다. 정치학자인 동료 제니퍼 메롤라Jennifer Merolla의 도움을 받아 사람들의 정치적 선호도를 평가하고 위약을 받은 통제 조건과 비교했다.

연구 당시 공화당의 조지 W. 부시가 대통령으로 재임 중이었고 의회는 민주당이 장악하고 있었다. 모두 미국 시민권을 가지고 있는 참가자들에게 대통령을 비롯하여 뉴스에 자주 등장하는 민주당 의원과 공화당 예비 선거 후보 등 정치인을 얼마나 신뢰하는지 물었다. 우리의 연구에 따르면 옥시토신이 공화당 정치인들에 대한 민주당 지지자의 신뢰도를 높이기는 했지만, 신뢰도가 낮은 상태에서 연구에 참여한 사람들에게 나타났다. 이 사람들의 경우, 옥시토신이 다른 정당의 정치인뿐만 아니라 일반 사람들에 대한 신뢰도도 높였다. 공화당 지지자들의 민주당 정치인에 대한 신뢰도는 옥시토신 투여의 영향을 받지 않았다.

옥시토신은 사회적 증거의 신경화학적 신호다. 정보가 신뢰할 만하다고 뇌에 말해주는 것이다. 그런데 왜 민주당 지지자들만이 영향을 받았을까? 이를 알아보기 위해 우리는 정치가 다시 뉴스의 중심이 된 2011년 미국 대통령 선거 기간에 실험을 진행했다. 이때는 오바마 대통령의 재선이 불투명했다. 2011년 8월, 여론 조사는 민주당 후보인 오바마가 공화당 후보 미트 롬니Mitt Romney에 2% 차이로 밀리고 있다는 것을 보여주었다. 당시 롬니는 공화당 대통령 후보 지명 여론조사에서 텍사스 주지사 릭 페리Rick Perry와 동률을 기록했고 론 폴Ron Paul 상원의원과 미셸 바크먼Michele Bachmann 하원의원에 각각 2%, 4% 차이로 앞서 있었다.

선호도를 직접적으로 평가하기 위해, 우리는 참가자들에게 후보에 대해 느끼는 호감도를 1에서 100까지의 척도로 평가해 달라고 요청했다. 이는 정치학에서 흔히 사용되는 접근법이다. 미국 시민들만이 참여할 수 있었고 이번에 우리는 다른 약, 합성 테스토스테론을 사용했다. 인과관계를 증명하는 가장 효과적인 방법은 1가지 이상의 생리적 도전이 행동을 변화시킨다는 것을 입증하는 것이다. 테스토스테론은 간단히 말해 항抗옥시토신이다. 우리 연구소를 비롯한 많은 연구소가 테스토스테론이 반응 공격성, 이기심, 자기 능력에 대한 자신감을 높인다는 것을 발견했다. 테스토스테론이 정치적 선호도에 영향을 미치는지에 대해서는 시험이 이루어진 적이 없었다.

실험을 시작할 때 혈액 샘플을 채취한 우리는 공화당원과 민주당원들의 테스토스테론 수치가 같다는 것을 발견했다. 그러나 당에 대한 지지 강도에 따라 표본을 나누자 지지도가 낮은 민주당원의 기준 테스토스테론이 강성 민주당원들에 비해 9% 높다는 결과가 나왔다. 공화당 지지자의 기준 테스토스테론은 지지 강도에 따라 달라지지 않았다. 약물이 뇌에 들어갈 시간을 주기 위해 테스토스테론을 투여하고 16시간이 지난 후 참가자들을 다시 테스트했다. 지지도가 낮은 민주당원에게 테스토스테론을 추가로 투여하자 민주당에 대한 헌신도는 12% 감소했고 공화당 대통령 후보에 대한 호감도는 45% 증가했다. 테스토스테론은 지지 강도가 높은 민주당원이나 공화당원(지지도가 높든 낮든)들에게는 영향을 미치지 않았다. 두 연구의 결과는 공화당원에 비해 민주당원이 더 개방적이고 따라서 설득될 가능성이 크다는 연구 결과와 일치했다.

정치학자들은 민주당원에서 공화당원으로 선호도가 변화하는 것을 '레드 시프트red shift'라고 말한다. 테스토스테론이 모든 사람에게 레드 시프트를 야기한 것은 아니었다. 약한 지지도가 증명하듯이 이미 공화당 관점에 보다 열려 있었던 민주당원에게만 영향을 미쳤다. 이 그룹은 높은 기준의 테스토스테론 때문에 다른 사람의 생각보다 자기 의견에 대한 자신감이 커져 있었을 수도 있다. 대상이 영향을 주고 싶은 방향으로 이미 기울어져 있을 때 설득은 성공할 가능성이 커진다. 옥시토신과 테스토스테론 투여 연구를 기반으로 선호도를 바꾸기 위해서 약물이 필요하다는 결론을 내려서는 안 된다. 이 접근법은 신경화학물질이 선호도, 특히 상당히 안정적이라고 여겨지는 정치적 선호도에까지 인과적 영향을 준다는 것을 보여주기 위해 사용되었다.

연구를 실용적으로 응용할 수 있다. 예를 들어 축구 경기나 권투 경기를 시청하면 남성의 테스토스테론 수치가 높아진다. 정치 광고가 테스토스테론에 영향을 주려면 시트콤 중간에 내보내기보다 이러한 운동 경기 중간에 내보내야 한다. 그래야 지지도가 약한 민주당원 남성의 투표 행동에 변화를 줄 가능성이 커진다. 앞서 논의했듯이 여성의 선호도 역시 신경화학물질의 영향을 받는다. 연구에 따르면 배란기 여성은 연애 대상인 남성을 평가할 때 대칭인 얼굴을 선호한다고 한다. 남성 정치인의 대칭 얼굴을 강조하는 정치 광고는 배란기인 여성 유권자에게 더 큰 영향을 미칠 수 있다. 지지도가 약한 민주당원이라면 영향은 더욱 클 것이다. 게으른 뇌는 연애 상대에 대한 평가와 지도자 자리를 놓고 겨루는 사람들에 대한 평가를 구분하지 못하는 것 같다.

설득 대상이 인식하든 아니든 생리적·심리적으로 변화에 열려 있을 때, 관심 있는 것에 영향이 집중되어 있다면 설득으로 선호도를 바꿀 수 있다. 생채 에너지가 충분하지 않은 뇌는 사람이 할 수 있는 여러 가지 일들에는 관심이 없다. 뇌는 당장 필요한 몇 가지 일에만 관심을 둔다. 사회적 동물은 사회적 신호를 따른다.

인간은 설득할 수 있는 존재다. 뇌 활동의 상당한 변화는 곧 불완전한 비용-편익 계산기에 설득 가능한 다양한 신경 상태가 존재하고 있음을 의미하기 때문이다. 배고플 때 식료품 쇼핑을 하는 것이 확실한 예다. 피곤한 일과를 마친 뒤 뇌가 다 차단하고 휴식을 원할 때, 새 차를 사는 것도 마찬가지다. 보통은 전전두피질이 첫 번째 선택지를 받아들이지 않도록 가능한 막아 준다. 하지만 피로는 전전두피질의 활동을 억제한다. 당신의 이웃이 분홍색 휠을 단 보라색 닛산_{Nissan} Cube를 사는 이유다. 보통은 아이에게 유기농 식품만 먹이지만 아이가 계속 징징거릴 때 맥도날드 해피밀_{Happy Meal}을 쥐어주고 마는 이유도 여기에 있다.

이 장의 남은 부분은 설득의 가능성을 높이는 두뇌 환경을 어떻게 유도하는지 설명할 것이다. 그 전에 잠깐 다른 사람들을 설득하는 것이 과연 윤리적인지 생각해 보려고 한다.

설득의 윤리학 ─────────────

뇌는 신진대사 활동이 게을러서 신경학적으로 건강한 성인에게 큰 영향을 미치기가 쉽지 않다. 설득이 되려면 뇌의 실행 중추인 전두엽피질이 상당한 활동을 해야 하기 때문이다. 어린이, 인지 장애가 있는 성인, 약물이나 알코올의 영향을 받는 사람들은 선택 능력이 떨어져서 보다 쉽게 설득할 수 있다. 내가 보기에 이런 사람들에게 영향을 주려 하는 것은 거의 항상 비윤리적이다. 하지만 많은 광고가 어린이들을 대상으로 하고 있다. '노'라고 거절할 수 있는 성인에게라면 공정한 게임이다. 사람들이 자신에게 가장 유리한 결정을 내리기 위해서는 충분한 시간과 상당한 수의 선택지가 주어져야 한다. 저녁으로 선택할 수 있는 메뉴가 ① 간, ② 간과 양파라면 선택지가 많다고 할 수 없다.

나의 친한 친구 C 박사는 정신과 의사다. 그는 정신 질환 환자, 망상 환자, 치매 환자, 약물 과다 복용자, 자살 충동 환자를 위한 대형 입원 치료 센터를 운영한다. 그는 의사는 환자와 가족을 설득해서 처음에는 불쾌하게 여겨질 수 있는 치료 과정에 동의하게 해야 한다고 주장한다. 달리 말해 유능한 정신과 의사는 환자가 자신을 위해서 하는 선택을 제한한다는 면에서 (온정적) 간섭주의paternalism여야 한다는 것이다. 환자는 '제정신right mind'이 아니고 스스로 적절한 결정을 내릴 수 없다. 환자의 가족 역시 설득해야 하며 그들은 치료 방법을 거절할 권리와 능력이 있다. 영국의 철학자 존 스튜어트 밀은 다른 사람이나 자신에 대한 피해를 막기 위해서만 (온정적) 간섭주의가 허용된다고 말했다. 이는 선택 능력이 떨어지는 사람들에게도 적용되어야 한다.

이 문제를 조금 더 살펴보자. 당신의 삼촌이 40년 동안 함께 한 아내의 죽음 때문에 너무 상심해서 다리에서 뛰어내리려고 한다고 가정하자. 그가 '제정신'이라고 해서 이런 행동을 허용해야 할까? 사람들 대부분은 자살을 기도하는 사람을 설득해서 그의 마음을 돌려야 하는 윤리적 의무가 있다고 생각한다. 약물 요법은 몇 시간에서 몇 주 안에 자살 충동을 감소시키며 많은 사람이 이 방법으로 극심한 불안을 느끼는 시기를 거쳐 보통의 행복한 삶으로 돌아가는 데 도움을 받는다. 일부 국가와 미국의 일부 주에서는 인지적으로 온전하다는 정신과 의사의 판단을 받은 사람에게 안락사를 허용한다. 의사는 환자가 결과들을 가늠하고 정보에 입각한 선택을 할 능력이 있는지를 판단해야만 한다. 강압 없이 선택지들을 따져 볼 수 있는 능력이 있는 사람에게 영향을 주는 것은 윤리적이다.

우리 연구소에서는 심각하지 않은 상황에서 사람들이 거절하는 능력에 관한 연구를 진행했다. 실험 상황에서 참가자들은 연구원들의 이해에 필요한 모든 콘텐츠를 소비해야 하는 것이 보통이다. 연구 주제가 TV 광고라면 연구에 자원한 참가자가 광고 전체를 보는 동안 신경 반응이 측정된다. 하지만 실생활에서 사람들 대부분은 그들이 선택한 엔터테인먼트 콘텐츠가 나오기 전 먼저 재생되는 광고를 보며 '광고 건너뛰기' 버튼 위로 마우스를 움직인다. 나는 사람들이 콘텐츠 시청을 멈추기로 선택하는 경우와 관련된 뇌의 과정을 이해하는 것이 중요하다고 생각했다.

실험 참가자들에게 사회적 폐해를 완화하는 데 초점을 맞춘 비영리 단체의 영상을 보여주었다. 참가자들은 언제든 영상 시청을 중단할 수 있다는 안내를 받았다. 그들은 영상을 재생하는 것만으로도 돈을 벌었고 시청을 중단하는 데 불이익은 없었다. 빨리 돈을 받고 연구소를 떠나고 싶은 사람들이라면 모든 영상을 몇 초 만에 중단했어야 했다. 참가자들이 영상을 중단하면 그것이 처음이든 중간이든 끝이든 그들이 번 돈을 자선단체에 기부할 수 있는 안내창이 나왔다.

이를 통해 우리는 영상이 행동에 영향을 주는지 평가할 수 있었다.

책을 이 정도까지 읽었다면 사람들이 몰입도가 높은 영상을 더 오래 시청했다는 사실을 알아도 놀라지 않을 것이다. 모든 몰입도 높은 영상은 잘 구성된 서사를 갖고 있었고 이는 사람들에게 시청을 계속할 이유를 제공했다. 사람들은 줄거리 없이 이런저런 장면이 뒤섞인 자선 영상에서는 바로 건너뛰기 버튼을 눌렀다. 가장 흥미로운 발견은 기부할 의무가 없는 상황에서도 시청 시간이 길수록 기부하는 돈이 많아졌다는 점이다. 영상의 4분의 1은 참가자들이 전체를 다 시청할 정도로 몰입도가 높았고 이 자선단체들은 가장 많은 기부를 받았다. 참가자들은 신경학적 좌절을 느낄 때 영상 시청을 중단했다. 즉 사람들이 주의를 기울이고 있지만 서사가 정서적 공명을 유발하지 못할 때 영상은 중단되었다. 참가자들은 실험에서 자신이 내리는 결정의 영향에 대해 제대로 알고 있었고 거절을 해도 어떤 불이익을 받지 않았기 때문에 연구는 윤리적이라고 할 수 있다. '노'라고 말할 수 있는 자유는 곧 '예스'라고 말할 수 있는 자유를 의미한다.

영향력을 숨길 때는 윤리적 문제가 발생한다. 예를 들어 대부분의 미국 대학 캠퍼스는 무제한으로 음식에 접근할 수 있게 된 학생들에게서 나타나는 '신입생 15freshman 15'(대학을 입학하고 몸무게가 약 15파운드가 늘어난다는 것을 표현하는 말-옮긴이) 현상을 막고자 학생 식당의 접시 크기를 줄였다. 노벨 경제학상 수상자인 리처드 세일러Richard Thaler와 공동연구자인 법학 교수 캐스 선스타인Cass Sunstein은 이런 접근법을 자유주의적 간섭주의libertarian paternalism와 넛징nudging이라고 부른다. 그들은 사람이 무엇이든 원하는 결정을 내릴 수 있어서 이런 식으로 선택에 영향을 미치는 것이 자유주의적이지만, 선택의 구조가 그들을 '더 나은' 결정으로 인도하기 때문에 간섭주의적이라고 말한다. 넛지는 영향력의 지렛대를 숨겨서 사람들이 자신의 선택이 어떻게 조작되는지 인식하지 못하게 만든다.

또 다른 문제는 의도치 않은 결과다. 선의의 넛지는 드물긴 하지만 예기치 못한 결과를 낳을 수 있다. 메뉴에서 도넛을 없애는 것은 좋은 생각이다. 그렇다면 인슐린을 맞고 혈당을 안정시키기 위해 도넛이 필요한 당뇨병 환자라면 어떨까? 그는 도넛을 먹을지 말지를 선택할 수 없어서 더 좋지 못한 상황에 놓인다. 밀의 위해危害 원칙과 자유주의적 간섭주의는 평균을 중심으로 큰 변화가 없기 때문에, 더 좋지 못한 상황에 놓이는 것은 극소수의 사람이라는 전제를 기반으로 하고 있다. 또한 이런 접근법은 선택에 대한 영향력이 숨어 있을 경우 선택지를 평가하려는 인지적 노력을 확장할 수 있다고 추정한다. 이 2가지 가정 모두가 신경과학적 발견과 대립한다.

선택 구조에서 아주 미묘한 요소들에 '노'라고 거절할 수 있는 능력을 생각하면 더 걱정스럽다. 많은 넛지가 인지편향cognitive bias(사람이 비논리적인 추론으로 인해 잘못된 판단을 하는 것-옮긴이)을 이용하기 때문이다. 넛지는 처음에는 이자율이 낮지만 시간이 지나면서 폭등하는 신용카드를 신청하게 만들 수도 있다. 물건이나 서비스 구매에 대한 '추천'도 넛지다. 추천은 인지 부하를 줄이고 비교를 통해 욕구를 감소시켜 더 나은 거래를 찾을 수 있게 도와주어서 유용하다. 하지만 인지편향을 이용하는 넛징은 그 사람이 자신이 넛지의 대상이라는 것을 모를 경우 비윤리적인 길로 빠질 수 있다. 사람들은 자기 삶을 선택할 수 있는 자율성에 가치를 둔다. 가장 좋은 방법은 영향력의 출처를 투명하게 공개하고 사람들이 쉽게 거부 의사를 밝힐 수 있게 하는 것이다.

TARES 테스트는 설득 커뮤니케이션이 윤리적인지 평가하는 방법이다. 'TARES'는 'Truthfulness진실성' 'Authenticity진정성' 'Respect존중' 'Eduity형평성' '(social) Responsibility(사회적) 책임'의 줄임말이다. TARES 기준을 충족하는 커뮤니케이션은 솔직하고 공정하며 상대에게 진정한 혜택을 제공한다. TARES는 메시지, 경험, 교육의 영향력이 윤리적인지 아닌지를 판단하는 심사 도구로 사용할 수 있다.

사회적 동물인 인간은 주변 사람들을 설득하려고 끊임없이 노력한다. 부당한 영향이나 강압이 없고 설득의 방법이 알려져 있고 설득의 대상이 '노'라고 답할 수 있다면, 다른 사람을 설득하는 것은 윤리적이다.

설득의 공식

4장에서 심리적 안전을 새로운 정보가 뇌에 들어오게 만드는 신경 대역폭이라고 설명했다. 심리적 안전이 약하면 사람들은 위험 회피적 성향이 발달하고 미래의 이익보다는 당장의 비용에 집중한다. 심리적 안전감이 확보되지 않으면 설득의 가능성은 작다.

심리적 안전을 강화하는 1단계는 믿을 만한 사람으로 인식되는 것이다. 서로를 알고 있는 사람의 애정 어린 소개가 가장 효과가 좋다. 소개가 없다면 학교, 회사, 살았던 지역에서 공통점을 찾아야 한다. 나는 언어에 집착하기 때문에 상대의 억양이 어느 지역의 것인지 추측하면서 유대를 형성하곤 한다. "버지니아 출신이세요? 전 1990년대 후반에 알링턴에 살았어요. 정말 좋은 곳이죠" 이 정도면 공통의 경험을 보여줄 수 있다. 사람들은 자신과 비슷한 사람에게 심리적 안전을 느낄 가능성이 크기 때문에 설득당할 가능성도 커진다.

보통, 여성의 경우 남성보다 쉽게 심리적 안전을 불러일으키기 때문에 설득에 유리하다. 영업 데이터가 이를 뒷받침한다. 2019년의 한 연구는 여성의 86%가 영업 목표량을 달성했지만 남성들의 달성 비율은 78%임을 보여주었다. 이 분석은 영업 성과가 좋은 여성들은 유대와 협력에 중점을 두지만, 남성들은 목표 달성에 초점을 맞춘다는 것을 보여주었다. 유대는 심리적 안전의 토대이며 우리는 신뢰할 수 있을 것 같은 사람들과 유대를 형성한다. 여성들은 공감의 측면에서도 유리하기 때문에 도움이 되는 사람으로 인식된다. 가장 인기 있는 가상 비서, 시리Siri와 알렉사의 목소리가 기본적으로 여성으로 설정되어 있는 것도 그 때문이다. 여성의 뛰어난 공감력은 그들이 쉽게 상대의 옥시토신 분비를 유발해서 정치적 견해에서부터 구매 결정에 이르는 모든 것에 영향을 준다는 것을 의미한다.

또한 인간은 생리적 모방을 한다. 5장에서 논의했듯이 사람은 다른 사람과 감정 상태를 공유할 경우 신경 활동이 동기화된다. 이는 몰입에서만 일어나는 것이 아니라 심리적 안전에서도 일어난다. 영업 사원이 긴장을 풀면 잠재 고객에게도 심리적 안전이 전달된다. 생리적 전염은 설득하는 사람과 대상이 비슷한 성격 특성을 가지고 있을 때 더 원활하게 일어난다. 그렇지 않은 경우라도 연습만 조금 하면 어렵지 않게 상대의 성격 유형을 파악해서 그들이 선호하는 유형의 언어로 커뮤니케이션을 할 수 있다. 약자로 OCEAN, 'Openness개방성' 'Conscientiousness성실성' 'Extraversion외향성' 'Agreeable친화성' 'Neuroticism신경성'이라 표시하는 소위 빅5 유형이 통계적 유효성이 가장 높지만, 내 경우에는 4개 차원의 마이어스 브릭스 성격 유형 지표MBTI, Myers-Briggs Type Indicator가 단순해서 다른 사람들과의 유대 구축을 원할 때 간편하게 사용할 수 있다고 생각된다. 성격은 사람들이 말을 하는 방식, 그들이 읽는 책, 그들이 가진 직업의 유형에서 드러난다. 빅5나 MBTI와 같은 유형 분리 체계는 설득하고 싶은 상대의 언어 습관을 사용하여 심리적 안전을 높이고 따라서 영향력을 키우는 데 도움을 줄 것이다.

350만 명을 대상으로 한 온라인 연구에 따르면 표적 고객의 지배적인 성격 특성에 호소하도록 설계된 설득 메시지는 일반적인 메시지나 비지배적 성격 특성에 맞춘 메시지에 비해 클릭수가 40% 많았고 최대 50% 더 많은 구매로 이어졌다고 한다. 일례로 지배적인 특성이 친화성(빅5 유형 중)이거나 그에 해당하는 감정(마이어스-브릭스)인 사람은 행동 방식이 다른 사람에게 도움이 되면 설득을 당한다. 현재는 실시간으로 성격 매칭이 가능한 기술이 존재한다. 대형 콜센터는 음성 분석 소프트웨어를 사용하여 단편적인 말을 분석하고 전화를 건 사람의 성격에 맞는 서비스 상담원과 연결한다. 전화를 건 사람과 서비스 상담원이 비슷한 성격일 경우 문제가 해결될 가능성이 크고 속도도 빨라진다. 이것이 강력한 '나 같은 사람들' 접근법이다.

2016년 공화당 토론회에서 몰입도를 측정한 것 외에 우리는 민주당 대통령 후보들의 토론 중에도 몰입도를 측정했다. 유권자의 대부분은 당에 대한 지지도가 약한 민주당원들이었기 때문에 힐러리 클린턴 전 국무장관이 자신에게 표를 던지도록 이들을 설득하지 못한 것도 그리 놀랄 일은 아니다. 힐러리 클린턴과 버니 샌더스Bernie Sanders 버몬트 상원의원은 2016년 3월 9일 민주당 예비 선거 후보로 맞붙었다. 이전의 연구와 비슷하게 우리는 캘리포니아 예비 선거에서 투표할 계획인 민주당원들이 우리 연구소에서 토론회를 생방송으로 시청하는 동안 몰입도를 측정했다.

당시 여론조사는 유권자들이 큰 차이로 클린턴을 선호한다는 것을 보여주었으며 그녀의 토론회 발언 시간은 샌더스보다 31% 길었다. 하지만 1시간 행사의 평균을 구하면 민주당 유권자의 몰입도는 클린턴이 발언할 때보다 샌더스가 발언할 때 11% 높았다. 행사의 진행 시간이 길면 뇌는 계속해서 기준선으로 되돌아가기 때문에 몰입도 차이는 크지 않은 것이 보통이다. 더 자세히 알아보기 위해서 우리는 시청자들이 집중하는 2분간의 마무리 발언 중 몰입도를 분석했다. 이 시간 동안 샌더스에 대한 몰입도는 100점 만점에 54점인 반면 클린턴이 민주당 유권자들에게서 유발한 몰입도 점수는 100점 만점에 단 5점이었다. 다시 말해 샌더스가 마무리 발언 동안 민주당 유권자들로부터 클린턴보다 10배 높은 몰입을 끌어낸 것이다. 이 토론회에서 클린턴의 성적은 형편없었지만 그럼에도 불구하고 클린턴은 민주당 대통령 후보로 선출되었다. 클린턴이 미국 대통령이 될 자격을 가졌다는 것을 의심하지는 않는다. 하지만 우리 데이터는 그녀의 로봇과 같은 커뮤니케이션이 소파에서 일어나 투표를 하러 가고 싶은 의욕을 불러일으키지는 못했다는 것을 보여주었다. 퓨 리서치 센터 Pew Research Center의 선거 후 분석에 따르면, 유동층 중에 48%가 트럼프에게 투표한 반면 클린턴에게 표를 던진 쪽은 42%였다. 이것이 선거의 결과를 바꿨다.

설득을 위해서는 메시지의 몰입도가 행동을 유발할 정도로 높아야 한다. 상황적 관련성contextual relevance은 뇌가 정보에 쏟는 에너지의 양에 직접적인 영향을 미친다. 우리는 2장에서 담뱃갑 그림을 보는 흡연자에 대해서 논의했다. 스토리텔링은 관련성을 구축하고 뇌를 몰입시키는 가장 효과적인 방법이다. 설득 메시지는 화끈하게 시작해서 도파민의 주목을 끌도록 하되 지나치게 공격적으로 만들면 안 된다. 공격적인 메시지는 심리적 안전감을 떨어뜨리고 귀를 닫게 만든다. 이런 이유 때문에 공포에 호소하는 방법을 사용할 때는 엄청난 주의가 필요하다. 설득 대상이 몰입 절정에 있는 순간에 행동을 촉구해야 효과적인 설득이 가능하다.

책 전체에 걸쳐서 이야기한 원칙들을 엮어 내면 설득에 사용할 수 있는 공식을 얻게 된다. 이 공식의 요소인 'Staging준비' 'Immer sion몰입' 'Relevance관련성' 'Target목표' 'Action행동'을 줄여서 'SIRTA'라고 부르고 certain확실한과 발음이 같은 'SIRTAin'으로 기억하면 된다. 요소들은 뇌의 비용-편익 계산 방향을 편익 쪽으로 맞추어 설득의 가능성을 높인다. 행동에 영향을 주기 위해서는 SIRTA의 각 단계가 모두 필요하다. 한 단계라도 빠지면 다른 사람들에게 영향을 주는 능력은 사라진다. 각 단계를 차례로 설명해 보기로 하자.

준비는 영향력을 발휘하기 위한 전제 조건으로 메시지를 전달하기 전에 심리적 안전을 확보한다. 앞서 논의했듯이 심리적 안전은 신경학적 대역폭을 마련해 설득 대상이 정보를 받아들일 수 있도록 한다. 불안하거나 스트레스를 받거나 어찌할 바를 모르거나 산만하거나 화가 났을 때는 위기를 즉시 해결해주는 것이 아닌 한 정보를 받아들일 신경학적 자원이 없다. 설득하는 사람이 심리적 안전을 조성하는 하나의 방법은 '우리 같은 사람들'이 바라는 행동을 하는 사회적 증거를 보여주는 것이다. 준비는 메시지 전달의 시점과 배치도 결정한다. 월터 크롱카이트Walter Cronkite(전 앵커, 방송기자-옮긴이)가 정규 프로그램을 중단하고 존 F. 케네디 대통령의 피격 소식을 전한 직후에 편성대로 발랄한 네스카페Nescafé 인스턴트커피 광고가 방영되었다. 시청자들은 케네디 암살 사건의 충격으로 인스턴트커피가 삶의 질을 향상시킬 것이라고 주장하는 메시지를 받아들일 능력을 상실한 상태였다. 메시지 이전에 오는 것은 메시지 자체만큼 중요하다. 다음 대면 회의에서 실험해 보라. 모두에게 전화기를 무음으로 해 달라고 요청하는 것이다. 이는 방해 요소를 제거할 뿐 아니라 공간에 있는 사람들에게 당신의 지시를 따르도록 준비를 시켜 당신이 요청하는 다음 일도 쉽게 수행하게 만든다.

몰입은 사람들의 뇌가 메시지를 가치 있다고 인식하게끔 만든다. 몰입은 뇌를 항상성에서 벗어나게 해서 메시지의 인지적, 정서적 내용을 인식하게 한다. 2장에서 논의했듯이 몰입도가 높은 메시지는 보통 서사 구조를 갖추고 있고, 홍보하는 행동으로 주인공이 직면한 위기를 해결하는 제품-스토리 간의 일치를 보여준다. 몰입은 '보는 대로 따라한다'는 인간 두뇌가 가진 극도의 사회성을 이용한다.

관련성은 메시지에 할당되는 신경 처리의 양을 결정한다. 이 역시 2장에서 논의했다. 신경학계에서는 이것을 '하향 조절'이라고 부른다. 정보가 그 사람의 욕구와 관련이 있을 때라면 뇌의 상부(피질)는 정보 처리 영역의 활동성을 높인다. 관련성은 몰입도가 높은 메시지의 효과를 강화한다. 반대로 정보가 관련성이 없을 때면 하향 조절은 신경 활동을 감소시킨다. 예를 들어 당신의 뇌는 매력적인 하기스 Huggies 기저귀에 대한 설명을 즐기기는 하지만 집에 아기가 없다면 정보를 바로 폐기한다. 아기가 있다면(그리고 아기가 메시지에 대한 준비를 방해할 정도로 심하게 울고 있지 않다면), 몰입도가 높은 메시지는 큰 가치를 가진다. 관련성이 있는 메시지는 그림, 로고, 음악과 같은 메시지 속 단서를 통해 쉽게 떠올릴 수 있게 한다. 이런 단서 회상cued recall은 영향을 미칠 가능성을 높인다.

표적화는 메시지를 좋아할 사람들을 찾는다. 메시지에 깊이 몰입하는 슈퍼팬을 찾으면 설득의 가능성은 커진다. 슈퍼팬은 메시지에 따라 행동하기만 하는 것이 아니다. 그들은 다른 사람들과 정보를 공유해서 메시지의 영향력을 확대한다. 슈퍼팬을 활성화하려면 비슷한 경험의 기억을 불러오는 언어, 음악, 장소, 기타 아이콘을 사용해 인구학적, 심리학적 특징에 부합하도록 메시지를 맞춤화해야 한다. 슈퍼팬을 찾게 되면 메시지를 특정 집단에게 보낼 수 있는 방법도 드러난다. 기업들은 판매 데이터를 통해 표적 인구층을 파악한다. 더하여 특정 메시지가 표적 인구층에서 혹은 다른 인구층에서 높은 몰입도를 유발할지 반드시 확인해야 한다. 때로는 브랜드의 핵심 지지층을 위한 새로운 콘텐츠를 만드는 것보다 그외의 인구층을 효과적으로 겨냥하는 기존 콘텐츠를 내놓는 것이 비용 효율이 높을 때도 있다. 몰입의 측정으로 예상하지 못했던 슈퍼팬을 찾는 경우도 많다.

행동은 긴급한 필요성이 있을 때 메시지에 따라 나타날 가능성이 더 크다. 1장에서 보았듯이 몰입은 뇌의 긴장과 같다. 설득 대상은 행동을 취함으로써 메시지가 준 긴장을 해소한다. 결과적으로 몰입 절정에 행동을 촉구하는 영업 문구를 넣는 것이 가장 효과적이다. 전통적으로는 서사가 마무리되고 몰입도가 떨어진 메시지 마지막에 영업 문구를 넣는다. 콘텐츠 제작자들은 마지막 영업 문구에서 몰입이 절정에 이르는 방향으로 혹은 몰입도가 가장 높은 메시지의 중간에 영업 문구를 넣는 방향으로 메시지를 수정해야 한다. 또한 긴장감이 떨어지기 전에 행동을 취할 수 있도록 행동하는데 놓여 있는 마찰을 줄여야 한다. 대부분의 TV 광고를 유튜브에 게시하지만 구매를 위한 하이퍼링크는 게시되지 않는다. 바로 지금이다! 바로 지금이 구매를 쉽게 만들어야 할 때다. 시장을 움직이는 것은 감정이라는 점을 항상 기억하라.

설득의 공식 = 준비 + 몰입 + 관련성 + 표적화 + 행동

선호는 쉽게 영향을 받는다. 정보가 관련성이 있고, 몰입도가 높고, 반복적이면 기본적인 신경 및 행동 반응을 수정하는 뇌의 경로를 강화한다. 뇌는 학습기관이며 나이가 많은 개도 얼마든지 새로운 요령을 배울 수 있다. 요령이 적절하게 제시되기만 한다면 말이다.

새로운 요령을 배우는 것은 즐거운 일이 될 수 있다. 마지막 장에서는 몰입도 높은 경험이 어떻게 삶의 질을 끌어올리는지 알아본다.

Key Point

1. 설득을 위해서는 우선 심리적 안전을 조성해야 한다.
2. 이후 공감으로 유대를 형성한다.
3. 설득은 메시지가 반복되어 기억에서 강화될 때 더 효과적이다.
4. 메시지는 듣는 사람의 성격 유형에 맞추어야 한다.
5. 행동을 유발하기 위해서는 몰입도 높은 스토리, 특히 결정을 내려서 긴장이 해소되도록 만드는 스토리를 전달해야 한다.

8장

행복을 위한 방법

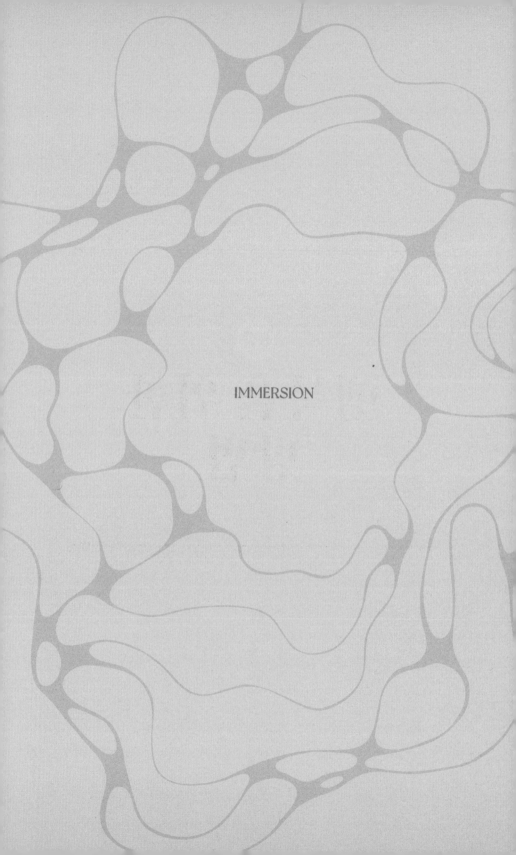

IMMERSION

✳ 욕망의 뇌과학 ✳

영국의 시인 알프레드 테니슨Alfred Tennyson은 1850년 "이빨과 발톱이 붉게 물든 자연"이라는 시구를 남겼다. 생명 작용은 분명 잔인하다. 그리고 불공평하다. 또한 당신이나 나를 조금도 배려하지 않는다. 물론 미래 세대에게 당신의 소중한 유전자를 물려줄 수 없을 때의 이야기다. 그럴 수 있다면 승자는 당신이다.

생명 작용을 지배하는 큰 원칙은 당신이 유전자 복제 기계에 불과하다는 것이다. 생명 작용의 궁극적인 목표가 가장 강한 자만이 살아남는 것이라면 왜 사람들은 다른 사람에게 친절한 행동을 하는 것일까? 도대체 왜 인간은 행복해지는 데 집착하는 것일까? 매달 행복추세에 대한 설문조사 결과가 발표되고 각국의 정부는 국민총행복을 측정하는 기관을 만들었다. 그러나 생명 작용에서 가장 중요한 것은 유전자의 생존과 유지다.

우리 연구소를 비롯한 여러 연구소의 최근 연구에 따르면 행복의 근원은 뇌에 있고 뇌는 삶의 질에 매우 깊은 영향을 준다. 연구에는 좋은 소식도 나쁜 소식도 있다. 삶의 만족도의 절반 정도는 부모님이 물려주신 유전자 때문이다. 여기에는 영향을 줄 방법이 거의 없다. 하지만 당신이 하는 선택과 당신이 참여하기로 선택한 경험을 통해 다른 절반에는 영향을 줄 수 있다.

이 장은 특별한 경험이 삶의 질을 높이는 이유, 그리고 삶에서 느끼는 만족도를 체계적으로 높일 수 있는 선택의 방법에 관해 설명할 것이다. 당신은 단순한 유전자 복제 기계가 아니다. 사람들이 행복에 집착하는 데에는 그만한 이유가 있다.

호혜주의적 인간

모든 종은 생존을 위해 애쓰고 번식을 위해 노력한다. 약 20만 년 전의 우연한 돌연변이 덕분에 초기 호모 사피엔스는 사회적 정보에 더 민감한 존재가 되었다. 이런 돌연변이는 뇌 전두엽의 옥시토신 수용체 수를 늘려 우리 조상들이 다른 사람이 하는 일을 인지적으로 이해하고 거기에서 더 나아가 다른 사람의 감정까지 경험할 수 있게 만들었다. 사회적 자원을 보다 효과적으로 활용할 수 있게 하여 초기 인류의 생존을 도운 것이다.

시간이 흐르면서 돌연변이는 퍼지기 시작했다. 호모 사피엔스는 우리 속屬이 수백만 년 동안 유지해 왔던 친족 기반의 소규모 집단생활에 머물지 않고 점점 크고 복잡한 사회에서 살 수 있게 했다. 다른 사람의 의도를 직감할 수 있었던 덕분이다. 가장 기본이 되는 사회적 정보는 도움을 주거나 피해를 주려는 의도다. 문화가 번성함에 따라 사회는 도움을 주는 사람들을 포용하고 이기적이고 폭력적인 사람들을 배척하는 규범을 개발했다. 인간은 오랫동안 기억할 수 있어서 여러 번 규범을 위반한 사람은 다시 공동체에 받아들여지기가 힘들었다. 그 결과 한 집단에서 외면당하는 것은 사형 선고나 마찬가지인 경우가 많았다.

옥시토신이 활성화하는 뇌 네트워크 덕분에 신뢰할 수 있는 사람을 가려낼 수 있게 되면서 인간은 진정한 사회적 존재가 되었다. 낯선 사람을 신뢰해도 좋은 순간을 알게 되자 대규모 사회가 형성되었다. 이런 공동체에서는 개인의 생존이 다른 사람들에게 달려 있다. 친족의 범위를 넘어서는 사람들 사이의 협력은 가뭄이나 사냥의 실패에 대한 사회적 보험이 되었다. 공동체는 각 부분이 다른 부분에 영양을 공급하는 슈퍼 유기체처럼 기능하기 시작했다.

파푸아뉴기니 열대 우림에서 현장 연구를 진행할 때, 나는 자급 농업을 하는 소규모 부족과 생활했다. 부족의 모든 구성원은 작은 땅을 일궈 식량을 키웠다. 시장이 너무 멀었고 냉장을 위한 전기도 없어서 음식이 빨리 상했기 때문에 많은 일을 하며 여분의 식량을 재배할 이유가 없었다. 부족 사람들이 2~3일을 걸어야 갈 수 있는 시장에서 나무로 만든 바구니 같은 직물 제품을 팔았지만 미미한 수익을 올리기 위해 그렇게 수고를 들이는 것은 균형이 맞지 않았다. 구성원들끼리 음식을 나눠 먹는 것이 보통이었지만 열대 우림의 사회적 보험은 커뮤니케이션의 장벽과 외부인에 대한 공포 때문에 마을의 경계 내에서 끝이 났다. 파푸아뉴기니에는 800개 이상의 언어가 있고 부족 간의 폭력 충돌이 흔하다. 이런 삶의 방식은 1만 년 전 문명이 발생하기 이전에 우리 조상들의 생활 방식과 비슷하다.

문명은 수천, 때로는 수백만 명의 사람들을 한데 모은다. 그리하여 노동의 전문화가 가능해졌고 다시 사회적 보험을 널리 퍼뜨렸다. 사회라는 슈퍼 유기체 속에서 한 도시의 산출물과 다른 도시의 산출물 간의 거래가 이루어졌다. 낯선 사람들 사이의 거래는 위반자에 대한 신속한 처벌은 물론 협력과 신뢰의 사회적 규범을 강화했다. 일부 학자들은 상호 협력의 성향을 이유로 호모 사피엔스라는 이름을 호모 레시프로칸스Homo reciprocans(호혜주의적 인간)로 바꾸어야 한다고 주장했다. 실제로 여러 연구에서 우리 뇌가 낯선 이를 상대로 그가 보여주는 것과 비슷한 행동과 감정으로 화답하도록 유도한다는 것을 나타내고 있다.

협력의 규범은 '좋은good' 혹은 '덕이 있는virtuous' 사람이라는 의미로 진화했다. 미덕virtue은 거래 범위 밖에서도 가치를 인정받는다. 일상적인 만남에서 더 안전하고 기분 좋게 만들어 주기 때문이다. 우리의 사회적 본성은 덕이 있는 사람들을 가까이하려는 선호로 진화했다.

다른 사람의 감정을 공유하는, 옥시토신에 의해 강화되는 능력은 대개 미소를 짓거나 우호적으로 보이는 사람과 함께 있으면 안전을 느낀다는 것을 의미한다. 행복은 미덕의 신호가 되었다. 완벽한 신호는 아니지만(사기꾼을 생각해 보라) 상당히 적절한 신호다. 덕이 있는 사람들이 행복한 이유에 호혜적인 정서적 지원을 제공하는 강력한 사회적 네트워크를 갖고 있다는 것이 큰 몫을 한다. 행복은 이렇게 해서 인간에게 중요해졌다.

행복 vs. 번영

행복을 꾸며낼 수도 있다. 그러나 인간은 진정한 감정 상태를 드러내는 '신호'를 흘린다. 사람들의 뇌가 진정한 사과를 하는 CEO를 알아보듯이 말이다. 예를 들어 '뒤셴 미소Duchenne smile'라고 알려진 진심으로 행복한 웃음을 지을 때는 눈꼬리에 주름이 잡힌다. 분명하게 알지는 못해도 사람이 정말로 행복한지 행복한 척을 할 뿐인지 직관적으로 알아볼 수 있다. 카메라를 들이대고 아이에게 웃으라고 하면 이를 드러내고 웃어도 뒤셴 미소가 아닐 때가 있다. 록스타들이 시도한 것을 통해 알 수 있듯이 무절제한 쾌락주의가 삶의 만족으로 이어지지 않는다. 과도한 섹스, 도박, 약물, 알코올은 일시적인 희열을 주지만 시간이 지나면 이런 쾌락은 즐거움을 잃고 신체와 정신의 건강에 부정적인 영향을 주고 인간관계를 약화시킨다. 고대 그리스인들은 일생동안 번영할 수 있는 능력을 에우다이모니아eudaimonia라고 불렀다. 이 말은 삶의 만족이나 번영으로 번역된다.

특별한 경험은 삶의 장기적인 만족도를 높인다. 신경과학에서 나온 이 중요한 통찰은 비즈니스에도 적용된다. 몰입의 신경화학물질은 작은 즐거움을 제공해서 번영의 감각을 더하고 부정적인 감정을 중화시킨다. 우리의 뇌가 몰입도가 높은 경험을 갈망하는 이유는 극도로 즐거울 뿐 아니라 장기적으로 삶의 질을 개선하기 때문이다. 몰입 경험은 미래의 특별한 경험을 준비하는 뇌의 경로를 강화시키며 이런 일을 한다. 뇌는 에우다이모니아를 향한 뇌 네트워크의 '배선'을 보강하고 경외감을 일으키는 경험에 몰입될 준비를 하도록 만든다. 이는 미소를 짓는 이웃을 만나는 것처럼 소박한 일일 수도 있고 페루의 마추픽추Machu Picchu에서 일출을 바라보는 것처럼 심오한 것일 수도 있다.

다시 테니슨의 이야기로 돌아가자. "이빨과 발톱이 붉게 물든 자연" 바로 앞의 행은 "창조의 섭리를 사랑한다"이다. 경험이 애정과 함께 제공되면 고객은 더 많은 경험을 갈망할 것이다. 광고, 영화, 기업 프레젠테이션도 마찬가지다. 고객에게 즐거움을 제공하면 다른 사람들과의 유대에 대한 깊숙한 진화적 욕구를 이용할 수 있게 된다. 모든 비즈니스는 궁극적으로는 개인적이다. 인간은 사회적 동물이기 때문이다.

행복은 만들어진다

캘리포니아의 특이한 식료품점 트레이더 조Trader Joe's는 1990년대 전국적인 확장을 고려하고 있었다. 당시 사장은 더그 라우치Doug Rauch였다. 라우치는 목표를 성공적으로 해내기 위해서 기업의 핵심 목적을 파악해야 한다고 생각했다. 고객, 직원들과 이야기를 나눈 라우치는 트레이더 조에서의 쇼핑이 사람들에게 즐거움을 안겨 줄 기회라는 깨달음을 얻었다. 그들은 고객에게 즐거움을 주는 일을 식료품 판매를 통해 하게 된 것이다. 기업이 해야 할 일은 명확했다. 트레이더 조의 직원들은 행복을 만들어야 했다.

식료품을 사는 일은 따분하다. 하지만 라우치는 행복은 확장 가능하며 트레이더 조의 독특한 서비스가 될 수 있다고 생각했다. 그는 트레이더 조에서의 쇼핑이 즐거운 일이 될 수 있도록 쇼핑의 모든 측면을 변경했다. 트레이더 조에서 쇼핑을 해본 사람이라면 고객들이 미소 짓는 얼굴, 뛰어난 서비스, 독특한 상품 때문에 그곳을 찾는다는 점을 알고 있을 것이다. 1990년부터 2001년까지 지점 수는 4배, 수익은 10배로 늘어나 미국의 다른 어떤 식료품 체인점보다 높은 제곱피트당 수익을 기록했다. 트레이더 조는 현재 500개 이상의 매장을 보유하고 있으며 동종 업계에서 고객 만족도 1위의 자리를 꾸준히 지키고 있다.

전통적인 관점에서라면 기업은 고객의 문제를 해결하기 위해 존재한다. 하지만 현대적인 접근은 다르다. 장기적으로 성공하길 원하는 기업은 고객에게 즐거움을 가져다주어야 한다. 즐거움은 경험 경제의 토대다. 신경학적 몰입은 즐거움과 관련되며 경험을 반복하고자 하는 욕구를 낳는다. 이는 고객을 위해 특별한 것을 창조해야 하는 과학적인 이유이자 도덕적인 논거다. 뛰어난 고객 경험은 고객의 정서적, 신체적 건강을 증진하고 심지어는 그들의 수명까지 연장할 수 있다. 동시에 고객들에게 특별한 경험을 제공하는 기업은 지속적인 수익 증가를 볼 수 있을 것이다. 고객의 뇌는 특별함을 다시 경험하고자 하기 때문이다.

특별한 경험을 갈망하는 사람들

　모든 사람의 뇌가 특별한 경험에 가치를 두지만, 우리 연구소의 실험은 다른 사람보다 더 많은 가치를 특별한 경험에 부여하는 사람들이 있다는 것을 보여주었다. 몰입도가 높은 경험을 갈망하는 사람들은 수익성이 있는 인구 집단이다. 그들을 위한 서비스가 충분하지 못하기 때문이다. 2장에서 논의했듯이, 첫 번째 집단은 정서 강도가 높은 사람들이다. 정서 강도가 높은 사람들은 몰입도가 높은 경험을 적극적으로 추구한다. 사교 활동을 즐기며, 특히 암벽 등반, 스카이다이빙, 북아메리카에서 가장 긴 샌디에이고 동물원 사파리 파크 San Diego Zoo Safari Park의 집라인(딸과 함께 타고 사자 우리 위를 지났다) 등 새롭고 강렬한 활동에 가치를 둔다. 이런 경험들은 다른 사람과 함께 할 때 더 큰 가치를 가진다. 1인용이 아닌 2인용 집라인을 생각해 보라. 경험에 '사회적인' 특성을 입히면 몰입도는 대부분 높아진다.

　강렬한 경험이 꼭 목숨을 위협하는 것이어야 할 필요는 없다. 히든 월드 엔터테인먼트 Hidden Worlds Entertainment는 어밀리아 에어하트 Amelia Earhart 같은 유명한 탐험가를 연기하는 배우들이 대양 탐험으로 고객을 이끄는 몰입도 높은 경험을 만들었다(나는 히든 월드 엔터테인먼트에서 무보수로 고문 역할을 하고 있다). 이런 탐험에는 파격적인 방식으로 요리를 선보이는 이국적인 식사 경험까지 더해진다. 수익 일부는 해양 보호 계획을 후원하는 데 쓰이며 탐험에 참여하기 몇 주 전부터 몇 주 후까지 회사가 마련하는 프로그램에 참여하여 사회적 영향력을 발휘하는 즐거운 해양 경험을 할 수 있다. 히든 월드 엔터테인먼트는 몰입도를 높이기 위해서 사회적 상호작용을 설계하고 보완을 거쳐 고객 경험의 모든 부분에 풍성하게 포함시켰다.

몰입도가 높은 경험을 갈망하는 두 번째 인구 집단은 놀랍게도 노인층이다. 미국 국립노화연구소National Institute on Aging의 지원을 받은 우리 연구소 결과에 따르면 사회적 경험으로 인한 옥시토신 생성은 나이가 들면서 선형적으로 증가한다. 하지만 은퇴하면 사람들의 사회적 상호작용은 감소하고 나이가 들면서 계속 줄어든다. 이로 인해 몰입도가 높은 사회적 경험에 대한 수요가 억눌리는 것이다.

노인의 신경학적 몰입은 독특한 방식으로 삶의 만족도와 강한 양의 상관관계를 갖는다. 우리 연구는 사회적 경험에 가장 몰입한 노인들은 자선단체에 많은 돈을 기부하며 자원봉사 활동으로 더 많은 시간을 보낸다는 것을 알아냈다. 그들의 뇌는 다른 사람들을 돕고 다른 사람들과 유대를 형성할 준비가 되어 있다. 그들은 주변 사람들에 대한 공감도가 높았고 자기 삶에 대해 감사도 더 많이 표현했다. 그들의 삶에 대한 만족도는 다른 사람에 대한 봉사에서 비롯되었다. 노인들은 젊은 사람들보다 종교적인 성향이 강하지만 이런 결과는 종교활동을 제거해도 통계적으로 동일하게 유지된다. 우리 연구소를 비롯한 여러 연구소의 데이터는 몰입도가 높은 경험이 수명과 건강 수명을 연장한다는 것을 보여주었다. 노인들을 위한 몰입도가 높은 경험을 만든다면 서비스가 부족한 인구집단의 수요를 충족시키면서 그들의 삶까지 개선할 수 있다.

운동 시설을 관리하는 어느 기업은 이 연구를 토대로 새로운 제품을 개발했다. 이 기업은 이용자들에게 애플워치를 선물하고 그들의 동의를 얻어서 깨어 있는 시간 동안 신경학적 상태를 추적했다. 활동, 기분, 에너지, 건강에 대한 평가가 이루어졌다. 심리적 안전과 몰입을 함께 이용했을 때 이용자의 기분을 82%의 정확도로, 하루 에너지를 88%의 정확도로 예측할 수 있었다. 몰입 절정의 순간은 참가자들이 사교, 엔터테인먼트 참여, 함께 하는 식사 등 다른 사람들과 함께하는 활동 중에 나타났다. 노인들은 몰입도가 높은 활동에 대한 수요와 여기에 지불할 수 있는 자원을 모두 가진 인구집단이다.

특별한 경험을 추구하는 세 번째 인구집단은 독신과 연인이나 배우자 존재 여부와 관계없이 외로움과 싸우고 있는 사람들이다. 뇌는 외로울 때면 통증을 활성화하여 사회적 유대를 만들도록 사람들을 재촉한다. 단기적인 외로움은 그다지 고통스럽지 않지만 만성적인 외로움에는 상당한 고통이 따른다. 다른 사람들과의 상호작용은 이런 고통을 감소시킨다. 앞서 논의했듯이, 몰입도가 높은 경험, 특히 몰입 절정의 순간은 다른 사람과 더 쉽게 유대를 형성하도록 뇌를 훈련한다. 이는 관계 형성을 보다 쉽고 유익하게 만들어서 외로움을 완화하거나 제거하는 신경학적 무대를 마련한다. 데이터에 따르면 (인구에 따라 큰 차이가 있기는 하지만) 이혼 남성들이 독신 남성이나 기혼 남성 및 여성보다 사회적 몰입 경험에 대한 욕구가 크다.

몰입 경험이 삶의 질에 미치는 영향을 이해하는 하나의 방법은 전 연령대에서 몰입도 사분위수가 가장 높은 사람들을 조사하는 것이다. 이러한 몰입의 달인들은 자기 삶에 대한 만족도가 훨씬 더 높다. 주된 이유는 더 나은 인간관계 때문이다. 연인이 있는 사람들의 경우, 섹스 빈도가 높았고 스스로 관계의 질이 매우 좋다고 평가했다. 이러한 몰입의 달인들은 사회적 지원망을 비롯해 친구나 가족과 긴밀한 관계를 맺고 있으며 좌절에 대한 회복력도 좋았다. 그들은 자기 자신과도 친구 관계라고 말했다. 참가자들이 익명으로 다른 사람에게 돈을 보내는 실험에서 몰입도가 높은 사람들은 돈을 나눠줄 의무가 없는 데도 낯선 사람에게 더 관대한 태도를 보였다. 이들은 과음하지 않았고 우울증 지표도 거의 보이지 않았다. 연령, 성별, 체중, 성적 지향은 결과에 영향을 미치지 않았다.

몰입과 삶의 만족도 사이의 관계는 양방향일 가능성이 크다. 좋은 인간관계를 맺고 있는 사람들의 뇌는 더 많은 옥시토신을 분비하는 데 적응되어 있고 다시 경험과 사람에 대한 몰입도를 높인다. 뇌는 일어날 것으로 예상되는 일에 대한 모형을 구축하여 스스로를 조정한다. 강한 사회적 유대는 뇌가 특별한 경험을 할 준비를 하게 하고 영화, 광고, 쇼핑에 대한 몰입을 돕는 신경 네트워크를 강화시킨다.

외로운 사람도 몰입 근육을 키우고 다른 사람들과의 유대를 쉽게 만들 수 있는 다양한 방법이 있다. 첫 번째로 가장 간단한 방법은 6장에서 논의했듯이 개를 입양하는 것이다. 개는 인간이 가진 최고의 자질을 드러내기 위해 우리가 만든 동물이다. 개를 키우는 사람들은 그렇지 않은 사람에 비해 신뢰할 수 있는 사람으로 여겨진다. 나 혼자서 하이킹을 할 때면 여성들은 여간해서는 내게 다가오지 않는다. 다른 무엇보다 안전이 중요하니 말이다. 내가 키우는 저먼 셰퍼드 버디를 데리고 가면 남녀노소 할 것 없이 길을 가로질러서 인사를 건네고 버디를 쓰다듬는다. 개를 산책시키는 것은 이웃을 만나고, 친구를 만들고, 잠재적인 애인과 이야기를 나눌 가장 좋은 방법이다. 6장에서 언급한 개에 관한 연구에서 개와 함께 놀았던 사람들은 기회가 주어졌을 때 고양이와 놀았던 사람들과 비교해 25%가 많은 돈을 낯선 사람과 나눴다. 실험의 결과는 개로 인한 옥시토신의 급증이 연구소 밖에까지 이어져서 다른 사람들과 쉽게 유대를 형성한다는 것을 보여준다.

데이터는 개가 몰입도가 높은 관계를 형성하도록 우리를 훈련시킬 수 있다는 것을 암시한다. 뇌의 몰입 구조는 적응성이 높아서 애완동물과 사람 사이에 차별을 두지 않고 그들과 유대를 형성하는 데 도움을 준다. 결과적으로 개는 몰입과 삶의 질 피드백 루프를 바로 연결할 수 있다. 우리 연구소의 다른 연구는 개가 고양이보다 주인을 더 좋아한다는 것을 보여주었다. 개는 사람과 놀고 난 뒤에 고양이보다 400% 많은 옥시토신을 분비했다. 반려견 친화적인 기업은 자연스러운 몰입을 유도할 수 있는 유리한 입장이다. 영국의 술집들은 이를 잘 알고 있고 미국의 여러 소규모 양조장도 개를 동반한 고객을 받아들이고 있다. 스타벅스는 개를 데리고 온 고객에게 휘핑크림을 얹은 '퍼푸치노puppuccino'를 제공하며 애플 매장에서부터 홈데포

Home Depot, 배스 프로 숍에 이르는 소매업체들은 고객들이 반려견을 데리고 쇼핑하는 것을 환영한다.

뇌에 몰입 훈련을 시키는 두 번째 방법은 소셜 미디어를 사용하는 것이다. 우리 연구소의 연구에 따르면 뇌는 소셜 미디어에서의 유대를 대면 상호작용과 같은 방식으로 처리했다. 몰입도는 25~50% 낮지만 말이다. 지나친 소셜 미디어 사용은 실제 인간관계를 밀어낼 수 있지만 신경학적으로는 관계가 없는 것보다 낫다. 기업은 사용자들 사이의 사회적 유대를 촉진함으로써 제품 사용을 늘릴 수 있다. 피트니스 추적 플랫폼, 스트라바Strava는 사용자들이 소셜 미디어에 자신의 운동을 공유하도록 격려하고 이웃과 유대감을 형성하여 함께 훈련할 수 있도록 한다. 또 스트라바는 제품 개선에 대한 제안을 소셜 미디어에 올려 달라고 요청한다. 그들은 투명성을 활용하여 회사가 사용자의 파트너라는 것을 보여준다. 운동 장비 제조업체 펠로톤Peloton 역시 운동에 사회적 요소를 한 겹 입힌 소셜 미디어 기업으로 진화하고 있다. 장난감 제조사 매텔Mattel은 점점 많은 제품을 인터넷과 연결해서 어린이들이 안전한 소셜 미디어 연결을 통해 이 회사가 혼합 놀이mixed play라고 부르는 것을 할 수 있도록 돕는다.

감성 로봇은 몰입을 자극하는 기술적 접근법이다. 이들 장치는 정서적 반응을 모방하여 고립된 사람들에게 사회적 유대와 유사한 혜택을 제공한다. 예를 들어 아기 하프물범 로봇, 파로Paro는 접촉과 말로 하는 명령에 반응하고 눈을 맞추며 쓰다듬으면 꼬리를 움직인다. 데이터는 고립된 사람들, 특히 노인들이 파로에 대한 애착을 빠르게 형성하고 파로가 없는 삶을 상상할 수 없다고 말하는 사람도 있다는 것을 보여준다.

　뇌의 몰입 네트워크를 활성화하는 세 번째 방법은 직장에서 유대를 형성하는 것이다. 6장에서 이야기했듯이 사무실은 사회적, 정서적 허브가 되어야 한다. 이렇게 되면 원격 근무를 선택할 수 있는 직원들도 사무실로 출근할 의욕을 갖게 될 것이다. 하이브리드 근무를 하는 직원들이 개인적인 소식이나 생각을 게시할 수 있는 슬랙_{slack} 채널을 추가하는 것은 사회적 층_{layer}을 추가하는 효과적인 방법이다. 금요일의 해피 아워나 피자를 먹는 점심시간, 직장 동료들의 유대를 강화하는 주말 활동을 기획하는 것도 사회적 요소를 한 겹 덧입히는 데 효과적이다. 현명한 리더라면 사회적 유대를 촉진하고 팀워크를 강화하기 위해 이런 행사 비용을 기꺼이 부담할 것이다. 과거 내 상사는 금요일이면 도넛을 가져오곤 했다. 나는 정크푸드를 즐기지 않는 사람이지만 나를 비롯한 모두가 그의 배려에 감사하는 마음을 가졌다. 몇 번은 도넛을 집어 먹기도 했을 것이다. 앞으로 보게 될 것처럼 선물은 관계를 유지하는 중요한 방법이다.

선물은 선물로 끝나지 않는다 ────────

　덴마크 오르후스 대학교에는 세계 최고의 뇌영상 센터가 있다. 나는 매년 공동 연구자와 오르후스에 가서 작업을 하고 1~2개월간 덴마크 2대 도시에서의 생활을 즐긴다. 겨울이면 덴마크는 춥고 어두운 분투의 땅이 된다. 덴마크인들은 쇼핑이나 식사를 하는 동안 아기를 포대기로 따뜻하게 감싸고 유모차에 태워 야외에 두어 바이킹의 전통을 이어가고 있다. 아이들을 북극의 추위에 단련시키는 것이다. 덴마크인들은 정서적으로도 강인하다. 그들은 매우 따뜻한 사람들이지만 감정을 표현하는 것에는 익숙지 않다. 덴마크인들의 억압된 감정은 선물을 줄 때 커플들 사이에 몰입이 일어나는지 실험할 수 있는 기회가 되었다. 130년 전통의 초콜릿 회사에서 이 연구를 지원하는데 동의했다.

안톤버그의 전통을 알면 그들이 왜 우리 연구를 지원했는지 알 수 있다. 1884년 버그가 작은 디저트 가게를 열고 몇 년이 흐른 어느 해 크리스마스 직전, 휘몰아치는 바람 속에서 코펜하겐의 고객들이 줄지어 차례를 기다리고 있었다. 버그는 추위 속에서 선물을 사기 위해 기다리는 고객들을 보고 밖으로 나가 마지팬marzipan(설탕과 아몬드를 갈아 만든 페이스트)을 가득 채운 초콜릿을 나눠줬다. 회사는 "관대함에는 지나침이란 없다"라는 슬로건으로 그가 인정을 베푼 일을 기념했다.

관대함에 있어서는 나도 빠지지 않는다. 2010년 《패스트 컴퍼니 Fast Company》는 옥시토신이 과대함과 사랑의 신경화학적 원천이라는 것을 밝히는 내 연구를 기반으로 내게 '닥터 러브Dr. Love'라는 별명을 붙였다. 안톤 버그가 연구를 지원하는 조건은 내 실험을 홍보 영화로 만드는 것이었다. 그들은 이 영화가 그들이 직면한 문제를 해결할 것이라는 데 배팅을 한 셈이었다. 덴마크 남성들은 밸런타인데이를 '미국인들의 명절'이라고 생각해서 연인에게 초콜릿을 사주지 않았다. 몰입의 과학을 통해 남성들에게 2월에 초콜릿을 선물하는 것이 그들에게 큰 이익이 된다고 설득할 수 있을까?

광고 대행사는 덴마크의 유명 영화감독 닐스 뇌엘뢰브 핸슨Niels Nørløv Hansen에게 이 영화의 감독을 맡겼다. 코펜하겐 TV 스튜디오에 나를 위한 실험실을 만들어서 핸슨이 양방향 거울 뒤에 있는 9대의 카메라로 실험 과정 전체를 촬영할 수 있게 했다. 제작자는 실험에 참여할 32쌍의 덴마크인 이성애 커플을 모집했다. 만난 지 6개월 된 커플도 있었고 60년 동안 함께 한 커플도 있었다. 남성들은 왜 상대가 특별한지 편지에 적고 안톤 버그 초콜릿을 건네면서 편지를 읽었다. 내가 하는 일은 선물을 건네는 동안 신경 반응을 측정하는 것이었다. 덴마크인들은 감정을 많이 억누른다. 나이 든 남성들은 결혼한 날 이후로 아내에게 사랑한다는 말을 한 적이 없지 않을까 하는 생각까지 들었다. 덴마크인들이 어찌나 감정 표현에 인색한지 선물을 건네는 동안에도 몰입 전염을 발견하지 못할 수 있다는 선입견이 생길 정도였다. 이런 덴마크에서 여성의 몰입이 남성에게 전염되는 것을 발견한다면 이런 반응은 어디에서나 일어날 가능성이 컸다.

데이터는 선물을 건넨 직후 남성들의 옥시토신이 평균 27.5% 증가했다는 것을 보여주었다. 기준선으로부터 통계적으로 유의미한 증가였다. 우리는 남성의 행복감 변화도 측정했고 급등한 것으로 나타났다. 데이터에 따르면 선물은 단순한 물건이 아니었다. 선물은 우리를 생리적으로 다른 사람과 연결한다.

2021년, 미국 기업들은 선물에 2420억 달러를 썼다. 기업들은 선물이 보답하고 싶은 신경학적 욕망을 만들어 낸다는 것을 알고 있었다. 선물은 효과적인 마케팅 도구지만 선물의 크기는 관계의 크기와 맞아야 한다. 연간 구매액 상위 5%에 속하는 고객들에게는 보통의 고객들에게 주는 간단한 기념품보다 큰 선물을 제공해야 한다. 평범한 크리스마스 선물보다는 고객 관리 소프트웨어의 데이터를 이용해서 고객의 첫 구매 기념일에 선물을 제공하는 것이 좋다. 큰 금액을 쇼핑하고 일주일 지난 뒤 선물을 전달하는 방법도 있다. 이런 방법들을 통해 뇌에서는 행동(구매)과 선물 사이의 연결이 형성된다. 고객의 사무실에 가서 직접 선물을 전달한다면 동료들까지 특별함을 느끼게 하여 선물의 효과를 높일 수 있다. 80% 이상의 기업이 선물로 고객과의 관계를 강화했다고 보고하고 있으며 48%는 선물이 고객 충성도를 크게 높였다고 생각하는 것으로 나타났다. 안톤 버그가 옳았다. 관대함은 좋은 비즈니스 도구다.

어떤 전통

선물 이외에 밸런타인데이와 같은 의식도 몰입도를 끌어 올린다. 덴마크인들에게서 발견한 것처럼 의식을 이용해 감정을 공유하면 신경학적인 몰입이 강화된다. 내가 했던 첫 번째 현장 연구는 혈액 샘플을 채취해 결혼식에서의 옥시토신을 측정하는 것이었다. 짐작대로 결혼식은 몰입도가 높았다. 특히 신부, 신랑, 그리고 그들 부모님의 몰입도가 가장 높았다. 결혼식의 진화적 목적은 부부가 인간 개체 수를 성공적으로 늘리는 데 있다. 이러한 목적을 이룰 가능성은 부부 사이는 물론 가족과 친구들 사이의 감정적 유대가 강할 때 더 높아진다. 결혼식이라는 의식은 유대를 강화하는 효과를 낸다.

이 연구와 우리 연구소에서 진행한 관련 연구들은 의식에 신경학적인 가치가 있다는 것을 보여주었다. 같은 경험을 반복하면 지친다는 것이 일반적인 통념이다. 하지만 연구는 의식이 심리적 안전을 높여 몰입도가 높고 즐거운 경험의 토대를 마련한다는 것을 보여주었다. 나는 일본 NHK TV를 위한 실험을 진행한 적이 있다. 활동은 파트너가 없는 뉴잉글랜드 포크 댄스를 20분간 추는 것이었고, 우리는 춤을 추기 전후에 채혈하는 방법을 사용했다. 데이터에 따르면 사람들이 춤을 추는 동안 몰입의 주요 신경화학물질들이 급증하는 것으로 나타났다. 주목 반응ACTH이 16%, 옥시토신이 11% 높아졌다. 몰입은 춤을 춘 사람들과 그룹 구성원들과의 유대감을 21% 증가시키고, '나 자신보다 큰 무언가'와의 유대감을 69% 증가시켰다. 의식은 유대감을 강화하는 강력한 방법이다.

이 실험을 비롯하여 뇌 반응을 측정한 여러 실험에서 '조직적인 움직임'이 몰입도를 높이는 가장 효과적인 방법이라는 것을 입증하고 있다. 연인들이 춤으로 구애를 하는 것도 이 때문이다. 리듬이 있을 때는 똑같이 움직여야 더 쉽다. 군인들은 훈련소에서 박자를 세면서 행진하는 법을 배운다. 조직적인 움직임은 친구나 연인은 물론이고 낯선 사람들도 몰입감을 느끼게 한다.

이케아IKEA 매장에서 이동 방법을 보여주는 바닥의 표지처럼 미묘한 것도 움직임이 될 수 있다. 소비자 경험(온라인과 오프라인 모두)에 움직임을 추가하면 몰입도를 올릴 수 있다. 예를 들어 비슷한 물건을 찾는 고객을 짝을 지어 주어서 몰입감을 생성할 수 있다. 온라인 매장이든 실제 매장이든 인공 지능 애플리케이션을 이용해서 함께 임무를 수행하는 것처럼 고객들을 인도하는 방법으로 몰입감을 얻을 수 있다. 쇼핑 경험을 게임화하여 협력이 주는 몰입 효과를 얻을 수도 있다. 소셜 쇼핑 퀘스트에 참여해서 그룹 구성원이 원하는 제품을 제일 먼저 찾으면 '기사'가 된다고 생각해 보라. 각 퀘스트에서 가장 가치가 높은 장바구니를 결제한 고객은 '왕'이나 '여왕'이 될 수도 있다. 게임화된 마케팅은 사람들이 광고 속에 숨겨진 '부활절 달걀'을 찾거나 증강 현실 속의 '금'을 찾는 협력적인 움직임을 유도할 수 있다. 선물 증정과 마찬가지로, 협력을 유도하는 브랜드는 경험에서 제품으로 몰입이 이어지는 효과를 볼 수 있다.

몰입 감염!

의식은 자포스의 스모 체험과 같이 유대를 강화할 수 있는 기회를 만들어서 직원들을 의욕을 높이는 데 사용할 수 있다. 덴마크의 펌프 제조업체 그런포스Grundfos는 매년 '올림픽'을 개최한다. 1,000명이 넘는 여러 나라의 직원들이 여러 가지 스포츠로 경쟁을 벌이고 친목을 다진다. 고객 중심 의식도 있다. 5장에서 논의했던 영업과 관련된 의식을 기억하는가? 시각, 청각, 후각을 끌어들여 다양한 의식을 만들 수 있다. 트레이더 조의 관리자들은 황동으로 만들어진 종을 울려 직원과 쇼핑객들에게 청각적인 의식을 제공한다. 트레이더 조의 직원들은 우는 아기들을 달래기 위해 노래를 부르는 것으로도 유명하다.

의식을 가지고 있는 기업은 판매하는 제품이나 서비스를 뛰어넘는 가치를 창출한다. 6장에서 논의했듯이 자신이 하는 일에 몰입한 직원은 고객에게 몰입을 '감염'시킨다. 고객을 대하는 직원들은 보험을 팔든, 자동차를 팔든, 사탕을 팔든 행복을 만들고자 하는 사람이어야 한다. 다른 사람의 감정을 이해하고 공감력이 뛰어난 성격을 가진 직원을 고용하는 것은 행복을 유발하는 서비스 경험을 만드는 첫걸음이다. 이런 사람들은 모든 사회적 경험에 대한 몰입도가 높기 때문이다. 긍정 심리학에 관한 연구들은 유머와 열정 같은 성격적 강점을 가진 사람이 자신의 일을 더 즐겁게 한다는 것을 보여준다. 이러한 특성들이 초월적인 목적, 즉 조직이 사회에 공헌할 방법과 결합한다면 직원들은 그저 일이 아닌 소명을 갖게 될 것이다. 직원들이 수행하는 고객 서비스 의식은 반드시 예행연습을 거쳐서 짜증이 난 고객 앞에서도 매끄럽고 즐겁게 이루어질 수 있도록 해야 한다.

덴마크인들은 지구상에서 가장 행복한 사람들이다. 거기에는 여러 가지 이유가 있지만 가장 큰 이유는 그들의 '휘게hygge'* 문화다. 휘게는 '용기, 편안함, 즐거움을 주는 것'이라는 의미이며 그들의 문화적 정체성을 대표하는 소중한 부분이다. 덴마크인들은 사람들이 자연 속에서 음식과 음료를 나누며 사람들과 어울리고 유대를 강화

---

* 가족, 친구와 함께 또는 혼자서 보내는 여유로운 시간, 일상 속의 작은 즐거움이나 편안한 환경에서 얻는 행복을 뜻한다. 또, 삶의 여유를 즐기는 라이프스타일을 뜻하기도 한다.

하는 아늑한 분위기를 만들면서 휘게를 실천한다. 휘게의 따뜻함과 배려 정신을 도입하는 것은 좋은 비즈니스 기법이다. 큰 창, 실내 정원, 편안한 소파, 친절한 직원은 기업이 휘게를 만들기 위해 사용할 수 있는 요소들이다. 세계 최초이자 최대의 지리 정보 시스템 소프트웨어 업체인 ESRI는 캘리포니아 레드랜즈 본사에 식물로 가득한 일광욕실을 지었다. 직원들은 이곳에서 식사를 하거나 와이파이를 이용해 휘게 속에서 일한다.

휘게가 직원들 사이에 조성한 심리적 안전과 신뢰는 고객들과의 상호작용까지 이어진다. 매일 휘게를 실천하는 시간을 갖는 것은 직원의 근속과 고객 충성도, 양쪽에 대한 투자다. 배려와 편안함이 우선될 때 가격은 중요치 않다. 모든 제품과 서비스는 경험과 묶인다. 경험을 편안하고 몰입도 높게 만들면 고객은 경험의 반복을 원하게 될 것이다.

사랑의 비즈니스

점점 많은 기업이 광고, 엔터테인먼트, 고객 서비스를 특별한 경험으로 만드는 데에서 더 나아가 우리 대부분이 경험하게 될 가장 깊이 있는 경험, 즉 사랑에 빠지는 경험을 설계하고 있다.

몇 년 전 나는 여성 잡지 《레드북Redbook》과 인간적 유대의 과학에 대한 인터뷰를 한 적이 있다. 기자는 나를 '관계 전문가'라고 불렀다. 스스로를 그렇게 칭한 적은 없지만 어쨌든 그 타이틀이 고착되었다. 나는 「닥터 필Dr. Phill」이라는 프로그램에서도 관계 전문가로 출연했고, NBC 「투데이Today」에서도 밸런타인데이 실험을 요청받았으며 로스앤젤레스 사운드스테이지에서 벤 히긴스Ben Higgins(기업가, TV 출연자-옮긴이)와 작업을 하기도 했다.

나는 벤에게 셔츠를 벗으라고 말했다. 가슴에 심전도 선을 부착해야 했다. 그다음 그가 여성을 만난 뒤 얻을 전기 피질 자극을 측정하기 위해 그의 손에 감지기를 부착했다. 그의 머리카락을 한쪽으로 넘겨 주목 반응을 측정할 뇌파 전위 기록 장치를 머리에 장착했다.

벤은 26세였고 절실하게, 애인을 찾고 있었다. "됐습니다. 셔츠를 다시 입으세요. 아니, 잠깐" 카메라가 돌고 있었고 프로듀서는 벤이 셔츠를 벗고 있기를 원했다.

ABC의 인기 TV쇼 「배철러The Bachelor」에 오신 것을 환영합니다!

연달아 연애에 실패한 벤 히긴스는 TV 프로듀서가 아내를 찾는 데 도움을 주는 것을 허락했다. 벤은 ABC 「배철러레트The Bachelorette」에 참가했고 「배철러」 시즌 20의 주인공이기도 했다. 벤이 칵테일파티에서 처음으로 27명의 여성을 만나는 장면으로 1화가 시작되었다. 모든 여성이 잘생기고 매력적인 벤과 결혼하는 데 관심을 표했다.

그날 저녁이 끝날 무렵까지 벤은 7명을 배우자 후보에서 제거했다. 벤은 집에 보낼 사람이 누구인지를 어떻게 알았을까? 벤은 어떤 여성이 '바로 그 사람'이라고 어떻게 판단했을까?

존 가트맨John Gottman 박사는 생리적 척도를 사용해서 관계를 이해하려고 했던 초기의 임상 과학자 중 한 사람이다. 가트맨과 동료들은 부부들이 논쟁을 초래하는 주제를 놓고 의논을 하는 동안 생리적 각성과 대화 스타일을 정량화하여 14년 안에 특정 부부가 이혼하게 될지를 80%의 정확도로 예측했다. 가트맨은 각성도가 높은 신혼부부는 평정을 유지한 부부들보다 이혼할 가능성이 크다는 것을 보여주었다. 나는 「배철러」에서 정반대의 일을 하고 싶었다. 첫 번째 데이트에서의 신경학적 몰입을 측정하여 벤이 어떤 여성에게 청혼할지(물론 카메라 앞에서) 예측하는 것이다. 벤은 매주 청혼 경쟁을 이어갈 여성들에게 장미를 건넸다.

TV에서 데이트하는 사람은 소수이지만, 온라인 데이트 시장은 점점 커지고 있다. 미국인의 약 3분의 1은 데이트 애플리케이션을 사용하며 매년 평균 132달러의 돈과 주당 6시간을 투자해 애인을 찾고 있다. 온라인 데이트 사업은 2021년에 36억 달러의 매출을 올렸고 매년 7%의 성장률을 보이고 있다. 남성들은 여성들보다 데이트 애플리케이션을 70% 더 많이 사용하며 데이트 비용을 낼 가능성이 2배 높다. 평균적인 미국인들은 애인과 데이트하는 데 연간 700달러를 쓴다. 동시에 미국에서는 매년 75만 쌍의 부부가 이혼을 하며 인연을 끊는데 들어가는 법무 비용은 평균 1만 3,000달러에 달한다. 실패한 결혼은 재정적 문제뿐만 아니라 두 사람의 삶의 만족도를 크게 떨어뜨린다. 벤이 애인을 찾는 데 도움을 주기 전, 나는 내 접근법을 소규모로 시험해보고자 몇 쌍의 커플이 관계를 증진하는 데 도움을 줄 수 있는지 알아보기로 했다.

슬픔을 벗어던질 용기

눈물은 내가 예상한 것이 아니었다. 나츠미는 기쁨의 눈물을 흘리고 있었을지도 모른다. 아니, 어쩌면 안도의 눈물이었는지도 모른다. 대화가 일본어로 이루어졌기 때문에 구분하기가 어려웠다. 나는 감정이 전혀 드러나지 않는 얼굴로 앉아 있는 남편에게 다가가서 아내를 안아 주라고 말했다. 그는 조심스럽게 그녀를 안았다.

그 일이 있기 전, 나츠미는 카메라 앞에서 2년 동안 남편 케이스케와의 이혼을 고려해 왔다고 말했다. 나츠미와 케이스케는 30대 초반이었고 아들 2명을 두었다. 부부는 도쿄 교외에서 살았다. 나츠미는 직장이 집과 가까웠지만 케이스케는 1시간 30분 동안 기차를 타고 시내로 갔다가 다시 1시간 30분을 걸려서 집으로 돌아와야 했다. 케이스케는 집안일이나 육아를 거의 돕지 않았고 함께 있는 동안 나츠미에게 애정 표현을 거의 하지 않았다.

아내가 전국 방송에서 이혼을 원한다고 말하는 때라면 결혼은 파탄 직전이라고 할 수 있을 것이다. 일본의 국영 방송사 NHK는 내게 그들이 제작하려는 「위기의 일본 결혼Japanese Marriage in Crisis」이란 제목의 2부작 특별 방송을 위해 몰입 경험을 설계해 달라는 요청을 했다. 프로그램은 남편에게 이혼을 요구하는 일본의 중년 여성이 늘어나고 있는 문제를 진단했다. 이혼 사유는 남자들이 일을 너무 많이 하고 아내를 가구처럼 취급한다는 전형적인 일본 결혼 생활의 문제였다. 일본인의 긴 수명을 생각했을 때 30~40년이나 더 결혼 생활을 유지해야 하는데 많은 여성이 그 점을 참을 수 없다고 말했다.

NHK 촬영팀, 내 동료 호르헤 바라자와 나는 케이스케와 나츠미의 집에서 하루 종일 시간을 보냈다. 먼저 호르헤와 나는 케이스케와 나츠미가 저녁 식탁에 앉아 있는 동안 서로에 대한 기준 몰입도를 측정했다. 나는 내가 고안한 활동들이 서로에 대한 몰입도를 높이고 이상대로 나와서 이혼을 방지할 수 있기를 바랐다.

케이스케와 나츠미는 기꺼이 시도해 보겠다고 했다. 하지만 로봇처럼 움직이며 마지못해 시늉만 할 뿐이었다. 재미도 없었고 불꽃이 튀는 일도 없었고 즐거움도 없었다. 촬영 후 1시간이 지나자 두 사람의 결혼 생활을 바로 잡을 수 있는 선을 넘은 게 아닌가 하는 걱정이 되었다. 내가 몇 가지 코칭을 해주고서야 마침내 두 사람은 긴장을 풀고 함께 있는 시간을 즐기는 것 같았다.

하루 만에 나츠미와 케이스케의 서로에 대한 몰입도는 기준보다 약 20% 상승했다. 몰입도만큼 중요한 나츠미와 케이스케의 몰입 동기화도 집을 찾던 부부가 그랬던 것처럼 시간이 지나면서 나아졌다. 그들은 유대를 형성하고 있었다. 나츠미는 데이터를 보고 "남편이 저를 진심으로 아낀다는 것을 전혀 알지 못했다"며 울었다. 바로 이때 꼼짝하지 않던 케이스케에게 아내를 안아 주라고 이야기한 것이다.

사랑에도 데이터가 중요하다. 상대의 감정을 직감하지 못했을 때도 이런 객관적인 데이터를 통해서 서로에 대한 몰입도를 올릴 방법을 찾을 수 있다. 1장에서 논의했듯이 감정은 의식적으로 평가하기 힘든 모호하고 찰나적인 면을 갖고 있다. 무시나 다퉜던 내력을 없애는 측정 방법이 있다면 안심할 수 있다. 앞서 언급했듯이 연인 사이에서 관계의 질은 삶에 대한 만족도에 지대한 영향을 미치기 때문에 측정할 가치가 있다. 현재 많은 회사가 감정 상태를 측정하는 기술을 제공하고 있지만 이 글을 쓰는 지금까지도 파트너의 감정보다 스트레스 감소에 초점을 맞추는 것이 대부분이다. 이 분야는 크지만 소외된 시장이다.

결혼 생활이 충족감을 주지 못하면 부부는 각자 시간을 보내게 되고 이로써 삶의 질은 떨어진다. 하루 중 혼자 보내는 100분의 시간만 배우자와 보내는 시간으로 바꿔도 보통의 부부는 삶의 만족도를 2.1% 높일 수 있다. 상태의 몰입도를 측정하면 100분의 시간을 신경학적으로 가장 가치 있게 보내는 방법을 찾을 수 있다. 손을 잡고 걷는 것처럼 간단한 일이 될 수도 있고 사자 무리 위를 집라인을 타고 지나는 것처럼 대담한 일이 될 수도 있다.

인간관계는 정서적, 신체적 건강에 큰 영향을 준다. 연인 관계의 질을 평가한 50~80세의 미국인 중 점수가 상위 3분의 1에 속하는 사람은 그렇지 않은 사람에 비해 평생에 걸쳐 사망 위험이 13% 낮다. 반면에 연인이 과민한 사람이면 삶의 만족도와 마찬가지로 관계의 질도 낮은 것이 보통이다. 벤저민 프랭클린Benjamin Franklin도 이 점을 깨닫고 "신경이 과민한 사람들이 나쁜 습관을 고치지 않는다면 다른 사람들은 언제나 유쾌하지 못한 그들과의 시간을 피하는 것이 좋다"라고 말했다.

이런 큰 영향력 때문에 관계 개선을 돕는 비즈니스가 번창하고 있다. 커플 전용 호텔, 리조트, 관광, 유람선이 커플의 유대 강화를 돕는 수억 달러 규모의 비즈니스로 발전했다. 와인 시음, 오페이크의 어둠 속 식사나 모든 것이 얼음으로 만들어진 핀란드 케미의 스노우

캐슬_{Snow Castle} 레스토랑과 같은 체험형 식당, 미식 요리 체험은 몰입도 높은 데이트를 즐기는 데 완벽한 환경을 제공한다. 커플들에게 초점을 맞춘 데이 스파도 수십억 달러 규모의 사업으로 성장했다. 하이킹, 자전거 타기, 걷기 등 둘이서 함께하는 신체 활동은 서로의 몰입을 동기화해서 유대감을 회복시키는 간단한 방법이다. 신체 활동은 신체를 단련하는 동시에 관계를 강화할 수 있는 기회를 마련한다.

돌아온 사랑의 비즈니스

「배철러」 2회에서 벤은 20명의 여성 중 7명과 그룹 데이트를 했다. 내가 「배철러」을 위해 고안한 '보지 않고는 못 배기는' 첫 번째 실험은 벤과 한 여성이 침대에 앉아 애무를 하는 동안 우리 팀이 몰입도를 측정하는 것이었다. 벤은 흰색 반바지를 입고 상의를 벗었고 여성은 흰색 반바지에 스포츠 브라를 입었다. 벤과 여성에게 대단히 어색한 상황이었다. 20명의 스태프가 지켜보는 가운데 처음 만난 상대와 애무를 하다니! 유용한 데이터가 나올지 나조차 알 수 없었다.

프로듀서들은 벤이 애무를 할 7명의 여성 중에 일란성 쌍둥이 헤일리와 에밀리를 포함시켰다. 이로써 나는 데이터의 질을 완벽하게 확인할 수 있었다. 쌍둥이 중 한 사람의 생리적 반응이 다른 한 사람과 다르다면, 우리 측정의 유효성을 의심해야 할 것이다.

데이터는 쌍둥이가 벤에게 거의 같은 정도로 몰입하고 있다는 것을 보여주었다(100점 만점에 67점과 68점). 이는 상당히 높은 점수로 강한 매력을 느낀다는 것을 나타냈다. 이로써 데이터가 유효하다는 것이 확인되었다.

다른 여성들의 벤에 대한 몰입도는 24점에서 75점까지 다양했다. 몰입도가 가장 높은 참가자는 올리비아였다. 올리비아는 '배철러 나라Bachelor Nation'에서 과시욕이 강하고 교활해 보이는 데다 입을 크게 벌린 채 계속해서 흥분된다고 표현해서 악명을 떨쳤던 참가자였다.

우리는 3가지 다른 실험을 진행했는데 모든 실험에서 올리비아의 몰입도가 가장 높았다. 이것은 매우 이례적인 일이었다. 게다가 올리비아에 대한 벤의 초 단위 몰입도는 내가 본 최고 수치를 기록했다. 그들은 거의 완벽하게 동기화되어 있었다. 많은 연구에서 동기화가 관계의 장기적인 행복을 예측한다는 것을 보여주었다.

나는 카메라 앞에서 벤에게 결과를 알려주면서 몇 가지 실험에 너무 의미를 두지 말라고 말했다. 그는 연구 결과를 이용할 수도, 무시할 수도 있었다. 촬영이 끝날 무렵 벤은 올리비아에게 장미를 건네서 계속 후보로 남게 했다. 올리비아는 6주 차까지 청혼받을 가능성이 가장 큰 참가자였다. 하지만 7주 차에 그녀는 벤에게 창피를 당하고 무인도에 버려졌다. 결국 벤은 실험 그룹에 속하지 않은 '로렌 B'에게 청혼했다.

벤과 로렌 B는 2년 동안 사귀었지만 이후 파혼했다. TV에서 시작된 관계는 실적이 좋지 않다. 「배철러」의 총 25개 시즌 중 2번만 결혼으로 이어졌고, 또 그중에서 한 커플만 결혼 생활을 이어가고 있다. 올리비아는 벤의 진정한 짝이었을까? 데이터는 데이터를 수집한 그날 두 사람이 서로에게 강하게 몰입했다는 것을 보여주었다. 몰입도가 그렇게 강하게 유지되었다면 둘은 성공적인 관계를 유지할 수 있었을 것이다.

어떤 사람을 만날 때 적절한 시기가 중요한 것과 마찬가지로 몰입의 동기화도 중요하다. 두뇌 활동은 고정적이지 않으며 낭만적인 환경을 포함한 환경에 따라 조정된다. 특히 춤이나 암벽 등반, 스키와 같이 움직임이 포함된 특별한 경험을 선택한다면, 두 사람의 뇌 활동이 동기화되면서 보다 강한 정서적 애착이 형성된다.

⌐ **Key Point** ⌐

1. 노인과 독신을 포함한 다양한 인구집단이 몰입도가 높은 경험을 원하고 있지만 이에 대한 서비스가 부족하다.
2. 제품과 서비스에 사회적 요소를 한 겹 추가하면 몰입도가 높아지고 즐거움이 커진다.
3. 특별한 경험은 다른 사람들과 유대를 형성하고 삶의 질을 높이도록 뇌를 훈련한다.
4. 특별한 경험을 제공하는 기업은 사람들의 삶의 만족도를 높이고 충성 고객 기반을 구축할 수 있다.
5. 사랑은 몰입도가 높은 경험이며, 사랑으로 고객에게 서비스를 제공하는 기업은 높은 수익을 올릴 수 있다.

몰입은 사람들이 매일 가족, 친구, 교사, 직장에서 가지는 상호작용의 사회적 가치를 포착한다. 이 책은 과학에서, 미군과 정보 분야에서 사용하기 위해 실험실에서 다루던 몰입을 사람들의 삶을 나아지게 할 과학과 관련 없는 일상의 플랫폼으로 발전시킨 과정을 추적했다. 몰입은 감정을 처리하는 뇌 신호를 변환시킴으로써 개인의 행동과 시장의 움직임을 정확하게 내다보는 예측 엔진이다. 몰입은 게으른 뇌를 휴지 모드에서 벗어나 관계 모드로 움직이게 한다. 관계는 사람들이 가장 가치를 두는 대상이다. 그러므로 몰입 경험은 행동을 유발한다.

각 장은 광고, 명품 매장, 4학년 교실까지 다양한 경험으로부터 몰입을 측정하면서 얻은 실행 가능한 식견을 담고 있다. 특별한 경험을 만드는 일을 시작할 때는 참가자의 몰입을 끌어내는 가장 효과적인 방법을 검토해 볼 필요가 있다.

스토리에 기반을 둔 경험은 가장 쉽게 몰입도를 높이는 방법이다. 대표적인 것이 광고와 엔터테인먼트다. 몰입을 측정하지 않는다면 광고는 시장을 움직이는 데 실패하고 대다수의 TV 쇼와 영화는 광범위한 청중을 찾지 못한다. 몰입도가 평균인 콘텐츠라도 충분한 슈퍼팬이 경험을 반복하고 소셜 미디어를 통해 자신의 열정을 퍼뜨린다면 다행히도 손익 분기점을 넘길 수 있다. 맨체스터 유나이티드의 슈퍼팬으로 팀을 위해서라면 무슨 일이든 하겠다던 리암이나 「안녕, 헤이즐」을 보고 또 보는 젊은 여성들을 생각해 보라. 슈퍼팬은 자기 삶과 관련 있는 콘텐츠를 찾아다닌다. 그런 콘텐츠를 발견하면 그들의 뇌는 여분의 자원을 모두 그 경험을 위해 쏟아붓는다. 이로써 몰입도가 높아지고 즐거움이 커진다. 팬 기반을 확인하고 활성화한다면 콘텐츠는 오랫동안 번성할 수 있다.

데이터에 따르면 서사를 구축하는 것 이외에도 기대감을 높였다가 패턴을 깨뜨리는 등의 방법으로 콘텐츠를 구성해서 몰입을 강화할 수 있다. 영화나 소매 영업 등 20분 이상 지속되는 경험에서는 이런 기법들을 사용해서 몰입 절정을 만드는 것이 특히 중요하다. 영화에서는 긴장도를 달리하는 여러 개의 줄거리를 통해 뇌가 회복할 수 있는 기회를 주어서 절정의 순간에서 모든 가치를 뽑아낼 수 있게 해야 한다. 음악, 향기, 체성 감각somatic sensation, 촉각, 온도, 고유감각(관절의 움직임을 아는 것, 통각 등 척수신경 후근의 감각신경 가지들로 인해 일어나는 온몸의 감각. 간단히 체감體感이라고도 한다.-옮긴이), 움직임과 같은 다중 감각 요소를 포함시켜 몰입 절정을 두드러지게 하는 방법도 있다. 예를 들어 상냥한 직원이 로열티 프로그램 회원에게 무료 선물을 받을 수 있다고 안내하는 것처럼 경험에 '사회적' 요소를 추가하는 것도 몰입을 강화한다.

몰입은 교사와 트레이너에게 편견이 없는 예측 피드백을 제공함으로써 놀라울 정도로 빠르게 교육과 훈련을 변화시키고 있다. 원격 교육이나 비동기식 학습asynchronous learning(학생이 수업에 참석하는 시간이나 요일이 정해져 있지 않은 학습 방식-옮긴이)의 증가로 능동적이고, 사회적이고, 즐거운 수업에 대한 수요가 커졌다. K12나 소크라테스 경험 The Socratic Experience과 같은 온라인 교육 제공 업체들은 학생들이 학습에 능동적으로 참여해서 짧고 집중적인 학습을 통해 자신에게 맞는 속도로 수학 능력을 키울 수 있도록 한다. 몰입은 학습자가 얼마나 많은 정보를 흡수하는지 예측해서 교육과정을 맞춤화할 수 있게 해 준다. 우리 팀의 연구는 몰입도가 높은 수업이 정보를 단기 기억에서 장기 기억으로 효과적으로 이동시킨다는 것을 보여준다. 장기 기억은 학습의 진정한 척도다.

몰입은 소매 쇼핑에도 도입되고 있다. 서사가 있는 소매 방식이 배스 프로 숍, 애플 같은 곳에서부터 중소 규모의 소매업체까지 확장되고 있다. 월마트 네이버후드 마켓Walmart Neighborhood Market은 낮은 가격과 친절한 고객 서비스를 결합한 식료품점이다. 이런 매장들, 고객 서비스를 향상하려는 소매업체들은 자포스와 파네라 브레드가 하는 것처럼 정서적인 유대를 만드는 데 중점을 두어야 한다. 뛰어난 고객 경험은 차별화 요소일 뿐 아니라 고객 생애 가치를 높인다. 내 분석에 따르면 실제로 중간 가격의 소매점이 사용한 1달러 당 몰입도가 가장 높은 것으로 나타났다. 하지만 사람은 가끔 몰입 절정의 경험을 즐기기 위해 특별한 것에 아낌없이 돈을 써야 한다.

특별한 고객 서비스를 꾸준히 제공하려면 적절한 채용과 교육이 필수적이다. 조직은 직원들이 심리적인 안정감을 느낄 수 있도록 그들이 고객과 자신의 팀에 몰입을 만들어 내는 신경학적 대역폭에 있게 해야 한다. 사무실을 사회적, 정서적 허브로 꾸민 기업들은 몰입도를 높이고 새로운 아이디어를 창출하는 예기치 못한 '충돌'의 기회를 늘릴 수 있다. 직원들이 스웨덴 사람들처럼 피카를 하듯 함께 먹고 마실 때, 사무실 디자인이 상호작용을 촉진하고 사람들이 일터에 개를 데려올 때 몰입이 일어날 가능성이 높다. 몰입이 없다면 혁신은 힘을 잃고 직업 만족도는 떨어진다. 자율성 역시 혁신에 박차를 가한다. 자율성은 원격 근무를 할 때 더 높아지긴 하지만 사회적 존재인 인간은 직접 대면에서 상호작용을 할 때 가장 좋은 성과를 낸다.직장에서의 사회적 상호작용을 격려하는 일 외에 직원의 강점을 과업과 연결하는 것은 숙련도를 높여서 직원이 일에 큰 노력을 기울이도록 만든다. 숙련은 직업 만족도를 높이고 혁신의 신경학적 토대를 마련한다. 신경학적 잡 크래프팅은 몰입 절정을 포착함으로써 직원의 두뇌가 하고자 하는 것이 무엇인지 효율적으로 찾아낸다. 직장에서의 몰입도 측정은 종종 숨겨진 재능이나 직업적 성장의 기회를 드러내기도 한다. 몰입 절정에 편승하면 일을 의무보다는 소명처럼 느끼게 된다.

몰입은 강력한 도구이기 때문에 주의 깊게 사용해야 한다. Staging준비, Immersion몰입, Relevance관련성, Target목표, Action행동의 'SIRTA 알고리즘'은 신경학에 기반하여 사람들이 행동을 취하도록 설득하는 방법이다. 고객, 청중, 직원이 취할 수 있는 행동의 혜택을 가지고 소통하는 일은 그 사람에게 '노'라고 거절할 수 있는 능력이 있는 한 윤리적이다. 실제로 몰입형 커뮤니케이션은 개인에게 이익이 될 뿐만 아니라 환경 보호나 신기술 채택과 같이 사회적 목표 구현에도 도움이 된다. 몰입도가 높은 커뮤니케이션은 지구를 살리는 데 동참하도록 동기를 부여하는 가장 효과적인 방법이다.

몰입이 중요한 이유

내가 「라라랜드」를 보면서 느꼈던 강력한 감정적 반응처럼 몰입 경험은 삶의 질을 높여준다. 이것이 우리가 몰입 경험을 찾고, 우리의 두뇌가 몰입 경험에 가치를 두고, 우리가 몰입 경험에 기꺼이 대가를 지불하는 이유다. 비즈니스는 궁극적으로 다른 사람에게 서비스를 제공하는 것이다. 파네라 브레드에서 식사를 하든, 트레이더 조에서 쇼핑을 하든, 파트너에게 안톤 버그 초콜릿을 선물하든, 특별한 경험은 사람이 제공할 수 있는 최고의 서비스다. 몰입은 특별한 일이 일어나고 있다는 신호이며 바로 이때 기업은 고객의 욕구를 완벽하게 충족시킬 수 있는 기회를 얻는다. 특별한 경험은 다시 그 경험을 하고 싶다는 욕망을 낳고 충성 고객의 기반을 만든다. 몰입의 신경화학적 원천은 우리가 사랑에 빠졌을 때 분비되는 것과 같은 물질이다. 고객에게 특별함을 제공하는 것은 사랑의 행위와 같다.

1장

1. Barraza, Jorge A., and Paul J. Zak. "Oxytocin Instantiates Empathy and Produces Prosocial Behaviors." In *Oxytocin, Vasopressin and Related Peptides in the Regulation of Behavior*, edited by Elena Choleris, Donald W. Pfaff, and Martin Kavaliers, 331-342. Cambridge: Cambridge University Press, 2013. https://doi.org/10.1017/CBO9781139017855.022.

2. Dutton, Donald G., and Arthur P. Aron. "Some Evidence for Heightened Sexual Attraction Under Conditions of High Anxiety." *Journal of Personality and Social Psychology* 30, no. 4 (1974): 510-517. https://doi.org/10.1037/h0037031.

3. Hurlemann, Rene, Alexandra Patin, Oezguer A. Onur, Michael X. Cohen, Tobias Baumgartner, Sarah Metzler, Isabel Dziobek, et al. "Oxytocin Enhances Amygdala-Dependent, Socially Reinforced Learning and Emotional Empathy in Humans." *Journal of Neuroscience* 30, no. 14 (2010): 4999-5007. https://doi.org/10.1523/JNEUROSCI.5538-09.2010.

4. Kosfeld, Michael, Markus Heinrichs, Paul J. Zak, Urs Fischbacher, and Ernst Fehr. "Oxytocin Increases Trust in Humans." *Nature* 435, no. 7042 (2005): 673-676. https://doi.org/10.1038/nature03701.

5. Lin, Pei-Ying, Naomi Sparks Grewal, Christophe Morin, Walter D. Johnson, and Paul J. Zak. "Oxytocin Increases the Influence of Public Service Advertisements." *PLoS ONE* 8, no. 2 (2013). https://doi.org/10.1371/journal.pone.0056934.

6. Smith, Jacquelyn. "The Worst Super Bowl Ads of All Time." Forbes, January 29, 2014. https://www.forbes.com/sites/jacquelynsmith/2014/01/29/the-worst-super-bowl-ads-of-all-time/?sh=5bf1223a2c76.

7. Willens, Michele. "FILM; Putting Films to the Test, Every Time." *New York Times*, June 26, 2020. https://www.nytimes.com/2000/06/25/movies/filmputting-films-to-the-test-every-time.html.

8. Zak, Paul J. *The Moral Molecule: The Source of Love and Prosperity*. New York: Dutton, 2012.

2장

1. "Ghost Adventures: Sailors' Snug Harbor Pictures." Trvl Channel, accessed May 18, 2022. https://www.travelchannel.com/shows/ghost-adventures/photos/ghost-adventures-sailors-snug-harbor-pictures.

2. "Murder and Suicide on Staten Island; The Chaplain of the Sailor's Snug Harbor Shot and Instantly Killed by an Inmate of that Institution. Court of General Sessions. Before Judge McCunn." *New York Times*, February 1, 1863. https://www.nytimes.com/1863/02/01/archives/murder-andsuicide-on-staten-island-the-chaplain-of-the-sailors.html.

3. Barraza, Jorge A., Xinbo Hu, Elizabeth T. Terris, Chuan Wang, and Paul J. Zak. "Oxytocin Increases Perceived Competence and Social-Emotional Engagement with Brands." *PLoS ONE* 16, no. 11 (2021). https://doi.org/10.1371/journal.pone.0260589.

4. Barrett, Frederick S., and Petr Janata. "Neural Responses to Nostalgia-Evoking Music Modeled by Elements of Dynamic Musical Structure and Individual Differences in Affective Traits." *Neuropsychologia* 91 (2016): 234-246. https://doi.org/10.1016/j.neuropsychologia.2016.08.012.

5. Berns, Gregory S., and Sara E. Moore. "A Neural Predictor of Cultural Popularity." *Journal of Consumer Psychology* 22, no. 1 (2011): 154-160. https://doi.org/10.1016/j.jcps.2011.05.001.

6. Carr, Sam. "How Many Ads Do We See a Day in 2021?" PPC Protect, February 15, 2021. https://ppcprotect.com/blog/strategy/how-many-ads-do-we-see-a-day.

7. Cheung, Wing-Yee, Tim Wildschut, Constantine Sedikides, Erica G. Hepper, Jamie Arndt, and Ad J. J. M. Vingerhoets. "Back to the Future: Nostalgia Increases Optimism." *Personality and Social Psychology Bulletin* 39, no. 11 (2013): 1484-1496. https://doi.org/10.1177/0146167213499187.

8. Gray, Christopher. "Streetscapes/The Music Hall at Snug Harbor Cultural Center; A Low-Budget Revival for a Grand 1890 Theater." *New York Times*, April 7, 1996. https://www.nytimes.com/1996/04/07/realestate/streetscapesmusic-hall-snug-harbor-cultural-center-low-budget-revival-for-grand.html.

9. Heaven, Douglas. "Why Faces Don't Always Tell the Truth about Feelings." *Nature*,

February 26, 2020. https://www.nature.com/articles/d41586-020-00507-5.

10. Johnson, Lauren. "When Procter & Gamble Cut $200 Million in Digital Ad Spend, It Increased Its Reach 10%." Adweek, March 1, 2018. http://www.adweek.com/brand-marketing/when-procter-gamble-cut-200-million-indigital-ad-spend-its-marketing-became-10-more-effective.

11. Leach, John. (2018). "'Give-up-itis' Revisited: Neuropathology of Extremis." *Medical Hypotheses* 120 (2018): 14-21. https://doi.org/10.1016/j.mehy.2018.08.009.

12. Lin, Pei-Ying, Naomi Sparks Grewal, Christophe Morin, Walter D. Johnson, and Paul J. Zak. "Oxytocin Increases the Influence of Public Service Advertisements." *PLoS ONE* 8, no. 2 (2013). https://doi.org/10.1371/journal.pone.0056934.

13. Nelson, Leif D., Tom Meyvis, and Jeff Galak. "Enhancing the Television-Viewing Experience Through Commercial Interruptions." *Journal of Consumer Research* 36, no. 2 (2009): 160-172. https://doi.org/10.1086/597030.

14. Nestor, Liam, Ella McCabe, Jennifer Jones, Luke Clancy, and Hugh Garavan. "Differences in 'Bottom-Up' and 'Top-Down' Neural Activity in Current and Former Cigarette Smokers: Evidence for Neural Substrates Which May Promote Nicotine Abstinence Through Increased Cognitive Control." *Neuroimage* 56, no. 4 (2011): 2258-2275. https://doi.org/10.1016/j.neuroimage.2011.03.054.

15. Spanier, Gideon. "P&G Slashes Ad Spend by $350M After Cutting 'Waste', Agency Fees." PR Week, August 8, 2019. https://www.prweek.com/article/1593429/p-g-slashes-ad-spend-350m-cutting-waste-agency-fees.

16. Wolff-Mann, Ethan. "Why Dos Equis' 'Most Interesting Man' Ad Campaign Was So Successful." *Time*, March 9, 2016. https://time.com/4252403/success-most-interesting-man-in-the-world-ad.

17. Wunsch, Nils-Gerrit. "Global Chocolate Consumption per Capita in 2017, by Country." Statista, May 17, 2021. https://www.statista.com/statistics/819288/worldwide-chocolate-consumption-by-country.

3장

1. Askin, Noah, and Michael Mauskapf. "What Makes Popular Culture Popular? Product Features and Optimal Differentiation in Music." *American Sociological Review* 82, no. 5 (2017): 910-944. https://doi.org/10.1177/0003122417728662.

2. Craig, Shelley. "How Music Can Change a Film." April 13, 2012. Video, 3:26. https://www.youtube.com/watch?v=rn9V0cN4NWs&t=43s.

3. Filson, Darren, David Switzer, and Portia Besocke. "At the Movies: The Economics of Exhibition Contracts." *Economic Inquiry* 43, no. 2 (2007): 354-369. https://doi.org/10.1093/ei/cbi024.

4. Hooton, Christopher. "We Spoke to the People Who Make Film Trailers." *Independent online*, January 17, 2017. https://www.independent.co.uk/arts-entertainment/films/features/film-trailers-editors-interview-createteasers-tv-spots-a7531076.html.

5. Houghton, Bruce. "24,000 Tracks Uploaded to Music Streamers Every 24 Hours." Hypebot, June 11, 2018. https://www.hypebot.com/hypebot/2018/06/24000-tracks-uploaded-to-music-streamers-every-24-hours.html.

6. Interiano, Myra, Kamyar Kazemi, Lijia Wang, Jienian Yang, Zhaoxia Yu, and Natalia L. Komorava. "Musical Trends and Predictability of Success in Contemporary Songs in and Out of the Top Charts." *Royal Society Open Science* 5, no. 171274 (2018). https://doi.org/10.1098/rsos.171274.

7. Lodderhose, Diana. "Sony's Pictures Division Reports Loss of $719M; Company's Overall Net Profit Takes 50% Hit." Deadline, April 27, 2017. http://deadline.com/2017/04/sony-pictures-division-reports-719-lossoverall-net-profit-down-half-1202078945.

8. McFee, Brian, Thierry Bertin-Mahieux, Daniel P. W. Ellis, and Gert R. G. Lanckriet. "The Million Song Dataset Challenge." *WWW '12 Companion: Proceedings of the 21st International Conference on World Wide Web* (2012): 909-916. https://doi.org/10.1145/2187980.2188222.

9. Navarro, Jose Gabriel. "Number of Cinema Screens Worldwide in 2021, by Region & Format." Statista, March 15, 2022. https://www.statista.com/statistics/255353/number-of-cinema-screens-worldwide-by-region-and-format/.

10. Setoodeh, Ramin, and Scott Foundas. "'47 Ronin': The Inside Story of Universal's Samurai Disaster." *Variety*, December 30, 2013. https://variety.com/2013/film/news/47-ronin-box-office-bomb-1201012170.

11. Statista Research Department. "Global Cinema Advertising Expenditure 2014-2021." Statista, March 7, 2022. https://www.statista.com/statistics/273715/global-cinema-advertising-expenditure.

4장

1. ATD Research. *2019 State of the Industry*. American Management Association, December 2019. https://www.td.org/research-reports/2019-state-of-the-industry.

2. Barshay, Jill. "Proof Points: Later School Start Time Gave Small Boost to Grades but Big Boost to Sleep, New Study Finds." The Hechinger Report, April 26, 2021. https://hechingerreport.org/proof-points-later-school-starttime-gave-small-boost-to-grades-but-big-boost-to-sleep-new-study-finds.

3. Brinkerhoff, R. O. "The Success Case Method: A Strategic Evaluation Approach to Increasing the Value and Effect of Training." *Advances in Developing Human Resources* 7, no. 1 (2005), 86-101. https://doi.org/10.1177/1523422304272172

4. Deming, W. Edwards. *Out of the Crisis, reissue*. Boston: MIT Press, 2018.

5. Dorrow, Laura G., and Mary E. Boyle. "Instructor Feedback for College Writing Assignments in Introductory Classes." *Journal of Behavioral Education* 8, no. 1 (1998): 115-129. https://doi.org/10.1023/A:1022820925481.

6. Duckworth, Angela Lee, Teri A. Kirby, Eli Tsukayama, Heather Berstein, and K. Anders Ericsson. "Deliberate Practice Spells Success: Why Gritter Competitors Triumph at the National Spelling Bee." *Social Psychological and Personality Science* 2, no. 2 (2011): 174-181. https://doi.org/10.1177/1948550610385872.

7. Duncan, Greg J., Chantelle J. Dowsett, Amy Claessens, Katherine Magnuson, Aletha C. Huston, Pamela Klebanov, Linda S. Pagani, et al. "School Readiness and Later Achievement." *Developmental Psychology* 43, no. 6 (2007): 1428-1446. https://doi.org/10.1037/0012-1649.43.6.1428.

8. Freifeld, Lorri. "2017 Training Industry Report." *Training, November* 9, 2017. https://trainingmag.com/trgmag-article/2017-training-industry-report.

9. Hillaker, Harry. "Tribute to John R. Boyd." Code One, Lockheed Martin Aeronautics Company, July 1997.

10. Hinshaw, Ada Sue, Carolyn H. Smeltzer, and Jan R. Atwood "Innovative Retention Strategies for Nursing Staff." *The Journal of Nursing Administration* 17, no. 6 (1987): 8-16. PMID: 3647116.

11. Holton, Elwood F., and Timothy Baldwin. "Making Transfer Happen: An Action Perspective on Learning Transfer Systems." *Advances in Developing Human Resources* 8, no. 4 (2000): 1-6.

12. Holtzapple, Carol, Suzy Griswold, Noreen Nouza, and Cami Berry. "Effectiveness of the Capturing Kids' Hearts Process: Resarch Summary of the 2008-2009 Randomized Controlled Trial." *Flippen Education Research*, 2016. https://flippengroup.com/downloads/CKH-2008-2009Randomized-Controlled-Trial-Research-Summary.pdf

13. Johnson, David W. Roger T. Johnson. "Learning Together and Alone: Overview and Meta-analysis." *Asia Pacific Journal of Education* 22, no. 1 (2006): 95-105. https://doi.org/10.1080/0218879020220110.

14. Kluger, Avraham N., and Angelo DeNisi. "The Effects of Feedback Interventions on Performance: A Historical Review, A Meta-Analysis, and a Preliminary Feedback Intervention Theory." *Psychological Bulletin* 119, no. 2 (1996): 254-284. https://doi.org/10.1037/0033-2909.119.2.254.

15. Krane, Vikki. "The Mental Readiness Form as a Measure of Competitive State Anxiety." *The Sport Psychologist* 8, no. 2 (1994): 189-202. https://doi.org/10.1123/tsp.8.2.189.

16. Kupritz, Virginia. "The Relative Impact of Workplace Design on Training Transfer." *Human Resource Development Quarterly* 13, no. 4 (2002): 427-447. https://doi.org/10.1002/hrdq.1042.

17. Ma, Xingjun, Sudanthi Wijewickrema, Yun Zhou, Shuo Zhou, Stephen O'Leary, and James Bailey. "Providing Effective Real-Time Feedback in Simulation-Based Surgical Training." In *Medical Image Computing and Computer-Assisted*

Intervention-MICCAI 2017, edited by M. Descoteau, L. Maier-Hein, A. Franz, P. Jannin, D. Collins, and S. Duchesne, 566-574. New York: Springer, 2017. https://doi.org/10.1007/978-3-319-66185-8_64.

18. National Research Council. *Review and Assessment of the Health and Productivity Benefits of Green Schools: An Interim Report*. Washington, DC: The National Academies Press, 2006. https://doi.org/10.17226/11574.

19. Nowack, Kenneth, and Paul J. Zak. *Sustain High Performance with Psychological Safety (TD at Work Guide)*. ATD Press, 2021.

20. Recardo, Ronald J. "Conducting a Readiness Assessment: A Foundation for Solid Teamwork." *National Productivity Review* 18, no. 2(2012): 29-34. https://doi.org/10.1002/npr.4040180206.

21. Schrader, Jessica. "Countries with the Best Public School Systems." Metro Parent, April 1, 2018. https://www.metroparent.com/education/school-issues/countries-with-the-best-public-school-systems.

22. Staron, Lidia. "Employee Training and Development: How to Measure the ROI of Training Programs." HR Toolbox, updated December 16, 2021. https://www.toolbox.com/hr/learning-development/articles/employee-trainingand-development-how-to-measure-the-roi-of-training-programs.

23. Tett, Robert P., and John P. Meyer. "Job Satisfaction, Organizational Commitment, Turnover Intention, and Turnover: Path Analyses Based on Meta-analytic Findings." *Personnel Psychology* 46, no. 2 (1993): 259-293. https://doi.org/10.1111/j.1744-6570.1993.tb00874.x.

24. Vowels, Christopher, and Steven Aude. "The Psychological Intangibles of Soldier Readiness." *NCO Journal* (November 2019): 1-21. https://www.armyupress.army.mil/Portals/7/nco-journal/images/2019/November/Intangibles-1/Measuring-Intangibles.pdf.

7장

1. "General Election: Trump vs. Clinton." Real Clear Politics, accessed May 23, 2022. https://www.realclearpolitics.com/epolls/2016/president/us/general_election_

trump_vs_clinton-5491.html.

2. Alexander, Veronika, Collin Blinder, and Paul J. Zak. "Why Trust an Algorithm? Performance, Cognition, and Neurophysiology." *Computers in Human Behavior* 89 (July 2018): 279-288. https://doi.org/10.1016/j.chb.2018.07.026.

3. *B2B Lead Generation and Client Acquisition Trends Report*. LinkedSelling, accessed June 17, 2022. https://linkedselling.com/wp-content/uploads/2021/06/B2B-Lead-Gen-Client-Acq-Trends-Report-Public-PDF-2021.pdf

4. Baker, Sherry, and David L. Martinson. "The TARES Test: Five Principles for Ethical Persuasion." *Journal of Mass Media Ethics* 16, nos. 2-3 (2011): 148-175. https://doi.org/10.1080/08900523.2001.9679610.

5. Berke, Jeremy. "Here's How Much it Costs for a University to Host a Presidential Debate." *Business Insider*, October 9, 2016. https://www.businessinsider.com/how-much-it-costs-to-host-a-presidential-debate-2016-10.

6. Bryant, Gregory A., and Martie G. Haselton. "Vocal Cues of Ovulation in Human Females." *Biology Letters* 5, no. 1 (2009): 12-15. https://doi.org/10.1098/rsbl.2008.0507.

7. Falk, Emily B., Elliot T. Berkman, Traci Mann, Brittany Harrison, and Matthew D. Lieberman. "Predicting Persuasion-Induced Behavior Change from the Brain." *Journal of Neuroscience* 30, no. 25 (June 2010): 8421-8424. https://doi.org/10.1523/JNEUROSCI.0063-10.2010.

8. Hirsh, Jacob. B., Sonia K. Kang, and Galen V. Bodenhausen. "Personalized Persuasion: Tailoring Persuasive Appeals to Recipients' Personality Traits." *Psychological Science* 23, no. 6 (2012): 578-581. https://doi.org/10.1177/0956797611436349.

9. Little, Anthony C., Benedict C. Jones, D. Michail Burt, and David I. Perrett. "Preferences for Symmetry in Faces Change Across the Menstrual Cycle." *Biological Psychology* 76, no. 3 (October 2007): 209-216. https://doi.org/10.1016/j.biopsycho.2007.08.003.

10. Matz, Sandra, M. Kosinski, Gideon Nave, and David Stillwell. "Psychological Targeting as an Effective Approach to Digital Mass Persuasion." *Proceedings of the National Academy of Sciences* 114, no. 48 (November 2017): 12714-12719.

https://doi.org/10.1073/pnas.1710966114.

11. Merolla, Jennifer L., Guy Burnett, Kenneth V. Pyle, Sheila Ahmadi, and Paul J. Zak. "Oxytocin and the Biological Basis for Interpersonal and Political Trust." *Political Behavior* 35, no. 4 (2013): 753-776. https://doi.org/10.1007/s11109-012-9219-8.

12. Miller, Geoffrey, Joshua M. Tybur, and Brent D. Jordan. "Ovulatory Cycle Effects on Tip Earnings by Lap Dancers: Economic Evidence for Human Estrus?" *Evolution and Human Behavior* 28, no. 6 (November 2007): 375-381. https://doi.org/0.1016/j.evolhumbehav.2007.06.002.

13. Morris, Brandi S., Polymeros Chrysochou, Jacob Dalgaar Christensen, Jacob L. Orquin, Jorge Barraza, Paul J. Zak, and Panagiotis Mitkidis. "Stories vs. Facts: Triggering Emotion and Action-taking on Climate Change." *Climatic Change* 154, no. 2 (May 2019): 19-36. https://doi.org/10.1007/s10594-019-02425-6.

14. Pew Research Center. "An Examination of the 2016 Electorate, Based on Validated Voters." August 9, 2018. https://www.pewresearch.org/politics/2018/08/09/an-examination-of-the-2016-electorate-based-on-validated-voters.

15. Porges, Eric C., Karen E. Smith, and Jean Decety. "Individual Differences in Vagal Regulation Are Related to Testosterone Responses to Observed Violence." *Frontiers in Psychology* 6, no. 19 (February 2015). https://doi.org/10.3389/fpsyg.2015.00019.

16. Thaler, Richard, and Cass Sunstein. "Libertarian Paternalism." *The American Economic Review* 93, no. 2 (2003): 175-79. https://doi.org/10.1257/000282803321947001.

17. Zak, Paul J., Robert Kurzban, Sheila Ahmadi, Ronal S. Swerdloff, Jang Park, Levan Efremidze, Karen Redwine, Karla Morgan, and William Matzner. "Testosterone Administration Decreases Generosity in the Ultimatum Game." *PLoS ONE* 4, no. 12 (2009): e8330. https://doi.org/10.1037/journal.pone.0008330.

18. Zoltners, Andris A., P. K. Sinha, Sally E. Lorimer, Tania Lennon, and Emily Alexander. "Why Women Are the Future of B2B Sales." *Harvard Business Review*, May 2020. https://hbr.org/2020/05/why-women-are-the-future-of-b2b-sales.

8장

1. Danzinger, Pamela. "The $242 Billion Business of Corporate Gifting Pivoted from a Routing to a Priority in the Pandemic." *Forbes*, September 1, 2021. https://www.forbes.com/sites/pamdanziger/2021/09/01/the-242-billion-business-of-corporate-gifting-turned-from-a-routine-to-apriority-in-the-pandemic/?sh=399fc1206ac2.

2. Franklin, Benjamin. "The Deformed and Handsome Leg." American Philosophical Society. Pierpont Morgan Library, incomplete (draft). Before November 23, 1780. https://founders.archives.gov/documents/Franklin/01-34-02-0021.

3. Gottman, John Mordechai, and Robert Wayne Levenson. "The Timing of Divorce: Predicting When a Couple Will Divorce over a 14-Year Period." *Journal of Marriage and Family* 62, no. 3 (2000): 737-745. https://doi.org/10.1111/j.1741-3737.2000.00737.x.

4. Guenzi, Paolo. "How Ritual Delivers Performance." *Harvard Business Review*, February 25, 2013. https://hbr.org/2013/02/how-ritual-delivers-performanc.

5. Hamermesh, Daniel S. "Life Satisfaction, Loneliness and Togetherness, with an Application to Covid-19 Lock-Downs." *Review of Economics of the Household* 18, no. 4 (2020): 983-1000. https://doi.org/10.1007/s11150-020-09495-x.

6. Hecht, Anna. "Here's How Much Americans Spend on Dating at Every Age." CNBC online, February 18, 2020. https://www.cnbc.com/2020/02/18/howmuch-americans-spend-on-dating-at-every-age.html.

7. Johnson, Craig. "New Study: The #1 Supermarket for Customer Satisfaction." Clark.com, April 7, 2022. https://clark.com/shopping-retail/best-grocery-stores-customer-satisfaction.

8. Kotler, Steven. *The Art of the Impossible: A Peak Performance Primer*. New York: Harper Wave, 2021.

9. Liddell, Christine, Chris Morris, Harriet Thomson, and Ciara Guiney. "Excess Winter Deaths in 30 European Countries 1980-2013: A Critical Review of Methods." *Journal of Public Health* 38, no. 4 (2016): 806-814. https://doi.org/10.1093/pubmed/fdv184.

10. "Online Dating." Statista, updated December 2021. https://www.statista.com/

outlook/dmo/eservices/dating-services/online-dating/worldwide.

11. Penenberg, Adam L. "Social Networking Affects Brains like Falling in Love." Fast Company, July 1, 2010. https://www.fastcompany.com/1659062/social-networking-affects-brains-falling-love.

12. Peterson, Chrisopher, Nansook Park, Nicholas Hall, and Martin E.P. Seligman. "Zest and Work." *Journal of Organizational Behavior* 30, no. 2 (2009): 161-172. https://doi.org/10.1002/job.584.

13. Stavrova, Olga. "Having a Happy Spouse is Associated with Lowered Risk of Mortality." *Psychological science* 30, no. 5 (May 2019): 798-803. https://doi.org/10.1177/0956797619835147.

14. Tergesen, Anne, and Miho Inada. "It's Not a Stuffed Animal, It's a $6,000 Medical Device." *Wall Street Journal*, June 21, 2010. https://www.wsj.com/articles/SB10001424052748704463504575301051844937276.

15. Terris, Elizabeth T., Laura E. Beavin, Jorge A. Barraza, Jeff Schloss, and Paul J. Zak. "Endogenous Oxytocin Release Eliminates In-Group Bias in Monetary Transfers with Perspective-Taking." *Frontiers in Behavioral Neuroscience* 12, no. 35 (2018). https://doi.org/10.3389/fnbeh.2018.0035.

16. Vuleta, Branka. "Divorce Rate in America [35 Stunning Stats for 2022]." Legal Jobs, January 28, 2021. https://legaljobs.io/blog/divorce-rate-in-america.

옮긴이 이영래

이화여자대학교 법학과를 졸업하였다. 현재 가족과 함께 캐나다에 거주하면서 번역에이전시 엔터스코리아에서 출판 기획 및 전문 번역가로 활동하고 있다. 옮긴 책으로는 『빌 게이츠 넥스트 팬데믹을 대비하는 법』『제프 베조스, 발명과 방황』『파타고니아, 파도가 칠 때는 서핑을』『세대 감각』『슈퍼팬』『모두 거짓말을 한다』『뇌는 팩트에 끌리지 않는다』『움직임의 뇌과학』 등이 있다.

뇌과학이 풀어낸 마음의 비밀

욕망의 뇌과학

초판 1쇄 발행 2023년 5월 1일

지은이 폴 J. 잭
옮긴이 이영래
펴낸이 김선준

책임편집 정슬기
편집팀 송병규, 이희산
마케팅팀 이진규, 권두리, 신동빈
홍보팀 한보라, 이은정, 유채원, 권희, 유준상, 박지훈
디자인 김세민
경영관리팀 송현주, 권송이

펴낸곳 (주)콘텐츠그룹 포레스트　**출판등록** 2021년 4월 16일 제2021-000079호
주소 서울시 영등포구 여의대로 108 파크원타워1 28층
전화 02) 2668-5855　**팩스** 070) 4170-4865
이메일 www.forestbooks.co.kr
종이 ㈜월드페이퍼　**인쇄·제본** 더블비

ISBN 979-11-92625-41-6 (03180)